道德经

(春秋) 老 子 / 著
文若愚 / 注译

民主与建设出版社

© 民主与建设出版社，2018

图书在版编目（CIP）数据

道德经 /（春秋）老子著；文若愚注译 . -- 北京：民主与建设出版社，2018.8（2021.4 重印）

ISBN 978-7-5139-2257-9

Ⅰ . ①道… Ⅱ . ①老… ②文… Ⅲ . ①道家 ②《道德经》—注释 ③《道德经》—译文 Ⅳ . ① B223.1

中国版本图书馆 CIP 数据核字（2018）第 183210 号

道德经
DAO DE JING

著　　者	（春秋）老子
注　　译	文若愚
责任编辑	刘树民
封面设计	三石工作室
出版发行	民主与建设出版社有限责任公司
电　　话	（010）59417747　59419778
社　　址	北京市海淀区西三环中路 10 号望海楼 E 座 7 层
邮　　编	100142
印　　刷	三河市天润建兴印务有限公司
版　　次	2018 年 11 月第 1 版
印　　次	2021 年 4 月第 2 次印刷
开　　本	630mm×910mm　1/16
印　　张	20
字　　数	220 千字
书　　号	ISBN 978-7-5139-2257-9
定　　价	68.00 元

注：如发现质量问题，请联系调换。

前言

　　两千多年前，周王室衰微，诸侯并起，烽火连天。鉴此"世风日下，人心不古"，老子失望至极，乘青牛西出函谷而不知所终。出关时，应关令尹喜央求，留下了这五千言的《道德经》。

　　《道德经》亦称《老子》、《五千言》。是道家学派最具权威的经典。它文约意丰，涵盖哲学、伦理学、政治学、军事学等诸多方面，博大精深、玄奥无极，被后人尊为治国、齐家、修身、为学的宝典。这部被誉为"万经之经"的神奇宝典，对中国古老的哲学、科学、政治、宗教等有着深刻影响，无论是中华民族性格的铸成，还是对政治统一与稳定，都起到过不可估量的作用。

　　随着中西方文化交流的日益深入，《道德经》的世界意义日渐凸显，越来越多西方学者殚精竭力探求其中奥秘。到目前为止，可查到的各种版本的外文版《道德经》就有1000多种，并且几乎每年都会有一到两种新译本问世。一代文豪托尔斯泰对老子十分推崇，对《道德经》也颇有研究，曾协助翻译出版俄文《道德经》，还亲自编选出版了《中国贤人老子语录》，写下《论老子学说的真髓》一文。著名摇滚乐队披头士甚至将《道德经》的第四十七章改编为歌曲《The Inner Light》。

　　关于老子史籍记载很少。司马迁在写作《史记》时就已搜寻不到详尽的资料了。老子姓李，名耳，字伯阳，谥号聃，春秋末楚国苦县人。

曾任周朝守藏室官员，管理书籍及文献资料。老子致力于"柔弱"、"无为"，参悟回归自然、天人合一的大道，是中国乃至世界的文化巨人。

两千多年来，人们一直在通过两条途径研究、探索《道德经》：一条是修道的。用自己身体乃至整个生命去实践《道德经》理论，探索其中奥妙。但终因本性的差异和体验的不同，仁者见仁，智者见智；另一条是治学的。这一派冥思苦索，穷经皓首，注解汗牛充栋，却终因种种局限，文者说文，字者道字，无法窥得其真谛，甚而南辕北辙。

为了方便学习和参悟，我们编写了这本《道德经》。全书八十一章，分上、下两篇。上篇称《道经》，下篇为《德经》。《道德经》中的智慧源于老子对世态人情的深彻洞察和思索。是老子关于为人处世、治国安邦、认知宇宙的智慧之学。本书在忠于原著基础上，详细注解并翻译了原文，有全面细致的解析，并针对每章内容分别从为人之道、从政之道、经商之道等三大方向列举大量妙趣横生的古今中外案例。无论内容还是版式，都力求多方位立体化，使读者能更好体会和感悟两千多年前哲人的圣典。

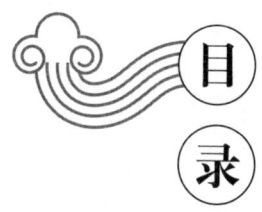

道 经

第一章　天地之始 / 2	第二十章　独异于人 / 80
第二章　美之为美 / 7	第二十一章　惟道是从 / 82
第三章　圣人之治 / 10	第二十二章　圣人抱一 / 86
第四章　象帝之先 / 15	第二十三章　道亦乐得 / 90
第五章　天地不仁 / 18	第二十四章　自是者不彰 / 94
第六章　玄牝之门 / 22	第二十五章　道法自然 / 97
第七章　天长地久 / 25	第二十六章　静为躁君 / 101
第八章　不争无尤 / 29	第二十七章　善行无痕 / 105
第九章　功遂身退 / 35	第二十八章　知雄守雌 / 108
第十章　长而不宰 / 39	第二十九章　圣人无为 / 113
第十一章　无之为用 / 44	第三十章　以道佐主 / 117
第十二章　圣人为腹 / 47	第三十一章　有道不处 / 121
第十三章　宠辱两忘 / 54	第三十二章　知止不殆 / 125
第十四章　无状之状 / 58	第三十三章　知人者智 / 129
第十五章　善为士者 / 62	第三十四章　不自为大 / 134
第十六章　殁身不殆 / 66	第三十五章　执道乐往 / 135
第十七章　功成事遂 / 71	第三十六章　欲歙固张 / 138
第十八章　道亡有义 / 75	第三十七章　道恒无为 / 141
第十九章　绝圣弃智 / 78	

德 经

第三十八章　上德不德 / 146
第三十九章　下为高基 / 152
第四十章　无中生有 / 155
第四十一章　善贷且成 / 158
第四十二章　物损而益 / 161
第四十三章　不言之教 / 164
第四十四章　知足不辱 / 166
第四十五章　大成若缺 / 170
第四十六章　知足常足 / 174
第四十七章　不行而知 / 177
第四十八章　为道日损 / 180
第四十九章　善者吾善 / 184
第五十章　出生入死 / 190
第五十一章　尊道贵德 / 195
第五十二章　天下有始 / 199
第五十三章　盗竽非道 / 203
第五十四章　善抱不脱 / 207
第五十五章　含德之厚 / 212
第五十六章　知者不言 / 216
第五十七章　以正治国 / 220
第五十八章　福祸相倚 / 223
第五十九章　治人尚啬 / 227

第六十章　以道治国 / 230
第六十一章　大者宜下 / 234
第六十二章　万物之奥 / 237
第六十三章　能成其大 / 242
第六十四章　无为无败 / 250
第六十五章　善为道者 / 257
第六十六章　莫能与争 / 260
第六十七章　我有之宝 / 264
第六十八章　不争之德 / 268
第六十九章　哀者胜矣 / 275
第七十章　被褐怀玉 / 278
第七十一章　以其病病 / 282
第七十二章　自爱不贵 / 287
第七十三章　天网恢恢 / 290
第七十四章　民不畏死 / 294
第七十五章　无以生为 / 296
第七十六章　强大处下 / 299
第七十七章　不欲见贤 / 302
第七十八章　柔之胜刚 / 305
第七十九章　道与善人 / 307
第八十章　小国寡民 / 310
第八十一章　善者不辩 / 313

道　经

道可道，非常道；名可名，非常名。
无名天地之始；有名万物之母。
故常无欲以观其妙；常有欲以观其徼。
此两者同出而异名，同谓之玄。
玄之又玄，众妙之门。

第一章

天地之始

道可道，非常道①；名可名，非常名②。无名天地之始③；有名万物之母④。故常无欲以观其妙⑤；常有欲以观其徼⑥。此两者同出而异名，同谓之玄⑦。玄之又玄，众妙之门⑧。

【注释】

①道可道，非常道：第一个道和第三个道是名词，指的是宇宙的本原和实质，引申为原理、原则、真理、规律等；第二个道是动词，意思为解说、表述。"非"，即不是的意思。"常"，本来写作"恒"，意思是永远的、恒常的。

②名可名，非常名：第一个"名"和第三个"名"是名词，是人类根据事物之间的各种不同特征而对某一特定事物所作出的指认。第二个"名"是动词，为说明、命名的意思。

③无：指的是万物生成之前的莫可名状的混沌状态。名：这里是动词，命名、称呼的意思。始：指开端、根源，有原始纯朴之义。

④有：指的是万物生成之后已经有了形体的初始状态。万物之母：天地万物的母体。

⑤妙：微妙的意思。

⑥徼：原意为边际、边界，引申为端倪的意思。

⑦玄：深奥而不可理解的，不可测知的。

⑧众妙之门：精深奥妙的天地万物及其变化规律由此而出的总门。

【今译】

能用语言表述的道，不是永恒的、终极的道；能用言辞说出来的"名"，不是永恒的、终极的"名"。"无"才是天地的起源，"有"，是万物的开端。所以要从"无"中去观察道的奥妙；从"有"中寻求道的端倪。"无"和"有"同出一源，不过是称谓不同，但都深远玄妙，而且是深远之深远，玄妙之玄妙。是天地万物无穷奥妙的总门。

【解析】

老子之道

《老子》的第一章是全书总纲。道是老子哲学中一个核心概念，道字在《老子》一书中出现达七十余次之多。概括而言其含义有以下三种：作为宇宙之本原的道和作为自然之规律的道，还有一种就是作为人事之法则。三者各自独立又紧密联系。作为宇宙本原的道在天地万物产生之后，体现为自然规律之道，而自然规律之道落实到人的社会生活中，就表现为人事法则的道。反之亦然。在《老子》一书中，同一道字在不同语境下含义不尽相同，但并非截然不同，因为这几种含义间本就相互依存，互为表里。道的概念在老子哲学中具有纲领性核心地位，既体现形而上的终极意义，又体现形而下的现实意义，具有极为深邃的内涵与广阔外延，涵括了宇宙万物的基本法则。

《老子》一书蕴藏极为渊深的智慧，名言警句俯拾皆是。尤其开端那句"'道'可道，非常'道'"为人们所耳熟能详。但尽管能说出，可真正理解其含义的却少之又少。

人们之所以记住它，也因为这句读起来顺畅、简洁，有点像顺口溜；当然也因为这句话玄妙，令人不能一目了然，而正是这种玄妙感吸引了一部分人的兴趣。尽管不知道它说的是什么，但却很喜欢去引用它。这句话从字面上看极其简单："'道'可道，非常'道'"，仅仅六个字，而道字出现了三次。三个道字中，第一个道和第三个道含义相同，就是作为老子哲学核心概念的道；而第二个道则是普通意义上的"说出、表达"的意思。我们读这句话时需要注意的是：这里的"非常"与现代汉语里的"非常"是不同的，它不是一个词，而是"非"和"常"两个词。"非"很好理解，即不是的意思，这与现代汉语是相同的。"常"字在《老子》中本来写作"恒"，但为避汉文帝刘恒之名讳，"非恒'道'"就被改成了"非常'道'"。如果还原为"非恒'道'"就更容易理解。"常"跟"恒"的意思相同。所谓的"'道'可道，非常'道'"，也就是说，可以用语言表述的道不是永恒、终极的道。

而这所谓永恒、终极的道又指的是什么呢？它指的就是宇宙的本体，是世间万物的由来，是超越了一切具体的道理和规律的根本性、终极的道。正因为此，老子才说这样的道是不可言说的。

在这一句中，"名"这个词也出现了三次，有两种含义：第一个"名"和第三个"名"是老子的哲学概念，而第二个"名"是命名的意思。作为哲学概念的"名"，在这里可以理解为道的呈现形态，或者可以在通俗的层面上理解为事物的各种样态。"名，可名，非常名"的意思是说：那些能命名的事物样态，都不是永恒的样态。为什么老子说"可名之名"不是"常名"呢？其实，老子在这句话中提出了永恒性的问题。在这个世界上，有一些事物很容易衰朽，例如人们常说的"昙花一现"，还有朝生暮死的蜉蝣等等；而另外也有些事物存在的时间极为长久，比如说动物界的龟能存活数百年。但曹操就有诗云："神龟虽寿，犹有竟时"，也就是说龟虽然很长寿，但总会有死亡的一天。生命体是这样，而非生命的物质，其存在时间也有着长短之别。比如烟花，美丽无比，却只能瞬间存在；而钻石恒久远的特性受到人们的喜爱。但钻石的存在就是恒久的吗？现代科学证明，地球的生成时间距今大约为46亿年，它不仅有着自己生成的时间，同样也会有自己灭亡的时间，尽管这一时间对于人类来说十分的漫长，但地球的毁灭却是一个必然的事实。既然地球都会有毁灭的一天，地球上的钻石又怎么会恒永久呢？有生必有死，这是宇宙万物的必然规律，没有什么可以例外。那么，是不是说宇宙就没有永恒的存在了呢？并非如此。但这种永恒的存在绝非某种具体事物，它是不能被说出来的，因此老子才说："名可名，非常名。"

老子所谓的"名可名，非常名"，指的不仅仅是事物的形体不会永恒存在，同时也是说事物的价值也并非是恒久的。道理很简单，事物本身都不存在了，它的价值又如何存留呢？正所谓"皮之不存，毛将焉附"。

道和"名"的关系

"'道'可道,非常'道';'名'可名,非常'名'",两句话是并列关系,所表达的也是同一个含义,只是这个含义被分作了道与"名"两个层面来论说。那么,道与"名"之间又是什么关系呢?简明地说,道是抽象的,而"名"是具象的;"名"之中蕴含着道,道由"名"来体现。举个例子,一块电池就是所谓的"名",而电池中蕴含的化学能转化为电能的原理就是其中的道。电池之所以为电池,是因为它能进行这种能量转化;而这种能量转化又是通过电池这一具体的物态来呈现的。这也就是道与"名"之间的关系,我们可以将其说成是实质与表象的关系。

道与"名"所代表的实质与表象之间的关系启迪着我们,在认识事物时需要弄清楚什么是实质,什么是表象,哪一实质对应着哪一表象,而哪一表象又反映着哪一实质。如果没有厘清实质与表象之间的对应关系,做起事来就难免会出错。大家都知道狐假虎威的故事,表面看狐狸的确把那些动物吓跑了,可实质呢?是因为它有老虎在身边。老虎只注意到了狐狸吓跑了百兽的表象,却忽视了狐狸"狐假虎威"的实质。

对开篇这两句话,从另一个角度去观察,还可以发现其中蕴藏着一个更深层次的问题,那就是语言表达的局限性。我们在形容某人说话或者写文章的水平不够时,会说他词不达意,也就是说他的语言并不能准确表达出他想要说的含义,所谓词不达意;可如果上升到更高层面,一个人的语言能力很强,他就能将自己所要表达的意义全都说清吗?答案是否定的。原因很简单,事物是无限的,而语言作为一套意义符号其范围是有限的。尽管语言要繁复得多,特别是现代语言变得更为精致。但无论语言多么复杂,它也必定是有限的,也就不可能将无限的事物完全表述出来。

举一个例子,你想要朋友帮你买一只苹果,而在你的心目中对这只苹果一定有所期许。假如朋友给你买回了一只烂苹果,你一定不高兴。

这也就是说，你不会仅仅只告诉他买一只苹果而已，而是还会对苹果的品种、颜色、大小、新鲜程度等做具体描述。有了这些具体的描述，朋友就会给你买回来一只满意的苹果了。但这只苹果也只能是令你相对满意，因为，如果你想要一只大的苹果，朋友就会在众多的苹果中挑大的；你可能不想要过大的苹果，那么就会有一个到底多大的问题出现。而这很难用三言两语表述清楚。

其实，言意之辨不仅是现代语言学的一个重要课题，在中国古代哲学中也是一个重要议题。所谓"书不尽言，言不尽意"、"言者所以在意，得意而忘言"等，就是在说：意义是无法通过语言完全表达的。语言受到了自己天然边界的限制。这也正是"'道'可道，非常'道'；'名'可名，非常'名'"这句话所想要证明的。

第二章

美之为美

天下皆知美之为美，斯恶矣①；皆知善之为善，斯不善矣②。故有无相生，难易相成③，长短相较④，高下相倾⑤，音声相和⑥，前后相随。是以圣人处无为之事⑦，行不言之教。万物作焉而不辞⑧，生而不有⑨，为而不恃⑩，功成而弗居⑪，夫唯弗居⑫，是以不去⑬。

【注释】

①斯：就的意思。恶：指与美相对的丑。

②不善：这里是恶的意思。

③成：相辅相成。

④较：显现，衬托。

⑤倾：依存。

⑥音：指乐音。声：指普通的声音。和：配合。

⑦圣人：指品德高尚、智慧通达的非同一般的人物，在《老子》一书中往往还兼具统治者的身份色彩。

⑧作：这里指万物的生长与变化。辞：抗拒，在这里含有干涉的意思。

⑨生：养育，生养。有：占有，具有。

⑩为：在这里指培育的意思。恃：仗恃，炫耀。

⑪弗：不。居：居功。

⑫夫：助词，用于句首，起提示和引领下文的作用。唯：只是。

⑬是以：因此，所以。去：离开。

【今译】

当天下人都知道什么是美时，丑的观念就形成了；当都知道什么是善时，恶的观念也就产生了。因此，有、无相互生发，难、易相互转化,长、短相得益彰,高、下相互依存,音、声相互配合,前、后相互跟随。因此,圣人以无为的态度来处理世事,以不言的方法来施予教导。万物任由其生长变化而不加干涉,生养了万物却不占有它们,培育了万物却不仗恃、炫耀自己的力量,成就了万物却不居功;正因为不居功,功业才不会离去。

【解析】

认识问题的辩证法

老子在"天下皆知美之为美,斯恶矣;皆知善之为善,斯不善矣。"这句话中,涉及到了两对重要的概念:美与丑、善与恶。美、丑、善、恶是什么呢?它们与桌子、板凳、石头、玻璃等概念是不同的。后者就是一种客观的指认,一种用具,它是桌子,就不能叫它床;它是一块石头,就不能叫它木头;也就是说,这些概念是很分明的,有着明确的所指。但是美、丑、善、恶这一类概念没有一个清晰的评判标准。一个人,你说他长得美还是不美,有什么统一的标准呢?这样的标准是不存在的。只能凭自我感受评判,也就是一种价值判断。而价值判断是怎样产生的呢?老子说:当天下人都知道什么是美时,丑的观念就形成了;当都知道什么是善时,恶的观念也就产生了。这就意味着人是在认知基础上生成价值判断的。

老子接着举出了有无、难易、长短、高下、音声、前后等一系列对立概念,并指出了它们彼此间的关系,即两者相比较而显现、相对应而依存。这里需要解释一下"音"和"声"这对概念。另外几对显然都是对立关系,而"音"和"声"之间似乎并不是对立的。这涉及到古今语言的演变,现代汉语中"声音"一词包含两个词素,"声"和"音",两者没有明显的差别,可在古代汉语中则不同。现代汉语很少单独使用"声"或"音",但在古代汉语中它们是各自独立的词,"音"指的是乐音,是优美悦耳的声音;"声"指的是普通的、不那么动听的声音。所以,"声"和"音"也是两个对立的概念。

老子说,不论有无、难易还是长短、高下,它们的区分都是相对的，都是可以相互转化的。我们可以具体来分析一下：什么叫"有无相生"？最典型的就是一个生命的整个过程。一个生命，在孕育和出生之前，是不存在的，是"无"；而出生后，有了形体，就成为了"有"。这就是"无"之生"有"。而生命在死亡和朽灭之后，就又不存在了，又成了"无"，这就是"有"之生"无"。因此才说："有无相生"。

　　什么又叫"难易相成"呢？面对同一张试卷，有的学生能答出高分，有的学生却只能答出低数。对成绩好的学生这张卷子是容易的；对成绩差的学生来说这张卷子很难。如此来看，同一张卷子就有了"易"、"难"，这就是"难"和"易"的相互转化，即"难易相成"。至于"长短相较，高下相倾，音声相和，前后相随"也是一样。总而言之，这一切的区分都是相对的。老子是想提示人们：要看到差异，但不要将差异绝对化。另外，老子也揭示出这样一个道理：任何价值取向都是相对的。人在崇尚美的同时，也就承认了丑的存在；在张扬善的同时，也就承认了恶的存在。这就如同没有光就不会有影子一样，影子的存在也意味着光的存在。

　　老子的这一论述饱含着精深的辩证法智慧。而《韩非子》中那则"自相矛盾"的寓言，就是对老子这种辩证观念最好的解释。"以子之矛，攻子之盾。"世上没有绝对锋利的矛，当然也不存在绝对坚固的盾。如果说一支矛是锋利的，但对于一个更加坚固的盾来讲，它就算不得锋利；而这块坚固的盾如果遇到了一支更加锋利的矛，恐怕也就算不得坚固了。矛在锋利的同时也蕴含着不锋利因素；盾在坚固的同时也蕴含着不坚固。

第三章

圣人之治

不尚贤①，使民不争。不贵难得之货，使民不为盗。不见可欲②，使民心不乱。是以圣人之治，虚其心③，实其腹④，弱其志⑤，强其骨⑥，常使民无知无欲⑦，使夫智者不敢为也⑧。为无为⑨，则无不治⑩。

【注释】

①尚：崇尚。贤：贤能。

②可欲：指可激发人们欲望的东西。

③虚：净化。心：心志，精神。

④实：充实，满足。腹：肚子，引申为食欲，在这里也泛指人们基本的温饱需求。

⑤弱：削弱。志：欲望。

⑥强：强壮。骨：筋骨。

⑦无知无欲：在这里特指没有奸诈的想法，没有非分的欲求。

⑧夫：代词，那些的意思。为：这里指恣意妄为。

⑨为无为：实行"无为"的原则。

⑩治：治理，在这里蕴含着成功的意思。

【今译】

不崇尚贤能的人，人民就不会去争名夺利。不以稀有的东西为贵，人民就不会有偷盗的行为。不让人见到那些会激发欲望的东西，人民的心就不会被扰乱。所以，圣人治理天下会净化人民的心志，满足他们的温饱需求；减低他们的欲望，强壮他们的筋骨，始终令人民没有奸诈的想法和非分的欲求，使那些聪明的人也不敢胡作非为。按照"无为"原则来做事，天下没有什么不可治理的了。

【解析】

智慧和珍宝真的好吗?

在这一章,老子集中阐述了这样一种思想,即消解人们的欲望,从而令天下无所纷争。老子首先说:"不尚贤,使民不争。"

"尚贤",是后来墨家的一项基本主张,所谓"尚贤",也就是崇尚贤才。在当前的人们看来,崇尚贤才是天经地义的事,然而在先秦时期,社会背景却是另一番景象。当时的社会基本上分作两大阶层,即贵族与平民。这两个阶层间的界线是分明的,贵族享有种种特权,而平民则在社会生活各个方面都处于卑下地位。在政治上,做官的权利为贵族所垄断,平民即使品德优异,才能出众,也是没做官资格的。但虽然贵族世袭,由于官员职位有限,所以一个贵族只能将他的官职爵位传给长子,而其他后代的身份则要降一个等级;降来降去,就会有一部分贵族沦为平民。但这部分人身上有着贵族的血统,与贵族有一定联系的,因此,贵族与平民间的界线就开始变得不那么分明。这些沦为平民的没落贵族不甘于卑下的地位,于是就开始为争得名位而积极活动,游走四方,建言立功。这就需要打破贵族阶层对于权位的垄断,任用官吏不再唯身份是取。应当说,尚贤代表着当时社会的先进思想潮流。

但老子却对尚贤明确表示反对,非常直接提出"不尚贤"。为什么呢?因为尚贤会引起人们对名位的纷争。联系前一章的"天下皆知美之为美,斯恶矣;皆知善之为善,斯不善矣。"贤也是一样,人们都知道了什么是贤能,那么也就同时知道了什么是不贤能。有了这种区分,人们会争相效仿贤能,以免沦为不贤。而在一个崇尚贤能的社会,贤人会得到重用,这意味着名与利。在这种鼓励和推崇下,人们就会为追求名利而争逐不已,导致人与人之间相互倾轧,人心败坏,引起社会的不安。所以老子才会说:"不尚贤,使民不争。"墨子主张尚贤,其目的是通过贤人来治理社会而令社会变得更好;老子反对尚贤,其意图是通过消除人们对于名位的纷争而令社会安定。墨子是从积极一面提出尚贤,而老子则是从消极一面反对尚贤。显然可以看出,墨子的主张符合历史发展潮流，而老子的观念则保守不现实。尽管如此，我们还是能体味到老子的良苦用心。

老子又说："不贵难得之货，使民不为盗。不见可欲，使民心不乱。"道理跟"不尚贤，使民不争"是一样的。如果以稀有为贵，人就会生出贪婪之心，急欲得到，倘若一时得不到，就可能会采取盗窃的手段；如果使人见到了一些可以激发起他们欲望的东西，他们的心就会因此而被扰乱，会想得到它，就会为达到目的而不择手段。

当然，老子这几句话道理很明确，但却极不现实。因为物品必然有贵有贱，想要让人对好的、差的东西一视同仁，那怎么可能呢？这不仅是是否重视和崇尚的问题，而是一种客观存在的问题。既然物品之间的差别是客观存在的，那么人们对不同物品产生不同感受也就是必然的，而这种不同感受也就意味着好恶的取向。所以，如果不能消除物品本身的差别，想要消除人心中的贵贱之念是不现实的。

其实"不贵难得之货"与"不见可欲"，与其说是一种治国之道，莫若说是一种明哲保身。对此，我们可以看看下面这个例子。

中国自古以来盗墓活动就十分猖獗。究其原因主要是古人的厚葬习俗，这一习俗对今天还有显著的影响。中国的厚葬风俗渊源有自，早在原始社会末期人们就开始对丧葬非常重视，这跟文化中的鬼魂不死观念有关。随着生产力的发展，社会上的剩余财富变得多起来，贵族们的丧葬更是极尽奢华。

先秦时期，贵族的随葬不仅有丰富多样的名贵器物，还有奴仆陪葬。后来，随着生产力水平的提高和奴隶地位的上升，统治者们意识到人力的重要性，也就不再把有利用价值的奴仆用去陪葬了，而是改用一些人形的陶俑或木俑代替。孔子就曾有"始作俑者，其无后乎？"一说。墨家也极力提倡节用和薄葬。

然而，中国厚葬的习俗却从来没有发生根本的改变，贵族们仍然会把大量贵重器物用于陪葬。正因为墓葬中有太多贵重之物，盗墓才屡禁不绝。其实，历代统治者都对盗墓行为下达过相当严厉的禁令，但这决不是阻止盗墓行为的根本办法。想要杜绝盗墓现象不是没有办法，而是帝王们没意识到，或者意识到了也不愿做。这个办法就是老子说的："不贵难得之货"、"不见可欲"。如果不把那么多贵重的东西放进自己的墓穴，谁还去盗墓呢？

回归淳朴天真

《老子》的行文常常先进行例举，然后进行归纳和总结。这一章老子在例举了如何使民不争、不盗、不乱三点后，用"是以"二字转折，对本章要义进行了归纳："是以圣人之治，虚其心，实其腹，弱其志，强其骨。常使民无知无欲，使夫智者不敢为也。为无为，则无不治。"

老子认为治理天下的终极目的是要达到"无不治"，也就是说一切都井井有条、秩序分明。而实现这一目的的手段则是"为无为"。这里，老子又一次提到了"无为"，可见"无为"正是老子政治思想的核心。我们说过老子的"无为"不是一无所为，而是为所当为；不是什么也不做，而是不做不应做之事。这一章"无为"的意蕴得到了进一步的展现。"虚其心，实其腹，弱其志，强其骨"和"常使民无知无欲，使夫智者不敢为"这一系列做法，就是他的"无为"的具体手段。

老子的这一阐述历来为人所诟病，被看作是一种愚民思想。其实，这是对老子的误解。这段话就字面上来看，的确存在着愚民嫌疑。但往深层去思考，就不难发现实质并非如此。老子所说的"使民无知无欲"，不是说让百姓一个个都变成白痴，这里的"知"和"欲"也不是指普通的知识和欲望，而是有其特指，指的是奸诈心术和非分欲望。这就如同宋代理学家提倡的"存天理，灭人欲"一样。这里所谓的"人欲"并非指的人的渴了要喝水、困了要睡觉一类欲望，这里的"人欲"指的是在满足基本生存之外的欲求。尽管这种主张过于保守，但应当肯定其有着合理性。后面的"智者"一词其实也是一种反面修辞，它说的不是人的智商，而是说那些擅长玩弄权术伎俩获取利益的人。老子并非是要愚民，而是想要荡涤人心中过多的杂念，令他们的心灵变纯净，性格变淳朴，没有奸诈机巧之心，没有争夺之念；如此天下就会大治。

在老子看来，人们保持淳朴与天真社会才是美好的。庄子就说过，上古时平民百姓有固有不变的天性，织布穿衣，耕种吃饭，如此而已。他们的想法和行为不相背离，一切都自然而然。所以，那时才是人类天性保留最完善的时代。那时候虽然人没有什么智慧，本能和天性却没有丧失；人们愚昧却没有私欲。所以，那是个美好的时代。

　　古人说："田父野叟，语以黄鸡白酒则欣然喜，问以鼎食则不知；语以缊袍短褐则油然乐，问以衮服则不识。其天全，故其欲淡，此是人生第一个境界。"由此可见，在老子的语境里，保持乃至回归淳朴天真，有着非同寻常的社会意义和人生意义。

第四章

象帝之先

道冲①而用之，或不盈②。渊兮，似万物之宗③。（挫其锐④，解其纷⑤，和其光⑥，同其尘⑦。）湛兮，似或存⑧。吾不知谁之子，象帝之先⑨。

【注释】

①冲：古字为"盅"，是一种用来盛酒或茶的器皿，在这里指的是空虚之意。

②用：使用。或语气词，在否定句中用来加强否定语气。盈：满，这里指有尽头。

③渊：渊深。兮：语气词，相当于现代汉语中的"啊"。似：好像。宗：宗主，本源。

④挫：收敛，削弱。其：这里指代道。锐：锐气。

⑤解：超脱，排除。纷：纷乱。

⑥和：隐藏，涵蓄。光：光芒。

⑦同：混同，接纳。尘：尘垢。

⑧湛：深沉，在这里指道的幽邃而不可见的样子。或：或许，在这里包含着若有若无的意思。

⑨象："像"的本字，好像的意思；又说为形象之义，这里指万物的初始形象。帝：天帝。

［注］括号中四句与前后文不相符，应该移到第五十六章。

【今译】

道是空虚而不可见的，但使用起来却没有止境。它是那样渊深，是万物的本原。（道收敛锐气，超脱纠纷，涵蓄光芒，混同尘垢。）道深沉幽邃，似有似无。我不知道它是由谁而生的，它好像在天帝之先就已经存在了。

【解析】

学会韬光养晦

老子说道收敛锐气，排除纷杂，涵蓄光芒，混同尘垢。如何来理解老子的意思呢？我们先来看一个例子。我国现代著名思想家和哲学家梁漱溟先生，曾以斗鸡做比喻来诠释人生的不同修养阶段。他说：人一生首先要解决和物的关系，再解决和人的关系，最后解决和自己内心的关系。就像一只出色的斗鸡的培训需要漫长的过程：第一阶段、没有底气还气势汹汹，像街头小混混；第二阶段、紧张好胜，就像喜欢指点江山，激扬文字的年轻人；第三阶段、好胜的迹象虽难以察觉，但眼里精光还盛，说明气势未消，容易冲动；到最后则不动声色，身怀绝技，秘不示人。这样的鸡踏入战场，才能所向披靡。

我们知道，通常真正的富豪是不会去炫耀自己的钱财有多少的，相比之下，他会更看重其他方面的事物，因为他已经有了足够多的金钱，在这方面是很有自信，不需要通过别人的评价来证明。而对于那些不那么有钱的人，情况则不同。在金钱方面他们内心缺乏自信，因此需要通过华贵的外表来得到他人的肯定。真正富有的人可以穿得很朴素，因为即使这样，也不会影响到他们自身的地位，他们不会因此而自卑。但那些不是很富有的人却恰恰相反，他们害怕被人看不起，他们会有强烈的自卑心。他们处在梁漱溟先生所说的人生修养的第一阶段。

而到了第二个阶段，由于有所成就，人往往会锋芒毕露，颇有点"当今之世，舍我其谁"的气概。可是这样的人一般不受欢迎，因为他们太过于张扬，会看不起他人，换句话说，也就是对他人不那么尊重。而人与人之间的尊重是相互的，你不去尊重别人，别人又怎么会尊重你呢？除非你有着很高的地位，但那样别人对你表现出来的尊重是慑于你的权势，并非发自内心。锋芒太露的人总是很容易得罪人。台湾大学哲学系的傅佩荣教授说，自己三十几岁刚从美国回来时，在学术会议上"盛气凌人"。听别人的报告从不说客套话，有问题会直接指出，让对方当场下不了台，因此得罪了很多人。这实际上是一种不成熟的表现。

到了第三个阶段，就已经不那么争强好胜了，但依然有冲动的可能。有时我们会遇到这种现象，很有身份的两个人打起来了，像小孩子样你一言、我一语互相争骂，甚至会拳脚相向。这时大家会很不解，两位平时文质彬彬的谦谦君子，怎么会变得这么粗鲁？这其实是修养还不到家的表现。如同冬天河面上的冰，薄薄的一层冰下还都涌动着的水。也就是说，处于这一阶段的人还未能做到气定神闲，淡定自若。

最后一个阶段就是"呆若木鸡"境界。我们可以将其看作是孔子所说的"从心所欲不逾矩"。人生修养到了这一阶段，再无任何炫耀之心，也无丝毫冲动之情，通达随和，无往而不利。这也正是老子所说的道的特质："挫其锐，解其纷，和其光，同其尘"。

老子又说：道深沉幽邃，若有若无，在天帝之先就已存在。这再一次肯定了道的不可捉摸的特性，也同时指出道是万物本原，它的存在先于一切，是终极的。

第五章

天地不仁

天地不仁①,以万物为刍狗②;圣人不仁,以百姓为刍狗。天地之间,其犹橐籥乎③?虚而不屈④,动而愈出⑤。多言数穷⑥,不如守中⑦。

【注释】

①不仁:指不偏爱,不存在意志和情感。

②刍狗:刍,指喂牲口用的草。刍狗,是古代祭祀时用草扎成的狗。

③其:副词,表示反问的语气,难道的意思。橐(tuó)籥(yuè):橐的本义是一种小而有底的口袋,籥是一种管乐器。也就是风箱。

④虚:空虚。屈(jué):穷竭。

⑤动:鼓动,操作。出:产出。

⑥多言:这里指政令过多。数:通"速",为加速之义;另一说,指办法。穷:衰退、行不通的意思。

⑦守中:保持适中。

【今译】

天地是没有偏爱的,将万物都看作刍狗;圣人是没有私心的,将百姓看作刍狗。天地之间难道不像个风箱吗?虽然是空虚的,但力量却不会穷竭,越是鼓动它,产生的能量就越多。政令过于繁多,会加速国家命运的衰退,不如保持一个恰如其分的度。

【解析】

大道"不仁"

这一章老子阐述了"天地不仁"和"圣人不仁"的观点。老子的"仁"与孔子的"仁"虽然是同一个字,但并不是同一个概念。在儒家学说中,"仁"是核心概念,内涵十分广泛;而在道家学说中,"仁"则是一个普通概念。儒家将"仁"看得极其重要;道家则认为道才高于一切。

在这句话中所谓的"仁"指的是有私心、偏爱。什么是刍狗?关于这两个字有不同解释;一种解释是将刍和狗分开看,刍指的是喂牲口用的草,狗也就是狗;另一种解释把刍狗看作一个词,是在祭祀时用草扎成的狗;还有一种解释,认为刍指的是牛羊,而狗指的是犬豕。也就是说,刍和狗分别指代吃草和吃谷物的家畜。有关"刍狗",《庄子·天运》篇是这样解释的:"不仁者,不为仁恩也。刍狗者,结刍为狗也。犬以守御,则有弊(蔽)盖之恩。今刍狗徒有狗形,而无警吠之用,故无情于仁爱也。言天地视人,亦如人视刍狗,无责望尔!"这里明确指出"刍狗"就是用草扎的狗。我们都知道庄子继承了老子的道家思想,两人相距年代也不远,因此这种说法被大多数人所接受。

关于"不仁"作何解释,上面已经说过,在此该是指没有私心、偏爱。但也有人将其解释为没有仁爱,也就是说天地对万物没有仁爱之心,而圣人对于百姓也没有仁爱之心,任由万物和百姓自生自灭。但只要我们对老子的思想作整体的回顾,就会发现这样解释违背老子的本意。这里又涉及到如何理解老子思想的一个核心概念——"无为"。在此之前我们不止一次提到,老子所谓的"无为"不是指什么也不做,而是指不妄为。如果天地和圣人没有任何情感,任由万物和百姓生死存毁,那么也就相当于将"无为"理解成不作为了。而在老子的心中,圣人对待百姓是这样的态度吗?不是的,因为我们可以从《老子》一书本身找到相关依据。《老子》第四十九章说:"圣人常无心,以百姓心为心。善者,吾善之;不善者,吾亦善之,德善。信者,吾信之;不信者,吾亦信之,德信也。圣人在天下,歙歙焉,为天下浑其心。百姓皆注其耳目,圣人皆孩子。"这段话用现代汉语翻译出来就是:圣人是以百姓的意念作为自己的意念。善良的人,我善待他;不善的人,我也善待他,这样才可以得到善良,使人人都能行善;诚信的人,我信任他;不诚信的人,我也信任他,这样才可以得到诚信,使人人都能守信。圣人立身于天下小心翼翼，致力于使天下人的心归于浑然一体。百姓都在关注着他，圣人将他们都看作纯真的孩童。

再回到"刍狗"。我们姑且采取主流说法，将其理解为用来祭祀的草扎成的狗。在古代，祭祀是非常隆重的大礼，先秦时期尤其如此。人们为了表示对神灵的尊敬和崇拜，会在祭祀时供奉许多贡品，之中最常见的是食物，而在食物中又以肉食为最。人们将用于祭祀的动物叫做"牺牲"，"牺牲"中最常用的是牛、羊和猪，狗也属于较为常用的一种。但祭祀也并非全都用真的牲畜，也有用草扎成牲畜的形状以代替，这类于在殉葬中不用真人而用人俑。刍狗，就是用来代替真狗的祭品。老子说："天地不仁，以万物为刍狗。"那么，人们对待刍狗的态度是什么？同样是在《庄子·天运》中有这样一段描述："夫刍狗之未陈也，盛以箧衍，巾以文绣，尸祝齐戒以将之；及其已陈也，行者践其首脊，苏者取而爨之而已。"意思是说当刍狗被用来祭祀前，要装在竹筐里，盖上绣着图案的精美手巾，祭祀的人还要先进行斋戒；可等祭祀过后，路上的行人会很随便地从它的头和背上踩过去，捡柴的人遇见了就会将它拿回去当柴烧了。

祭祀前人们尊重刍狗，因为它是用来献给神灵的；祭祀后人们对刍狗毫不介意，因为那时它就只是一堆草而已了。人们对刍狗所持有的这两种迥然不同的态度，并非出于偏爱和歧视，而是视其自然价值在施予相应的态度，完全是不偏不倚。这就是人对待刍狗的方式。

因此，老子说"不仁"和视如刍狗，着重强调的就是对万事万物、对每个人等而视之，抛弃偏见，保持公平心。

保持中正

在举了"刍狗"这个例子后，老子又采用了另一个比喻"橐籥"。橐籥是风箱，它有两个特点，其一是虚空，其二是可以源源不竭有风涌出，也就是老子所说的"虚而不屈，动而愈出"。在前一章老子说："道冲，而用之或不盈"，橐籥具有同样特点，因为它是虚空的，所以才拥有不竭的力量，愈鼓动它，它所产生的力量就会愈大。这个奇妙的比喻，把道的特点展现出来，让我们能更直观和形象理解。

接下来老子又亮出了这样一个鲜明的观点："多言数穷。"什么叫做"多言数穷"呢？巧言善辩，妄发议论，卖弄智巧，很快就会陷入困境，进而走投无路。这个观点能给我们多重启示。首先，在人际交往中，巧言令色不如讷语慎言。还有更极端的说法"沉默是金"。但老子的目的并非让人不说话，不说话便无法交流，也无法传播思想和政令。老子强调的是说话要实事求是，要有分寸，要留有余地，要在该说的时候说，适可而止；要说那些真正有用、能传达思想、表达心意、解决问题的话。所谓"多言数穷"，正是指这情况。

其次，"多言数穷"告诉我们言多必失。老子认为"多言"的危害是巨大的，能使事业迅速衰败，能使一个机构或组织很快瓦解。既然如此，倒不如少说多做。

老子的这句话对我们的第三重启示是：政令过多，或政出多门，必然会使国运衰退。政令过多过繁，必然会劳民伤财，使生产无法进行，生活不能安定，财富无法积累，统治者与民众矛盾激化，最终导致政权的颠覆。在西方社会学中，有一个手表定律，说的是只有一只手表时，你可以确定是几点，有两只或两只以上手表时，你就无法确定准确时间；两只手表并不能告诉一个人更准确的时间，反而会让看表的人失去对准确时间的信心。这个定律与老子的"多言数穷"的思想是一致的。

政出多门让人无所适从。政令烦苛会加速败亡。既然这样，如何做才会好呢？老子说："不如守中"也就是不如坚守大道，保持清静无为。通俗地说，就是按规律办事，尽可能不扰百姓。

第六章

玄牝之门

谷神不死①,是谓玄牝②。玄牝之门③,是谓天地根④。绵绵若存⑤,用之不勤⑥。

【注释】

①谷:指山谷。山谷,即两个山峰之间低凹而空阔的地方,虚空之义。神:指道所具有的变幻无穷、不可测度的特性。"谷神",老子对道的另一种称谓。不死:永恒不会消亡。

②是:指示代词,这的意思。玄:神奇的意思。牝(pìn):母性生殖器。"玄牝"在这里指的是道所具有的神秘而玄妙的生养万物的伟大力量。

③玄牝之门:即母性生殖器,代指生育万物的道。

④根:根源,起源。

⑤绵绵:连绵不绝;又说,即冥冥,形容道的无形而莫测的神秘情形。若:在这里是若隐若现、若有若无之义。存:存在。

⑥用:作用。勤:穷竭的意思。

【今译】

虚空博大、变化莫测的道永恒存在而不会消亡的,这就叫做"玄牝",即幽微玄妙的生育之门,而这也就是天地万物的根源。它绵绵不绝、若隐若现地存在于天地之间,作用是无穷无尽的。

【解析】

道无所不在

这一章老子又提出了两个新的概念"谷神"和"玄牝"。其实,这二者都可看作是道不同视角的代称。所谓"谷神",阐述的是道虚空博大和神秘莫测的特性；而"玄牝"则是道所具有的生育万物的神奇力量。老子说谷神不死，换句话说，即道是永恒存在的。正因为道具有"谷"和"神"的属性，它才是不会消亡的。而其他具体可见的事物，则会随着时空变幻而消无。只有道在进行着永恒的演绎。这与老子第一章所讲的"道可道，非常道；名，可名，非常名"是一致的。

也正因为道是永恒的，它才能成为化育万物的"玄牝"。"牝"者母性生殖器。先古时期人们对生育现象还未能有科学的认识，他们只是直观地见到一个新的生命体，从母性生殖器官中娩出，因而觉得母性生殖器具有一种神奇的力量，并对之产生了崇拜之情。当然，老子所生活的时代早已走出了蒙昧状态，老子是在以母性的生殖器官比喻道的伟大神奇。老子同时也指出：这不是一般的牝，而是"玄牝"。玄，意味着神秘，老子再一次肯定了道的玄秘莫测的特点。道之于牝，并非是生养某一个、某一种具体的事物，而是育养天地间的万事万物，它是天地万物的根源，因此，老子说："玄牝之门，是谓天地根。"

继而，老子又说"绵绵若存，用之不勤。"关于"绵绵"有两种解释，其一为绵绵不绝之义，其二为冥冥之义，也就是幽暗深远、不可窥测。"若存"，即好像存在，好像又不存在，而这正是道的特点，它不是人们可以清楚地看明白的。可也正因为这样，道的作用才无穷无尽。老子哲思的玄妙精深也正体现在这里。

关于道的这一特质，《庄子·知北游》中有这样一段对话可以看做是很好的诠释。东郭子向庄子请教："人们所说的'道'，究竟存在于什么地方呢？"庄子说："大'道'无所不在。"东郭子曰："必须得指出具体存在的地方才行。"庄子说："在蝼蚁之中。"东郭子问："怎么处在这样低下猥琐的地方呢？"庄子说："在稻田的稗草里。"东郭子又问："怎么越来越低下了呢？"庄子说："在瓦块砖头中。"东郭子再问："怎么越来越微屑了？"庄子说："在屎尿里。"

庄子说到这里，东郭子就不再继续往下问了，因为如果他再问下去，庄子会说出更加卑琐之物，那是他不想听到的。庄子见东郭子静默不语，就解释道："先生的提问本来就没有触及'道'的本质啊。对于

'道',你不可以只在某一事物中寻求它,世间万物没有什么是可以脱离'道'而存在的。"

在《庄子·知北游》这篇文章中还记载有泰清问道的对话。泰清向一个叫做无穷的人请教:"你了解'道'吗?"无穷回答说:"我不了解。"泰清又去问一个叫做无为的人。无为回答说:"我了解'道'。"泰清又问:"既然你了解,'道'也有名数可言吗?"无为说:"当然有。"泰清接着问:"如果有的话,'道'的名数又是什么样子的呢?"无为说:"据我所知,'道'可以处于尊贵,也可以处于卑贱,可以聚合,也可以离散,这就是我所了解的'道'的名数。"而后,泰清又去请教一个叫做无始的人:"对于'道',无穷的不了解和无为的了解,谁对谁错呢?"无始回说:"不了解是深奥玄妙,了解是浮泛浅薄;不了解处于'道'的范畴之内,了解恰恰处于'道'的范畴之外。"于是泰清慨叹道:"不了解就是了解,了解却是不了解!有谁懂得不了解的了解呢?"

无始回应泰清说:"'道'不可能被听见,听见的就不是'道';'道'也不可能被看见,看见了就不是'道';'道'也不可言传,能言传就不是'道'。要懂得有形之物之所以具有形体,正是因为它产生于无形的'道'!因此大'道'是不可以称述的。"无始又接着说:"有人向他询问大'道',他随口回答,乃是不了解'道'。就是询问大'道'的人也是不曾了解过'道'。'道'其实是无可询问的,问了也无从回答。无可询问却一定要问,这就是在询问空洞无形的东西;无从回答却勉强回答,这就是说对大'道'并不了解。内心无所得却期望回答空洞无形的提问,像这样的人,对外不能观察广阔的宇宙,对内不能了解自身的本原,所以就不能越过那高远的昆仑,也不能遨游于清空的太虚之境。"

庄子与东郭子、泰清与无始等人的对话,实际就是对老子所说的"道可道,非常道"、"道冲,而用之或不盈"、"玄牝之门,是谓天地根"等观点所做的具体阐发,意在指明大道之无处不在、无往不至而又不可辨识、不可言说的属性。

第七章

天长地久

天长地久。天地所以能长且久者，以其不自生①，故能长生。是以圣人后其身而身先②，外其身而身存③。非以其无私耶？故能成其私。

【注释】

①以：因为。其：代词，指天地。不自生：不为自己而生存。

②后其身：将自己放在别人的后面，指处世谦退、收敛。身先：意指自己因为受到别人的爱戴和拥护，所以处在了众人的前面。

③外其身：将自己置之度外，不为自己考虑。身存：自身得以保全。

【今译】

天地之所以能长久，是因为天地不为自己而生存。所以，圣人总是将自己放在别人的后面，保持谦退、收敛的处世态度，正因为这样，才会得到别人的爱戴和拥护，反而处在了众人之前；总是将自己置之度外，凡事不为自己考虑，正因为这样，自身才得以保全。因为没有私心，才能够成就自己。

【解析】

靠无私实现"大私"

这一章老子集中阐述的是"无私"这个话题。老子首先从天地讲起。天地是长久的；为什么天地能长久？因为天地是"不自生"的。所谓"不自生"也就是不为自己而生存。天和地哺育和滋养天地之间万物，但却从不为自己着想，不为自己谋利，所以天和地才能长生。

老子为什么这样讲？为什么说天地的长久就是由它们的不自生而促成的？这还要归结到老子"无为"思想上来。其实，天地的不自生正是

"无为"的一种体现。老子对世间万事万物的生生灭灭看得非常清楚，生存是必然对应着灭亡的，所以，无论怎样处心积虑图谋自己的生存，也都会有灭亡的那一天，这是不会以自身意志为转移的。而且，事情的两个方面都是相对应而存在的。老子在第二章中说："有无相生，难易相成，长短相较，高下相倾，音声相和，前后相随"，就是这个道理。你一心谋求自身的生存，获得了有利于自身生存的一面，可是不利于自身生存的一面也就同时形成了。秦始皇统一天下后，为了能万世永传，对百姓采取了非常严苛的控制措施，结果秦王朝统治了仅十几年就被推翻。这就是"以其不自生，故能长生"的一个反面例子。

老子在第二十五章讲："人法地，地法天，天法道，道法自然"，这说明天地是人所效法的对象。在这一章，老子同样由天地推及人，他讲道："是以圣人后其身而身先，外其身而身存。"而"以其无私，故能成其私"，这与老子在第二章中所讲的"夫唯弗居，是以不去"同出一辙。圣人正是因为没有私心，才能成就自己的利益，如同天地不为自己却能长生一样。

老子的话看似很虚，但仔细想，却字字落到实处，并充满了圆融的思维与真理。就"以其无私，故能成其私"一语来说，我们还可以做出另一层解读，那就是一个人只有"无私"，才能成就功业和美名。譬如许多战乱中涌现的伟大人物，刘邦、曹操、成吉思汗、朱元璋，也许是因为他们成功之后，成了天下的主人，后来的人便设定他们从一开始便心怀天下，为夺取江山而"自私"地奋斗。但事实并非如此。如果他们在一开始便打出自己要谋取天下的旗号，甚至表现出为自己打江山的野心，他们多半不能成功；因为这种赤裸裸的行为很难赢得民心，也聚集不起足以雄霸天下的力量。没有"无私"的愿望和行动，不可能成就"私"的伟业。有了"私"的伟业，如果真的以为这所有的一切都是自己的（私），这个（私）也拥有不了太久。历史上有很多人，便是因为过早显露出自己的私而成为失败者的。

元朝末年，昏君当道，赋税沉重，民不聊生，不堪忍受的农民揭竿而起，组成义军反对元朝统治。朱元璋、陈友谅便是这个时候涌现出来的。当时朱元璋、陈友谅的势力不相上下,但为什么只有朱元璋成功取得了天下,建立了大明王朝?这一方面和朱元璋的个人能力有很大关系,另一方面也和他采取的策略有关。朱元璋听取了谋士的建议,采取"高筑墙、广积粮、缓称王"的策略,安心增强自己的实力,避免成为众矢之的。而陈友谅则犯了这样的错误。1359年,陈友谅建国大汉,自己当了皇帝,这个时候,所有人都知道他率众起义不是真心为百姓着想,而是为了自己能享受荣华富贵,他"私"的一面便显露了出来,而一旦当"私"显露出来之后,"私"也便走到了尽头,1362年,陈友谅在和朱元璋的鄱阳湖大战中身亡。表面上陈友谅的失败是因为他采取了错误的战术,贻误了战机,实际上却是因为他过早地露出了自己的私心。

如何理解自私与无私

西方有句俗谚叫"有一千个读者,就有一千个哈姆雷特",这说明同样的作品、话语,不同读者出于不同角度是会做出不同理解的,对于含义丰富的经典著作尤其如此。《老子》一书正是这样。有人在读《老子》时感到老子是一个城府极深的阴谋家,何出此言呢?看看他的这句话:"以其无私,故能成其私",这不就是在告诉人们,怎样才能成全自己的私利吗?你得将自己装作一副很无私的样子才成。同样,前面所讲的"夫唯弗居,是以不去",说的是你要是想将功名攫为己有,你就得假装推脱,说那些功劳都应归之于别人才行;而别人见你宽宏大度,就会觉得你很了不起,反而会认为你的功劳最大。老子说的是不是这么回事呢?当然可以进行这样的理解,但我们一定要知道老子的本意并非如此。那么,老子本来要说的是什么呢?

的确老子说了"以其无私,故能成其私",这很容易令人们理解为一种计谋、一种手段。但实际上老子所说的"成其私",是针对客观结果而言,并不是一种主观目的,不是为了"成其私"才"无私",而是因为"无私"才"成其私"。应当承认的是,这两者在表面上的确难以区分，但实质上这两者是全然不同的。因为一旦为了"成其私"而"无私"，那也就是一种虚假的"无私"了，是为了达到自私的目的而装作"无私"，实际上并非"无私"，这与真正的"无私"恰恰相反。如果是这样，也就与老子的原意相违背，因为老子的思想是以"无为"为本色的，决非是"无为"表面之下的"有为"。

《老子》一书所讲的，都是根本性的大智慧，而不是针对某个别提出的具体机谋。因此，《老子》与《三十六计》是不同的，它不是教给人们计谋，使人在遇到相关情形时有所用，《老子》主要是给人们带来一种智慧的启迪，令人的思想变得开通豁达，教人认识到这世界纷纭复杂的万千表象下所蕴含的根本的规律。从这点上，我们可以说《老子》并不是一部向人们传授计谋的著作，而是一部引导人们步入智慧殿堂的书籍；老子也不是一个阴谋家，而是一位伟大的智者。

第八章

不争无尤

上善若水①。水善利万物而不争，处众人之所恶②，故几于道③。居善地④，心善渊⑤，与善仁⑥，言善信⑦，正善治⑧，事善能⑨，动善时⑩。夫唯不争，故无尤⑪。

【注释】

①上善：最高的善。

②处：停留。恶：厌恶。

③几：接近。

④善：善于。地：选择适宜的地方，这里即指趋向低下之处。

⑤渊：深邃沉静。

⑥与：施与，又说为交往之义。

⑦信：诚信，含有可以进行验证的意思。

⑧正：即"政"，为政之义。治：治理。

⑨事：处事，行事。能：发挥效力，达到效果。

⑩动：行动。时：选择合宜的时机。

⑪尤：责怪，怨恨。

【今译】

最高的善就像水一样。水善于帮助万物却不与万物相争，而让自己停留在人们所厌恶的地方，所以水是很接近道的。居处善于选择合适的地方（即卑下之处），心思善于沉静，施与（或交往）善于仁爱，言谈善于诚信，为政善于治理，做事善于达成既定的效果，行动善于选择合宜的时机。正因为不争，才不会遭受责怪和怨恨。

【解析】

上善若水

在这一章，老子用水来比喻善的品格。所谓"上善若水"，意思就是最高的善好像水一样。那么，水又有什么特点呢？老子说："水善利万物而不争"。"不争"，点出了老子的"无为"立场，"不争"是"无为"一个十分重要的范畴。我们前面不止一次提到过，老子所倡导的"无为"不是一无所为，而是不妄为、不乱为，鉴于此，"不争"也非单纯的"不争"，而是以"善利万物"为前提，只有"善利万物"才谈得上"不争"。

这就是老子思想主张中的两个方面，一方面是"不争"，另一方面是"善利万物"。老子接着说："（水）处众人之所恶，故几于道。""几于道"，也就是接近了道。道，是一种高尚和圆满的境界，那么，老子因何称誉水接近了这一境界呢？因为水停留在人们都厌恶的地方。这是与"善利万物而不争"相承续的，由于"不争"，所以水才甘心居于大家都不愿意待的地方，而这正是一种难能可贵的品德。

其实以水喻道，在《老子》一书中并非孤例，而是见诸多处。例如在第六十一章，老子说："大国者下流，天下之牝，天下之交也。"而在第六十六章老子又说："江海所以能为百谷王者，以其善下之，故能为百谷王。"这两句中虽然没有出现"水"字，但所提到的"流"和"江海"都是水的表现形态。我们先来看第六十一章中这句：什么叫做"大国者下流"？人们或许很容易将其理解成大国的品行是低劣的。其实"下流"在这里与我们通常说的"下流"含义不同。我们现在所讲的"下流"，一般采用的是其比喻义，意为品性不佳。但是在古代，特别是在先秦时期，"下流"的本义被运用得比较多，在这句话中所采用的就是它的本义，也即河流的下游之义。"大国者下流"就是说，大国居于江河的下流。"天下之牝"，说的是大国居于天下雌性的位置，而雌性则代表着柔。"天下之交也"，即为天下归附之义。总起来说，这句话讲的是，大国居于卑下和柔弱的地位，然而却为天下所归附。第六十六章的一句说的是，江海之所以能够成为百川归往之处，是因为他们处在低下的位置。这一句与第六十一章中的那句话所讲的道理完全一致，都提到了一个"下"字，而"下"，正是为老子所首肯的水之所具有的最接近道的品质。

人们常说"人往高处走，水往低处流"，这是将人与水区分开来，肯定的是人积极向上的进取精神，而老子却恰恰肯定的是水的这种"往低处走"的品质。而水为什么要往低处走呢？因为受到重力作用的牵引。同样，人也受到地球引力约束的，但是人为什么与水不同，不是只能一味地往低处，而还可以往高处走呢？因为人是具有主观能动性的，这种强大的主观力量驱使着人克服外力的束缚而争求一种更好的结果，这也是人之所以为人的一项根本因素。而老子却刚好相反，他告诫人们要向水学习，水是无意识地处下，而人则应当有意识地自处卑下，往那些大家都不愿意去的地方去。老子的用意何在？在这一章的最后老子指出："夫唯不争，故无尤。"这与老子前面所讲的"夫唯弗居，是以不去"是一脉相承的。因为只有不争，才可以避免别人的怪怨。

宋代著名的文学家苏辙在注解这句时提到："有善而不免于人非者，以其争也。"这句话恰好是老子之语的反面表达，意思是，有优点却仍不免遭非议的人，是因为他与别人相争。苏辙又说："水唯不争，故兼七善而无尤。"相反，水就是因为不争，所以身上具有那么多优点却不会招惹他人的非议和怨恨。有句俗语叫做"人为财死，鸟为食亡"，人对利益的追逐就像鸟争食物、昆虫趋光一样，正所谓"如飞蛾之赴火，岂焚身之可吝"。所以，老子才说出这样意味深长的话语："夫唯不争，故无尤。"抛弃争夺之心，正是全身远祸的根本之法。而不争夺，就意味着要将利益让与他人，将好的位置奉献给别人，自己则"处众人之所恶"，待在最为卑下的地方。水正因为具有这种特点而为老子所青睐。

古希腊哲学家泰勒斯曾提出一个著名的命题："宇宙的本原是水。"他说："水生万物，万物复归于水。"而泰勒斯更将"水是最好的"这句话当做自己的格言。这与老子的"上善若水"如出一辙。那么，泰勒斯又是根据什么得出这样的结论的呢？是什么令这位伟大的古希腊先哲对水如此厚爱呢？

泰勒斯认为水是人们生活中的一种最为基本的物质，一切生物都离不开水。泰勒斯还发现，每次洪水退后，都会留下肥沃的淤泥，而淤泥里则生满了植物的幼芽和动物的幼虫，他将这一现象推而广之，就得出了万物都是由水而生的结论。可老子的观点是怎样的呢？老子说："道可道，非常道；名可名，非常名。"那些能讲出来的道理都不是终极的道理；那些能说出来的事物都不是永恒的事物。但水恰恰是一种可名之物，既然可名，也就并非终极、并非永恒；既然并非终极和永恒，它又怎么可能是宇宙的本原呢？显然这是荒谬的。老子描述世界是："有物混成，先天地生。寂兮寥兮，独立不改，周行而不殆，可以为天下母。吾不知其名，字之曰'道'"（见第二十五章）水当然不是，因此在老子看来，水是"几于'道'"，也就是接近道，但绝不等同于道。

水的智慧

老子在概述了水的"善利万物而不争，处众人之所恶"的品质后，又列举了水的七种智慧，即"居善地，心善渊，与善仁，言善信，正善治，事善能，动善时"，用现代汉语来讲，就是居处善于卑下，心思善于沉静，施与（或交往）善于仁爱，言谈善于诚信，为政善于治理，做事善于达成既定的效果，行动善于选择合宜的时机。

北宋著名文学家苏辙在他的《老子解》一书中，对老子所讲的水所具备的这"七善"进行了很好的阐释：居善地——"避高趋下，未尝有所逆，善地也。""避高趋下"就是说水避开高的地方，只往低下的地方流；"未尝有所逆"就是说水从不违背这个原则；"善地"即善于选择合适的地方。也就是说，水之避高趋下是一种善于择地的表现。这一点与前面"处众人之所恶"的涵义是大略相同的，是在告诫人们应当善于谦卑，而不汲汲于高处。

心善渊——"空虚寂寞，深不可测，善渊也。"这是说水的表面看起来是很平静的，但它的内部是"空虚寂寞，深不可测"的，有着极为丰富而深邃的内涵，能够包容万物，就如同深渊一般。一个"心善渊"的人，一定是达到了很高修养的人，是一个具有涵养而不浮浅的人。浮浅其实是为人的一项大忌，为什么这样说呢？因为浮浅很容易让人放肆，而人一旦放肆起来也就难免要做错事。人们通常说的"恃才傲物"，实际上也是一种浮浅的表现，而真正有涵养的人决不会在他人面前炫耀自己。在第四章中老子说："挫其锐，解其纷，和其光，同其尘"，简单说也就是告诫人们应当避免锋芒毕露。

与善仁——"利泽万物，施而不求报，善仁也。"这是说，水泽润万物，但是它施与了那么多，却从来不索取，这就是善于仁爱。大家常说"滴水之恩，当以涌泉相报"，这是从受恩者的角度讲的，而在施恩一方，也就是这里说的应当"施而不求报"。有这样一句话，叫做"善恐人知乃真善"。但有的人做了善事，唯恐别人不知，心里想着有人将自己的善举用大喇叭宣传一下才好呢。在这种情况下，行善的动机也就不纯洁了，他是做了善事，可他的意图不是、至少不完全是为了帮助别人，而至少部分是为了向人显耀自己，表明自己的高尚，而这样的善行尽管也不能否定它，因为不论其主观动机如何，在客观上他是做了好事，但其意义和价值肯定是要打很大的折扣的。

言善信——"圆必旋，方必折，塞必止，决必流，善信也。"其意思是，水进入圆形的地方就会旋转，进入方形的地方就会转折，堵塞住它，它就会停下来，而决开它，它又会流下去，这些都是可以信验的。说话要讲求诚信，何谓诚信？诚信的话是可以验证的。大家都很熟悉"狼来了"的故事。在故事中，那个放羊的孩子恶作剧，那个孩子的话就是不可验证的。他说狼来了，可是狼没有来，他说的话是假的，不可靠的。后来呢，因为这个孩子一次次这样干，最后狼真来了，谁也不来救他。狼不仅吃掉了很多羊，那个孩子自己也成了狼的腹中之物。

正善治——"洗涤群秽，平准高下，善治也。"这是说，水可以清洗一切脏的东西，而且它又是很公平的。水在一个容器之中，它的表面一定是平的。即使容器偏了，水面也依然是平的，不会有高下之分，而消除脏乱和公平行事正是为政的基本之所在。

事善能——"遇物赋形，而不留于一，善能也。""遇物赋形"是说任何东西在水面上都会显现出自身的形状来；"不留于一"就是说水并不要求某种特别的形象，而是什么都接受。善于做事的人就是这样，他不只是解决一些容易的问题，而是对解决复杂的问题也丝毫都不辞让，真正是来者不拒，这才是真正的"能"。

　　动善时——"冬凝春冰，涸溢不失节，善时也。"水在适当的时候凝固和结冰，在适当的时候干枯和涨溢，总是能够配合天时与节气。它不会在冬天涨溢，也不会在夏天结冰，这就是善于选择时机。

　　总而言之，在老子看来，水具有近乎完美的品性，是最接近于道的。因此老子才说："上善若水。"

第九章

功遂身退

持而盈之①，不如其已②。揣而锐之③，不可长保。金玉满堂，莫之能守④。富贵而骄，自遗其咎⑤。功成、名遂⑥、身退，天之道也。

【注释】

①持：把持，执有。盈：丰盈，满溢。
②已：罢休，结束。
③揣：锤炼。锐：尖锐，锋利。
④莫：不能。
⑤遗：招致。咎：灾祸。
⑥遂：成功的意思。

【今译】

持有的东西达到了满盈的状态时，不如就此罢手。锤炼得很尖锐，是不能够长久保持的。金玉堆满家中，没有人能够守住。富贵加上骄傲，就会自招祸患。成功了就退下来，这才合乎天道。

【解析】

物极必反

老子在这一章集中阐述了物极必反的道理。这一道理在先秦时期的许多古籍中都有所表述，例如，《吕氏春秋·博志》篇说："全则必缺，极则必反，盈则必亏。"《鹖祐冠子·环流》篇说："物极则反，命曰环流。"《易经·丰卦》说："日中则昃，月盈则食，天地盈虚，与时消息，而况乎人乎！"

为什么说物极必反呢？难道就没有例外吗？答案是没有例外。如果说某种事物已经相当好了，而还在继续变好，那只能说明它还没达到"极"的状态；一旦达到"极"的状态，一定会走下坡路。原因很简单，这就是事物存在的有限性。老子说过，不论是抽象的道理，还是具体的事物，只要它们能够被指认出来，也就不会是永恒的存在。而在现实世界中，凡是为我们的观感可知的事物，也就都是有限的存在，都有出生和死亡的那一天，不会一直存在下去。既然如此，物极必反也就很好理解了。所有事物都会有一个发展的历程，在这一历程中，会有巅峰和低谷。走过了巅峰，必然就是低谷。那么，物极必反的道理对为人处世的意义又在何处呢？

老子说："持而盈之，不如其已。"也就是说，持有的东西达到了满盈状态时，不如就此罢手。按照物极必反的道理，自己的持有达到了丰盈之时，也就会走下坡路了，这时候最好自己罢手。平太平天国后，如日中天的曾国藩就交出了兵权。他的行为虽不为世人理解，但却能持盈保泰。老子说："揣而锐之，不可长保。"揣，在这里是锤炼的意思。这句话是说，如果锤炼得很锐利，那么就是不能够长久保持的。我们知道，一把刀最容易磨损的地方就是锋利的刀刃，一根针最容易受损的部位就是针尖。诸如此类，都说明了"揣而锐之，不可长保"的道理。

老子说："金玉满堂，莫之能守。"金和玉都是珍贵的东西，代指一切价值很高的财物以及为人所珍视和看重的地位、名声等。老子在此提出了这样一种论断：即使你拥有了相当多的财富，你能够守得住吗？获得财富是艰难的，可是守财富其难度又何曾亚于对它的获得？自古就有句俗语叫做"富贵传家，不过三代"，这个"三代"是一个大约的数字，概言时间短暂。

唐代诗人刘禹锡有首很有名的诗《乌衣巷》，其中有两句是："旧时王谢堂前燕，飞入寻常百姓家。"意思是，从前王、谢两大豪门贵族之家的燕子，现在都飞进普通的百姓家里了。王、谢是东晋和南北朝时期著名的两大家族。很多人都知道，燕子不忘旧巢，每年从别的地方飞回后，还会找到自己先前住的地方。燕子由贵族之家飞入寻常百姓家里，不是燕子换了筑巢的地方，而是那里的人家改换了门庭。这两句诗表达的就是诗人对人世盛衰的感慨，想当年王、谢两家是多么的繁盛，可如今这里已经是寻常百姓家，王、谢两家昔日的辉煌哪里还有个影子在啊！

功成身退是明智之举

这一章老子最后说："功成、名遂、身退，天之道也。"在第二章老子讲过："功成而弗居"，而本章可以看作是对这一观点的再一次强调，并且明确指出，功成身退才是符合天道的。同是第二章，老子说："万物作焉而不辞，生而不有，为而不恃。"在接下来的一章老子又阐述道："生而不有，为而不恃"。由此可见，老子一贯秉持"生而不有，为而不恃"的"功成身退"之道，而这又是基于"无为"的思想而提出的。"无为"要求人们功成身退，而功成身退恰恰是"无为"的表现。

老子之所以说"功成身退"是天之道，乃是从大自然悟得的。我们看百草树木，花开之时何等灿烂，但一旦有了果实，花便谢了；硕果累累，香飘数里，一旦成熟，就会落下。由此，老子指出，人的行为要合乎天之道，功业成了，就应该引身后退。所以，人应该建功而不居功，打天下而不占有天下，更不该独霸。每个人都应该明白，在实现个人价值、建功立业之后，自己的使命也就完成了。这个时候，就应该赶快隐退，空出舞台让后来人演出。如果打下天下就占有天下，那与强盗的抢劫有什么区别呢？

一个真正理解大道的人，会循道而行，知道功成身退的道理。春秋时期，齐鲁会战，鲁国右翼军溃退。将军孟之反断后，成功掩护了后撤部队。但是，在他退入城门时却说："真倒霉，我的马太差了，只能在后面拼命抵挡。"国家战败了，你的功劳再大又如何呢，表功居功，只能引起君臣们的反感，弄不好会招来灾祸。孟之反以此掩盖自己的功劳，真是得大道的做法。

老子之所以说"功成、名遂、身退，天之道也。"大概有以下几个原因。首先，大道循环不息，事物时刻在变化。在事物发展的某一阶段能有所作为，之后便不一定能适合事物发展的要求。比如，开国将军在战争年代叱咤风云，功勋卓著。但战争结束了，国家建立了，将军的使命也就完成了。因为，国家接下来的任务是建设。实践证明，多数成功的将军并不是好的建设者。如果在建国后你继续居大功、占高位，多半会阻碍社会发展，于人于己于国都是不利的，故而应该功成身退。

然而说起来很容易，做起来却并不轻松。老子之所以不厌其烦地一再申诉这一主张，一个基本的原因也就是人们普遍都不能够做到这一点。他告诫人们，功成之时，即当身退，该罢手时就罢手，切莫因为种种的贪恋而引祸及身。

明朝开国皇帝朱元璋在建立大明王朝后，为防止权臣篡权，大杀功臣，通过胡惟庸、蓝玉两案件，李善长、蓝玉等开国功臣基本上被杀殆尽，但是有一人却躲过了此祸。此人便是汤和。汤和和朱元璋是同乡，而且还是一条街上长大的，所以汤和非常了解这位儿时伙伴的秉性。他知道，此时已贵为天子的朱元璋最大心病乃是功臣手中所握的权，而且朱元璋猜忌心很重。于是，他做出重大决定，主动辞官，回乡养老。回乡之后汤和表现得非常低调，从不以功臣自居，更不结交地方官和乡绅，整日里就是饮酒作乐，游山玩水，含饴弄孙，给人一副只贪图享受，别的事一概不管不问的印象。就这样，他令人难以置信地活到了洪武二十八年，以七十岁的高龄而逝，是明初少有的几个能善终的老臣，死后追封为东瓯王，谥襄武，可说是备极哀荣。汤和能躲过朱元璋的屠杀很大程度是因为他聪明地选择了"功成身退"。

帮助越王勾践兴越灭吴的范蠡也是深谙"功成身退"之理。吴国灭亡之后，范蠡认为在有功于越王之下，难以久居。他深知勾践为人"长颈鸟喙"，可与共患难，难与同安乐，遂与西施一起泛舟齐国，变姓名为鸱夷子皮，带领儿子和门徒在海边结庐而居，过着惬意而舒适的生活。而同为越王勾践的谋臣，和范蠡一起为勾践最终打败吴王夫差立下赫赫功劳的文种却在灭吴后，自觉功高，不听从范蠡劝告继续留下为臣，最终被勾践不容，受赐剑自刎而死。

那么，怎么算是"功成身退"，是不是一定要像汤和、范蠡一样归隐乡下？不是，不能对功成身退做这么狭隘的理解。"功成身退"就是要求有功者不要居功自傲，不要总是摆老资格，动不动说我当初怎么样，我怎么有功劳。如果能做到放低姿态，谦和为人，及时让贤，奖掖后进，即便是身在朝廷，也同样是"功成身退"。

第十章

长而不宰

载营魄抱一①，能无离乎②？专气致柔③，能如婴儿乎？涤除玄鉴④，能无疵乎⑤？爱民治国，能无为乎？天门开阖⑥，能为雌乎⑦？明白四达，能无知乎？生之畜之⑧。生而不有⑨，为而不恃⑩，长而不宰⑪，是谓玄德⑫。

【注释】

①载：有三种解说，其一，"载"为句首助词，无意义；其二，"载"，即抱的意思，在同一句话中，同一意义常常用不同的字来表达，因此在这一句中，用"载"来代替"抱"字；其三，"载"，为承载之义，"载"营魄，也就是将营魄安顿好。营：魂的意思。抱：保持之义。一：合一；又说，这里的"一"，指的就是道。

②离：离开。

③专：结聚，集中。气：气息，精气。致：追求，达到。柔：柔和。

④涤除：洗净，排除。玄：微妙之义。鉴：镜子，这里含有观照之义。

⑤疵：瑕疵，毛病。

⑥天门："天"含有自然之义，"门"指的是与外界接触的通道，"天门"即天赋的通道，指人体的耳、目、口、鼻等感觉器官。阖：同"合"，闭合之义。

⑦雌：指母性中的温柔、宁静等特点。

⑧畜：养育。

⑨有：占有。

⑩为：帮助。恃：仗恃，居功。

⑪长：作为首长，含有引导之义。宰：主宰，控制。

⑫玄德：玄妙的道德。

【今译】

精神与形体相配合，持守住道，能够做到不离开吗？集中精气，达到柔和，能够做到像婴儿一样吗？涤除杂念而深入观照，能够做到没有瑕疵吗？爱护人民，治理国家，能够做到无为吗？自然的感官在接触外物时，能够做到宁静平和吗？明晓各种事理之后，能够做到不使用智巧吗？滋生万物，养育万物。生养了它们却不据为己有，帮助了它们却不自恃有功，引导了它们却不进行宰制，这就是玄妙的道德啊！

【解析】

纯洁无染的婴儿状态

"载营魄抱一"说的就是魂魄合一，"营"是魂的意思。现在"魂魄"常用作一个词，但"魂魄"原本是两个词的。魄代表着人的形体感觉，魂代表着人的精神思维。因此，"营魄抱一"就可以理解为精神与身体的合一。

老子问：精神与身体合而为一，能够不相分离吗？对此，我们要进行反观，精神与身体是可以分离的吗？表面上看精神与身体是合一的，不可分的，魂灵出窍之类的说法不科学，精神只能依从于身体而存在。可是，如果从另外一种意义上来讲，精神与身体的确会出现相互分离的情形。人们常会听到这样一句说辞"身不由己"。什么叫做"身不由己"？也就是说自己的身体不能由自己来控制。对于这一说法，当分作两种情况来看。在一种情况下，身不由己是由外力所造成的，一个人不喜欢做那样的事，但有着某种外在的压力逼迫着他不得不那么去做；在另一种情况下，可能并不存在什么外在的压力，身不由己完全是自我控制力薄弱所造成的。这就涉及到自制力的问题。

古罗马的基督教神学家圣保罗曾多次说过这样一句话："我的心里是愿意的，但身体是软弱的。"这话乍听起来很矛盾，可在现实当中，很多人的确就是这样的，甚至可以说，心志坚强，能做到身体力行的人是比较少的。因此，超强的自制力才被看作是一种宝贵的品质。因此老子才问:"载营魄抱一,能无离乎?"在老子看来,使得精神与身体相合为一,正是道的基本要求之一。

老子的第二种诘问是:"专气致柔,能如婴儿乎?""专气致柔"指的是集中精气,达到一种柔和状态。老子认为,柔和状态才是符合道的。晋代名将刘琨在《重赠卢谌》一诗中写道:"何意百炼钢,化为绕指柔!"

钢铁,千锤百炼之后却柔软得可以在指间缠绕。刘琨的原意是表达自己身为久经沙场的英雄而今却无用武之地的悲慨,可是这两句诗却往往给人以外一种角度的启发,那就是原本强硬的性情,经过辛苦的磨炼后,可以变得平和柔顺。这种"柔软"的境界是比"强硬"的境界更高,套用老子的思想,"绕指柔"的状态才是符合道的精神的。其实,这并非老子一人的见解,甚至也不仅是中国人这样看。英国人以风度优雅著称,因此被誉为绅士的国度。而英语中的"绅士""gentleman"这个单词由"gentle"和"man"两部分构成,"gentle"是温柔的意思,而"man"就是男人的意思。从构词上来讲,所谓绅士,也就是温柔、和善的人,而这种温柔和善的性情是与高贵的品质联系在一起的。而在老子这里,柔和随顺就更上升到了哲学的层面。

老子问柔和随顺能做到像婴儿一样吗?《老子》一书中,不止一次地提到"婴儿"一类的词语,例如第四十九章,老子说:"圣人之在天下,歙歙焉为天下浑其心,百姓皆注其耳目,圣人皆孩之。"第五十五章:"含德之厚,比于赤子。"在上面两句引文中,"孩"和"赤子"与"婴儿"含义都是同类的。在第二十章老子也曾说道:"我独泊兮,其未兆,如婴儿之未孩,儽儽兮,若无所归。"那么,老子为什么经常以婴孩来作比喻呢?这是因为婴孩纯朴,没经过任何世俗的沾染和人为的教导,毫无杂念,不会怀有任何巧诈的意图,一切随顺自然。而这,正是符合老子的"无为"之道的。可是,一个人既已长大之后,又如何能够回复到婴儿的状态?老子这么来比喻,当然不是要人们的智力发展停留在婴儿的水平上,而是强调心地的纯洁。

佛教禅宗五祖弘忍大师的得意弟子神秀禅师曾经吟过这样一首偈

子:"身是菩提树,心如明镜台。时时勤拂拭,勿使惹尘埃。"而当时尚未研究过佛学、后来成为弘忍大师继承人的慧能法师则说道:"菩提本无树,明镜亦非台。本来无一物,何处惹尘埃。"在慧能看来,明镜台之所以要时时去拂拭,是因为心有尘念,如若心无此念,本不招惹,又何须去拂拭呢?慧能法师所说的"本来无一物,何处惹尘埃"的境界,是与老子所讲的道有着共通之妙的。但是这所谓的"无一物",并非说是毫无感知,而是讲心地纯洁。一个人的人生经历可以很复杂,思想可以很丰富,可以知道得很多,懂得很多的行事技巧,懂得权术韬略是怎么一回事;但你并不会因为这些而使自己原本纯洁的心地遭受污染,即使受到了别人的欺辱,你也并不会因此而去欺辱别人,而是依然以善美之心相待。这就是老子的诘问"能如婴儿乎"的现实意义。

省视自己的内心

"涤除玄鉴"说的是排除杂念,而进入心灵的深处进行认真的观照。老子问:当深入考察自己内心时,你能做到毫无瑕疵吗?就是说能否做到凡事皆问心无愧。《论语》中记载孔子的弟子曾参"日三省吾身",也就是说每天都多次反省自己,想一想自己是否在哪方面做得还不够。这与老子所说的"涤除玄鉴"是有着异曲同工之妙的。

这里的一个很为独特的概念叫"玄鉴","玄"字是《老子》一书中出现频率较高的词,它是与道密切相关的,表达的是精微深奥的含义,而"玄鉴"就是一面很玄妙的镜子,它喻指的是人的心灵。

老子这里所讲的自省,是要人们通过自省来体悟大道。在老子的哲学里,道虽不可名,但是可以被体认。大道玄远深奥,同时大道又无处不在,体认大道是高度的思维活动,没有内心的深入思考是感受不到的。而这种思考,就是内省的功夫。

其次,人的心灵就如一面镜子,世间一切都通过人心反映出来,没有任何能躲藏得了。一个人面对内心时才会看到真正的自我,人们常讲"扪心自问",说的也就是这个意思。

人生之初，处于婴儿状态，心灵纯洁而美好，但随着年龄的增长，各种各样的尘埃污垢开始侵染我们的心灵。对物质的追求、对美色的欲念、对他人的嫉妒、莫名的烦恼、难忘的仇恨，种种杂念、妄念乃至恶念困扰着我们的心灵，焦虑和紧张折磨着我们的神经，使我们的身心受到极大损害。而要解除这种不良状态，内省是一个可行的方法。

《论语》中曾参还举出了自我反省的三项具体内容："为人谋而不忠乎？与朋友交而不信乎？传不习乎？"就是说，替人做事有没有尽心尽力？与朋友交往是不是诚信？老师的传授有没有及时复习？其实，自省的内容完全可以不必拘谨于此三点，以上只是举例。反省的内容应当包括日常生活中自我的一切行为，这与老子所讲的"涤除玄鉴，能无疵乎"是相通的。人就要经常地这样深入自己内心进行反省，问问自己在哪方面做得还不够好，发现错误，及时更正，才能不断取得进步。

一个人首先要认识自我，但认识自我并不是最终的目的，认识到自己的劣根性后，就要根除，认识自我就是为了战胜自我。培养自己的克制力和意志，与发展自己的智力同样重要。如果没有强迫自己干完一件好事情的自制力，那么任何理想都不能实现，不管你有多聪明。老子说的"自制者强""强行者有志"的确是千古不变的至理。

而后，老子又接连问道："爱国治民，能无为乎？天门开阖，能为雌乎？明白四达，能无知乎？"爱护国家和治理人民，应当持守"无为"之道；自然的感官在接触外物时，要做到平和宁静；明白各种事理后，能不使用机巧。

这里着重阐释一下"雌"的概念。与"婴儿"一词相似，"雌"在《老子》一书中也不止一次地提到，在第二十八章老子说："知其雄，守其雌。"那么，"雌"的含义是什么呢？通过直观体验，我们可以感知到，不论是动物还是人，雌性或者女性，都是比较温柔的，所以，"雌"象征着阴柔、娴静。老子一再强调，做人要收敛锋芒，要功成身退，这都是要求人们以保守、退让的态度来处事，而雌性的阴柔正符合此道，所以，老子提倡"为雌"。

第十一章

无之为用

三十辐共一毂①，当其无②，有车之用；埏埴以为器③，当其无，有器之用；凿户牖以为室④，当其无，有室之用。故有之以为利⑤，无之以为用⑥。

【注释】

①辐：车轮中连接轴心和轮圈的木条。共：即"拱"，拱卫、集中。毂（gǔ）：车轮中心车轴穿过的圆木。

②当：正是之义。无：空无，空虚。

③埏（shān）：搅拌，糅合。埴（zhí）：泥土。

④户：原义为单扇的门，后来也用于门的泛指。牖（yǒu）：窗户。

⑤利：便利。

⑥用：作用。

【今译】

车轮上的30根辐条集中到一个车毂中，正是因为它有了中间空虚的地方，才有了车的用处。揉合泥土制作陶器，正是因为陶土的中空，才有了器皿的用处。开凿门窗制作房屋，正是因为门窗的空隙，才有了房屋的用处。因此，"有"带来便利，"无"带来用处。

【解析】

老子在这一章集中阐述了"有"和"无"的辩证关系。"有"和"无"在第一章就提到过，在第二章，老子更是直接提出"有无相生"，而本章可以看作是老子对"有无相生"这一论点的进一步阐发。老子举出了三个例子：车、器和室。车的最关键的组成部分是轮子，车可以没有其他的部件，而唯独不能没有轮子，有了轮子才能叫做车。现在的车轮有多种不同的种类，而古代的车轮是比较单一的，由辐条构成的，一般每个车轮三十根辐条,这些辐条全都集中到轮子的中央,这个中央的部位就叫做"毂",这就是"三十辐共一毂"。轮子怎样才能发挥作用呢?是通过转动。不只转动,还需要通过轴心将轮子固定起来,这样,轴心之处就必须是空的。即使是现在,不论是哪一种车轮,它的轴心部位也一定都是空的。因为只有如此,才能发挥车子的作用。

器就是器皿,指各种用来盛装东西的用具,特别是指陶器。因为在上古时期材料科学还很不发达,用来制作物品的材料远没有现在这么丰富,所以用泥土制成的陶器是应用最多的器皿。糅合泥土做成陶器,只有做成空的,才能发挥器皿的作用,不然,也就没有办法盛东西了。房屋也是一样,里面是空的才能住人,才有房屋的用处。中国古代有一个官职的名称"司空"可以说是这一点很好的说明。"司"是掌管的意思,有很多官位都以"司"来命名,如司寇、司马、司徒、司士等。"司空"是掌是工程建设的。这显得很有趣味,"空"与"建设"有什么关系呢?这就是老子所说的:"凿户牖以为室,当其无,有室之用。"想要建筑什么,都得先挖空,所以这个官职才叫"司空"。

总而言之,这些东西是因为"无"才发挥了它们的用处。如果车毂不是空的,车轮也就不能转动,车也就无法运行;如果陶器和房屋不是空的,里面也就不能盛东西和住人,也就没有陶器和房屋的用处。表面看来,似乎是各种"有"在提供着便利,可实际上发挥作用的却是各种"无"。这就是"有"与"无"的辩证关系。

实际上,"有"与"无"是一种互补的关系,"有"发挥作用依赖于"无",同样,"无"发挥作用也依赖于"有"。失去了"有"也就无所谓"无";失去了"无"也就无所谓"有"。"有""无"一定要相互结合才能发挥作用。老子所举的例子车、器皿和房屋,都是因为"无"才能发挥各自的用处;可从另一面来看,也正是因为它们的"有"才有了用处。所谓的"无"是因为"有"才形成的。车轮的轴心是空的,可它的周边却是实在的;陶器的内部是空的,可它的外围却是实在的;房屋里面是空的,可它的墙壁却是实的。正是有了这些实在,它们才有了各自的作用。

"无为"是老庄思想中的重要命题，它对中华民族思维方式和行为方式的影响既深且远。把握无为的思想，既是我们了解历史、洞察世事的客观要求，也是我们在世上生存发展的有效策略。当有则有，当无则无。中国古代哲学有一对极其重要的概念"阴""阳"。"阴""阳"的实质就是对立统一，这从太极图中可以最为直观地看出来。"阴""阳"相互分割，你中有我我中有你，并且统一在一起。而"有"与"无"，就可以看作是"阴阳"关系的一种代表。

　　知晓了"有"与"无"之间的辩证关系，在做事时就要充分掌握好"有""无"的分寸，在需要"有"的时候，将"无"转化为"有"；而在需要"无"的时候，则将"有"转化为"无"。当"有"时则"有"，当"无"时则"无"。

第十二章

圣人为腹

五色令人目盲①,五音令人耳聋②,五味令人口爽③,驰骋畋猎④令人心发狂,难得之货令人行妨⑤。是以圣人为腹不为目⑥。故去彼取此。

【注释】

①五色:指青、红、黄、白、黑这五种颜色,代指颜色的缤纷多样。目盲:指眼花,并非完全看不见的意思;下句的"耳聋"与此相类。

②五音:指宫、商、角、徵、羽这五种乐音。

③五味:指苦、甜、酸、咸、辣这五种味道。爽:与当今习用的含义不同,这里指麻木的意思。

④驰骋:纵马疾驰。畋猎:打猎。

⑤行妨:指一切损害别人利益的行为,这里尤指偷窃、抢掠等行为。

⑥为:追求。腹:这里为饱腹之义,代指内在的满足。目:这里为悦目之义,代指外在的追求。

【今译】

缤纷多彩的颜色使人眼花缭乱,各种动听的声音使人听觉迟钝,多种可口的滋味令人口感麻木,纵马打猎令人心发狂,稀有的物品令人行为不轨。因此,圣人只求饱腹而不求炫目,舍去外在的诱惑,而只留取内在的满足。

【解析】

美色妙音,迷人心智

这一章前三句说的是人的感官,第四句深入到了人的心理,而最后一句提到人的行为。"五色"指青、红、黄、白、黑这五种颜色;"五音"指宫、商、角、徵、羽五种乐音;"五味"指苦、甜、酸、咸、辣五种味道。其实,也不必这样拘谨来理解,"五色""五音"和"五味"可以看作是泛指一切色彩、音乐和味道,尤其指悦目的色彩、动听的音乐和可口的味道。

我们或许会认为,在生活中拥有这么丰富的色彩、音乐和味道是一种很享受的事,然而老子却认为:缤纷多彩的颜色使人眼花缭乱;各种动听的声音使人听觉迟钝;多种鲜美的滋味令人口感麻木。表面看似乎这话说得很没道理,人们都为生活的单调而苦恼,哪还会因为生活的丰富多彩而不高兴呢?可只要深入去想,就会发现老子所讲的道理非常实在,因为过分陶醉于声色之中的确有伤于健康。

古代与现代相比,生产力可谓十分低下,能够将肚子吃饱就很不错了,美味往往是奢求。但这只是对于普通百姓而言的,至于那些达官贵人,就是另一番情形。在古代,权力最大、财富最多的莫过于皇族,有这么句话叫做:"普天之下,莫非王土;率土之滨,莫非王臣。"也就是说,整个天下都为帝王一人一家所有,这就是所谓的"家天下"。天子拥有着"取之不尽、用之不竭"的财富,生活可以说最为优渥,声色之想、口腹之欲的满足当然不在话下。然而查一查历史就会发现,古来君王大多寿命不长,排除遭受谋害因素,寿终正寝的君主平均寿命也很短。

诚然,在古代,人的平均寿命远没有现代人的高,但古代人寿命低的基本原因就是生活条件的恶劣。想一想,如果连吃饱穿暖都很成问题,又哪谈得上养生健体呢?至于缺医少药,更是极为常见的事。但帝王并不存在这方面的问题,即使古代的医疗技术还不够发达,但至少在当时,帝王所享有的应当是最佳医疗。但中国在两千多年间所产生的几百个皇帝中,活到了70岁以上的帝王只有10人左右。

其实,古代高寿的人并非罕见。比如唐代著名的医药学家孙思邈就活了102岁,而先秦时期的几大思想家孔子、孟子、庄子、墨子、荀子等人,都活到了七八十岁,韩非子虽然只活了五十几岁,但他是被害而死的。

　　这说明只要保养得宜，即使在古代，一个人也可以高寿。而享有高寿条件的历代皇族的寿命却令人失望。就拿最近的清朝来说，虽然出了一个中国历史上最高寿的皇帝乾隆，但是顺治帝只活了24岁，咸丰帝活了31岁，同治帝活了19岁，光绪帝38岁。如果不计清朝灭亡时只有6岁的末代皇帝溥仪，那么有清一朝11个皇帝中，有四人是在40岁前就死掉了的。高寿的乾隆皇帝共有17个儿子，有7人不到10岁就夭折，长到成年的10人中有四人只活了二十几岁，寿命在30岁以上的仅有6人，而活到了七八十岁的仅有两人。乾隆时代史称盛世，中国庞大的人口基数就是在乾隆时期奠定下的，当时可以说是四海升平。在这样的社会背景下，皇家自然更是富不可言，精神上的忧虑也很少，因为不必像王朝初创之时那样兢兢业业、如履薄冰，也不必像动荡的末代那样为自家的江山如何保住而苦苦忧愁。那么，这些贵为金枝玉叶的皇子们如此短命，问题出在哪呢？除了部分政治斗争的人为因素，恐怕就出在老子所说的"五色令人目盲"上。

　　老子生活在两千多年前物质匮乏时代，但是他已指出了过度享受给人带来的危害。近年，由于人们的饮食营养过剩以及运动减少，导致高血压、脂肪肝、糖尿病、冠心病、肥胖症等病症增多，因为这些病症高发于生活条件较为富裕的地区，所以称之为"富贵病"。几十年前，很多中国人还因为吃穿而愁虑，现如今刚步入初步富裕的小康社会，富贵病就开始困扰人们。目前，中国高血压、脂肪肝、糖尿病患者的人数在日益增加。另外，由于学生课业负担沉重和电视、电脑等电子产品的普及，近视的发生率也呈逐年增高趋势，这正体现了老子所说的"五色令人目盲，五味令人口爽"。还有，环境污染和生态破坏在疾病诱因中的比重也越来越大，而这种污染和破坏在很大程度上就是因为人们的贪欲引起的。这些都说明，人类在创造了前所未有的巨额财富的同时，也付出了相当高昂的代价。

玩物丧志，怀璧招贼

老子说："驰骋畋猎令人心发狂，难得之货令人行妨。"前一句说的是过度的娱乐会扰乱人的心志，也就是人们常说的"玩物丧志"；后一句说的是珍奇的东西会令人行为不轨，人们常说的"见财起意"就是这个道理。

为什么说"玩物"会"丧志"呢？孟子说："生于忧患，死于安乐"。当然，孟子并不是说生存必然都是忧患的，一旦安乐起来就会死亡，而是说，安乐的生活会让人丧失掉警惕之心，即使身处危险中也毫无察觉，而忧患则会使人兢兢业业。

而"难得之货令人行妨。"也就是怀璧容易招贼的意思。有这样一个传说很能说明这个道理。

汉灵帝光和五年（公元183年）十二月，中山无极（今河北石家庄无极县）人上蔡令甄逸喜获第五个女儿。不幸的是，在小女儿年方三岁时，甄逸病殁。众兄弟姐妹中小妹最聪颖，九岁时就十分喜爱读书，而且见到陌生的字就认真记下来，还常使用兄长的笔砚。兄长对她开玩笑说："你一个女儿家，应当学女红才是，现在却天天以书为学，难道想当女博士吗？"她回答说："闻古者贤女，未有不学前世成败，以为己诫。不知书，何由见之？"兄长听了觉得小妹确非泛泛女流。时值东汉末年，汉灵帝宠信阉宦，朝政晦暗，惹得天下人积怨颇深，终于引发了激荡天下的黄巾大起义。后来，黄巾起义虽然被平弭，但在平定农民起义过程中崛起的各方军阀混战不休，汉王朝再无力号令天下，名存实亡。天灾人祸之下，百姓的生活十分困苦，因而常常将自家的金玉珠宝拿出来卖。甄家因为储存的谷物较多，家境较为富裕，就买进了不少宝物。

小女儿长大些后对母亲说："今世乱而多买宝物，匹夫无罪，怀璧为罪。又左右皆饥乏，不如以谷赈给亲族邻里，广为恩惠也。"全家听了无不赞同。这句话中提到的"匹夫无罪，怀璧为罪"，蕴含的道理就是老子所说的"难得之货，令人行妨"。当其乱世，人人自危，大家连肚子都填不饱，为生存所迫，难免做出越轨之事；这时候，如果你家独富一方而对邻里不与周济，就难免令人产生为富不仁之感，而人们"仇富"心理的产生，正是源自于富者的不仁。所以，甄家小女的建议可谓十分睿智。后来，这个小女儿被望族袁家纳为儿媳，她的公公就是大名鼎鼎的袁绍，丈夫是袁绍的二儿子袁熙。

然而数年后，袁家在与曹操的争战中一败涂地，甄氏也为曹军所俘获。是日，曹丕率军攻入袁家府邸，见到一个妇人蓬头垢面，暗自垂泣，模样十分不堪。其实，这是甄氏为了避免自己在乱军之中遭受侮辱，而采取的保全之法。曹丕令她将脸洗净，将发髻理好，见其姿容十分映丽，遂上奏其父曹操，纳甄氏为妻。人称，见财起意，见色思淫，甄氏正是通过掩藏自己的美色，才躲避了他人的不轨之图。由此观之，甄氏深谙老子之理，其幼时曾言"学前世成败，以为己诫"，视其日后所为，可知此言不枉。

不可放纵私欲

这一章的最后老子说："是以圣人为腹不为目，故去彼取此。""为腹"和"为目"是代指，"为腹"指的是追求吃饱、穿暖；"为目"指的是追求声色犬马的奢侈欲望的满足。"去彼取此"，指的就是去掉"目欲"而留下"腹欲"，换种说法也可以讲成"去奢取寡"，实际上，老子在这一章所倡导的观念就是寡欲。

寡欲是中国非常古老的一个思想传统，不仅道家提倡，儒家也同样提倡。例如孟子曾说："养心莫善于寡欲。"而墨家也同样倡导节用、节葬、非乐。为什么这些先贤圣哲们不约而同都强调寡欲呢？其原因有两点：

其一、人类欲望的特殊性。动物的欲望仅限于几种基本的生理满足需要，而生理欲望一般都是有度的，不会产生过度膨胀的问题；而人类的欲望则是无限的，人类这种欲望的特殊性决定了人要常常遭受欲望得不到满足之苦（事实上，从一定意义上来讲，人的欲望必然是永远不会获得彻底满足的），而与此同时，一些人为追逐欲望不择手段，给社会带来罪恶与危害。这样，如何正确处理欲望，就成为思想家们所必然要认真面对的一大困局。既然人的欲望没有止境，难以得到彻底满足，那么也就要逆向去找寻对策。如孔子赞颜回："贤哉！回也，一箪食，一瓢饮，在陋巷。人不堪其忧，回也不改其乐。贤哉！回也。"虽身处贫苦，但却自得其乐，无奢欲得不到满足的忧苦，如此一来，岂不人心自怡，而天下自安？当然，这并非提倡大家都以苦为乐，不去谋求创造更多财富从而改善自己的生活条件，而是说人们对待贫苦应当持一种正确的态度，富贵虽然是人人渴望的，但若非以正当手段得来，也就全无所谓了。孔子所言"不义而富且贵，于我如浮云。"还有"君子固穷，小人穷斯滥矣"就是这个道理。

其二、寡欲主张的提出有着特定的时代背景。古代社会生产力低下，整个社会能够创造的财富很有限，如果能够平均分配，一般的年景还是可以做到"无人不饱暖"；可在每一个历史时期，都有大批人难以吃饱穿暖。这其中固然存在着个人的原因，但基本原因还在于社会分配制度的不平均，豪强贵族们凭借优势地位和手中掌握的暴力工具，分割了社会的大量财富。他们占有的财富数量远远超出了其日常生活的基本需要，更多用来享乐，商纣王的"酒池肉林"就是最显著的例子。虽然纣王的奢侈可能是一个极端，但是这却代表了统治阶层的奢豪纵欲的普遍取向。而思想家们所一再强调的寡欲，也正是主要说给这些贵族统治者听的。因为有机会读书、有机会受到教育的正是这些贵族们，换一个角度来想，那些穷苦的平民连肚子都吃不饱，向他们鼓吹寡欲又会有什么意义呢？那不是相当于劝导一个"麻秆儿"式的人去减肥吗？

宋代的理学家曾提出"存天理，灭人欲"的主张，这里的"人欲"实际上指的是超出人的基本生理需要的过分欲望。通过比照我们可以发现，"存天理，灭人欲"相当于老子所言的"为腹不为目"，其实质也无非是强调自来已久的寡欲观念，但是其字面表述往往引起误会，一说"灭人欲"，就好像是要把人的一切欲望全都灭绝掉，如果那样的话，人的什么欲望都给剥夺了，人又怎样生存呢？说"灭人欲"，却又悄悄给"人欲"来了一番特有的界定，指出"为目"者，才是"人欲"，而"为腹"者，则划归为"天理"范畴。这样的划分存在着一定道理，因为它将"人欲"纯粹化，即如"人为财死，鸟为食亡"，这种界定将"为食"（等同于老子的"为腹"）一类归为"天理"，而"为财"一类才是"人欲"，它的可取之处是看到了人与动物的实质区别，但它的提倡却是倒行逆施的。为什么这么说呢？它将人的欲望与动物的欲望区分开来，却又将动物的欲望视作"天理"来肯定，而反过来要将人的欲望给杜绝掉，这实际上就相当于将人当作动物来要求了，人只要做到不冷不饿也就可以了，因为这是"天理"；如果你再想穿得漂亮些，吃得可口些，那这就属于"人欲"，是人所不应当有的。既称之为"人欲"，却又主张"人欲"是人应当杜绝的欲望，这本身就是一种悖谬。如其所言，服饰文化和烹饪技艺的发展也就无从谈起，因此，这种提法是落后的。

然而尽管如此，老子所讲的"为腹不为目"也还是有很大合理成分。现如今，时代和社会发生了翻天覆地的变化，人们的生活已经较为富足。但也应当意识到，生产力的发达和物质财富的丰盈都是相对的。时至今日，消除贫困仍是世界性的话题。所以说，寡欲的提法也并不会失去意义。

第十三章

宠辱两忘

宠辱①若惊，贵②大患若身。何谓宠辱若惊？宠为上，辱为下③；得之若惊，失之若惊，是谓宠辱若惊。何谓贵大患若身？吾所以有大患者，为吾有身；及④吾无身，吾有何患？故贵以身为天下，若⑤可寄天下；爱以身为天下，若可托⑥天下。

【注释】

①宠：得宠。辱：受辱。
②贵：重视。
③下：卑下。
④及：等到，在这里含有假设之义。
⑤若：即"乃"，古声韵中"若"、"乃"相同，在这里为才可以的意思。寄：寄托，交付。
⑥托：委托。

【今译】

得宠与受辱都好像受到惊吓一般，重视大的祸患就如同重视身体一样。什么叫做宠辱若惊呢？因为得宠就会担心失宠；而失宠就会感到受辱，这就叫做宠辱若惊。什么叫做贵大患若身？我之所以有大患，是因为我有身体，如果没有了这个身体，我又会有什么祸患呢？所以，像重视自己的身体一样在意天下的人，才可以将天下交付给他；像爱惜自己的身体一样爱护天下的人，才能够将天下委托给他。

【解析】

宠辱不惊

这一章老子谈了两个问题：一个是如何面对宠辱，另一个是如何看重自己的身体。其实也可以说是一个问题，就是如何看待人生的荣辱得失。

老子解释了"何谓宠辱若惊"，"宠为上，辱为下；得之若惊，失之若惊，是谓宠辱若惊。"老子认为得宠是卑下的，这乍听起来令人难以理解，因为受宠是被别人看重，怎么会是卑下的呢？原因就在于双方地位的不平等，所谓"宠"者，是一种上对下的关系，而下对上，无论怎样爱戴，都不能叫"宠"。在古代，"宠"又特别用于皇帝对他人的赏爱，还有一个与"宠"很相近的词是"幸"，皇上去某地，或者宠爱某人，就叫做"幸"，"宠"、"幸"二字也经常连用。很明显，受宠或得幸是被动的，只有地位在上者对自己给予青睐，自己才能够得到宠幸，说到底，得宠是一种接受施与的关系。

"宠幸"这个词在古代用的最频繁也就是皇帝的那些妃嫔们。皇帝往往拥有数量众多的妃子，但他不大可能对每个人都平等待之，其中必然有某些人得宠，而某些人不得宠，还有某些人失宠。由此，得宠者荣耀加身，而失宠者则会成为冷宫怨妇。当年，杨贵妃受到唐玄宗宠幸，杨氏一家都受到封赏，其父亲被追封为太尉和齐国公，叔叔擢升光禄卿，母亲封为凉国夫人，大姐、三姐和八姐分别封为韩国夫人、虢国夫人和秦国夫人。族兄杨铦、杨和、杨钊（即杨国忠）分别被封为鸿胪寺卿、御史和右丞相。以至于白居易在《长恨歌》中写道："姊妹兄弟皆列土，可怜光彩生门户。遂令天下父母心，不重生男重生女。"但到马嵬兵变时，杨国忠被杀，杨贵妃被赐死，一家人多数落得可悲下场。一荣一辱，真是天差地别。

老子讲的是"宠辱若惊"，而实际上要告诫的是"宠辱不惊"。为什么应当做到"宠辱不惊"呢？因为宠和辱都是外在的，无论是得到了宠爱，还是遭受了侮辱，都只意味着他人对待你的态度而已，于你本身并没有什么改变。对你最为重要的不是别人对你的看法，而是你自身所具有的真实价值。一个人最高的满足是得自内心的。

美国人本主义心理学家马斯洛有一个十分著名的"需要层次"理论，这一理论把人的需求由低到高分为生理、安全、归属、爱、自尊和自我实现五个层次。分析可以发现,这五个需求层次中,前四种需求大体上是通过外在的关系而获得的,而最高层次的自我实现的需求则源自于一种内在的体验。什么叫做"自我实现"呢?"自我实现"不是自己想要拥有多少财富或其他什么东西并得到了,这不叫做自我实现,这只是满足了自尊。那么,真正的自我实现是什么呢?它指的是当一个人自身的潜能得到极大发挥时,在内心深处所感受到的生命的满足感。马斯洛为此特别提出了"高峰体验"这个概念。所谓"高峰体验",指的是一种发自心灵深处的颤栗、欣快、满足的超然情绪体验。马斯洛认为:处于高峰体验的人具有最高程度的认同,最接近自我,更深刻地说,是最接近其真正的自我,达到了自己独一无二的人格或特质的顶点,自我的潜能发挥到了最大的程度,另外,获得了高峰体验的人,或者说达到了自我实现的人,会更少地关注物质财富和地位,他们更可能去寻找生命的自在意义。通过马斯洛的理论来反观老子的宠辱观,不难理解他为什么说宠和辱都是不值得大惊小怪的。

要有忘我之心

老子又讲了"贵大患若身"。"何谓贵大患若身?吾所以有大患者,为吾有身,及吾无身,吾有何患?"我之所以有大患,是因为我有身体,如果没有了这个身体,我又会有什么祸患呢?乍看起来,这说似乎是废话,一个人连身体都没有了,还会有什么大患、小患的呢?可再一琢磨,老子说的并不是那么回事。这里的"无身"并不是指没有身体,而是指"忘我",是忘却掉自己身体的存在。庄子在《逍遥游》中说:"至人无己,神人无功,圣人无名。"这里所说的"无己"、"无功"和"无名",就相当于老子所讲的"无身"。在老庄看来,"至人"、"神人"、"圣人"能达到物我两忘的境界,进入了这一境界后,也就无所谓荣辱、忧患。

其实,世人之所以会产生那么多嗜好和烦恼,都是因为把自我看得太重。所以,古人告诫我们:"不复知有我,安知物为贵。"又云:"知身不是我，烦恼更何侵。"意思是说：假如已经不再知道有我的存在，又如何知道物的可贵呢？假如能明白连身体也在幻化中，一切都不是我所能掌握所能拥有，那么世间还有什么烦恼能侵害我呢？这个说法，是对老子大道的领悟，堪称至理名言。

中国现代著名的哲学家冯友兰先生指出：中国传统哲学是关于人生境界的学问，人生境界由低到高可以分为四种，即自然境界、功利境界、道德境界和天地境界。处于自然境界的人，做起事来"可能只是顺着他的本能或其社会的风俗习惯。就像小孩和原始人那样，他做他所做的事，然而并无觉解，或不甚觉解。这样，他所做的事，对于他就没有意义，或很少意义。"处于功利境界的人"可能意识到他自己，为自己而做各种事。这并不意味着他必然是不道德的人。他可以做些事，其后果有利于他人，其动机则是利己的。所以他所做的各种事，对于他，有功利的意义。"处于道德境界的人，就会考虑到社会的利益，会"正其义不谋其利"，所做的各种事情都是符合社会道德的；处于天地境界的人，就"不仅是社会的一员，同时还是宇宙的一员"，这种境界已经超越了道德。生活在道德境界的是贤人，而生活在天地境界的人则是圣人，也可以叫做至人、神人，这样的人，就已经是无身、无己、无功、无名的了。而成为圣人，正是人生的最高成就，也是哲学所要完成的最为崇高的任务。换一种角度说，天地境界也就是道的境界。

最后，老子说："故贵以身为天下，若可寄天下；爱以身为天下，若可托天下。"像爱惜、看重自己的身体一样对待天下的人，才能够将天下委托给他。

第十四章

无状之状

视之不见，名曰夷①；听之不闻，名曰希；搏之不得②，名曰微。此三者不可致诘③，故混而为一④。其上不皦⑤，其下不昧⑥，绳绳兮不可名⑦，复归于无物。是谓无状之状，无物之象，是谓惚恍。迎之不见其首，随之不见其后。执古之道，以御今之有⑧。能知古始，是谓道纪⑨。

【注释】

①夷：连同下文中的"希"和"微"，都是老子描述道的不可感知的本性的专门用语。

②搏：触摸的意思。

③致诘：追问。

④混：混同。

⑤皦（jiǎo）：明亮。

⑥昧：晦暗。

⑦绳绳：渺茫之义。

⑧执：根据，把握。御：驾驭，利用。

⑨纪：纲纪，规律。

【今译】

看它却看不见，这叫做"夷"；听它却听不到，这叫做"希"；摸它却摸不着，这叫做"微"。这三者无法进一步追究，因此它们是浑然一体的。它的上面并不明亮，它的下面也并不晦暗，渺渺茫茫不可名状，又回到无形无象的状态。这就叫做无状之形、无物之象，叫做若有若无的"惚恍"。迎着它，看不见它的头；跟着它，也见不到它的尾。把握早已存在的道，可以用来驾驭当前的一切，也能够了解最为古远的开始，这就是道的规律。

【解析】

神秘不可捉摸的道

这一章老子继续描述大道的玄妙之状："视之不见，名曰夷；听之不闻，名曰希；搏之不得，名曰微。""夷"、"希"、"微"都是老子为了描述道的样态而采用的专用名词。总而言之，这三句指出，道是看不见、听不到、摸不着的。举个例子来说，我们能看见日月星辰的运转，但支配它们运行的内在规律看不见，这就是简单的"夷"；我们可以听到莫扎特、贝多芬的美妙音乐，但音乐之所以美妙的内在原因是听不到的，这就是简单的"希"；我们可以触摸到桌椅器物，但它们内在的原子结构是摸不着的，这就是简单的"微"。老子描述的道，更在这些简单规律之上，它是世界的本源，包容着万事万物，是超越所有运行规律的最大规律，所以更是看不见、听不到和摸不着的。接下来老子说："此三者不可致诘，故混而为一。"意思是，"夷"、"希"、"微"这三者，无法进一步追究，因此它们是浑然一体的。这实际上指出，道乃一体之道，却又能够千变万化，但是万变不离其宗，所有的变化都是本源于道的。

"其上不皦，其下不昧，绳绳不可名，复归于无物。"它的上面并不明亮，它的下面也并不晦暗，渺渺茫茫不可名状，又回到无形无象的原始状态。而"无状之形，无物之象，是谓惚恍。"我们现在将模糊不清的状态称作"恍惚"，即源出于此，只是字序变换了一下。这个"惚恍"，与前面所提到的"夷"、"希"、"微"名号不同，但所指为一，说的都是道的不可感知特点。

老子接着感叹道："迎之不见其首，随之不见其后。"孔子在见老子后对他的学生说："我知道鸟能飞，鱼能游，兽能跑。飞着的鸟能够用箭去射它，游着的鱼可以用线去钓它，跑着的兽能用网去捉它。但说到龙，我真不知道该怎么形容，因为龙是乘风腾云上天的。我今天看到了老子，大概龙就是他这样的。"孔子对老子的看法，与老子对道的看法颇为类似。也就是说，道就像神龙一样，首尾都不可见。至于把握运用它，那就更难了。

上面所有这些描述可以总括为一句话，那就是：道是神秘莫测而不可形见的。这与老子在前面的章节中所言的"玄之又玄，众妙之门"、"湛兮似或存，无不知谁之子，象帝之先"，以及后面章节中所言的"'道'之为物，惟恍惟惚"、"有物混成先天地生，寂兮寥兮，独立不改，周行而不殆，可以为天下母"等是一脉贯穿的。

那么，老子为什么如此反复地强调道的玄秘色彩呢？根本原因就在于在老子的思想体系中，道居于核心地位，而道之所以如此重要，在于道具有的超越性。正是因为道具有着超越性，它才能够涵盖世间的一切，才能够作为天地万物的根本法则。可以说，道的玄秘特质是老子学说的根本，老子的整个哲学体系都是以此为基础建立起来的。所以，老子才会在短短五千言的《道德经》中大书特书道是如何的玄妙，是如何不可知。

把握大道，驾驭一切

对道的玄秘尽情描述了一番后，老子说出了本章最为重要的一句："执古之道以御今之有，能知古始，是谓'道'纪。"这句话的意思是把握早已存在的道，可以用来驾驭当前的一切，也能了解最为古远的开始，这就是道的规律。

老子刚刚说道是看不见、听不到、摸不着的，可这会儿却又提起"执古之道"。"执"，也就是把握，既然道是无形无象的，又如何能把握呢？在下一章老子说："古之善为士者，微妙玄通，深不可识。夫唯不可识，故强为之容。"所谓"善为士者"也就是"善为'道'者"，道是不可感知的，但是它能够从"善为'道'者"的身上得到体现，道既无形无象，却又无所不在，它不能够通过感官来感知，却能够通过心智来体悟。否则道也就无从讲起了。

老子强调道是神秘而难以知晓的，但他又说"执古之道以御今之有，能知古始，是谓道纪"，言下之意，道是可知的。其实，二者并不矛盾，难知不等于不可知。说道难知，旨在强调感知道、体悟道、把握道是有条件的，它需要人们一方面体察万物，在实践中总结客观规律；另一方面要深入修道，在静思中进行超越性思维。

要想把握大道，应该有全面的观察和深入实践的精神。没有观察实践，很难超越与超脱。悟道要有超越性思维，它要求我们保持平淡天真的心态。庄子说：道是无穷无尽、无边无际的。让我们顺任变化，无为而处吧。恬淡而宁静，漠然而清虚，安豫而闲适。我心志寂寥，不知去向哪里，也不知返归何处，来去都不知道哪里才是归宿。驰骋在虚旷广漠的境界里，不知何处是终极。大道与万物是没有界限的。万事万物之间虽有区别，那也只是具体事物之间的差异；万物之间，从本质上看是没有区别的。这些有界限的事物中，包含了无界限的道。至于说到充盈空虚，衰败灭亡。是道使万物有充盈空虚，而道自己则无盈虚；是道使万物有衰败灭亡，而道自己却无衰亡；道使万物有始有终，而自己则无始终。道使万物有聚合有离散，而道自己则无聚散。

老子认为，道是自古以来就存在的，如果能够把握这原本就存在的道，就能用来驾驭当今的一切。不是有句话叫："太阳底下无新的事"吗？在人类历史进程中，看似新事物层出不穷，可那些无非是表象、形式的变化，而其内容、实质则是相当稳定的。因此，人类历史是可以进行前后观照的，"以史为鉴"的说法就源出于此。而人们研究历史的根本意义，也正在于"执古之道以御今之有"。

第十五章

善为士者

古之善为士者①,微妙玄通,深不可识。夫唯不可识,故强为之容②:豫兮若冬涉川③,犹兮若畏四邻④,俨兮其若客⑤,涣兮若冰之将释⑥,敦兮其若朴⑦,旷兮其若谷⑧,混兮其若浊⑨,澹兮其若海,飂兮若无止⑩。孰能浊以静之徐清⑪。孰能安以久动之徐生。保此道者,不欲盈。夫唯不盈,故能蔽不新成⑫。

【注释】

①士:又作道,"士"指的就是行为居处符合老子的道之原则的人。

②强:勉强。容:形容,描述。

③豫:犹豫,谨慎。涉川:渡河。

④犹:犹豫,慎重。四邻:这里指四方相邻者的攻击。

⑤俨:恭敬严肃。客:做客。

⑥涣:自在随意之义。释:消融。

⑦敦:敦厚,朴实。朴:未经雕琢的木头。

⑧旷:空旷,开阔。谷:山谷。

⑨混:混同。浊:浑浊。

⑩澹兮:广阔、辽阔;飂(liù)兮:高风,风疾速的样子。

⑪徐:慢慢。孰能:经文原为陈述句,非疑问句,本句及下句中"孰能"二字为后人所增,非经文原有内容。

⑫蔽不新成:实为"蔽而新成","不"是"而"的误字。蔽通"敝"。意思是历久而常新。

【今译】

古时善于行道的人,精微奥妙而神奇通达,深刻得难以理解。正因为难以理解,所以才勉强地来形容他:小心谨慎啊,就像冬天涉水过河；反复考虑啊，就像害怕四方相邻者的攻击；拘谨严肃啊，就像在外做客；自在随意啊，就像冰雪消融时的样子；敦厚诚朴啊，就像未经雕琢的木头；开阔豁达啊，就像山谷；混同一切啊，就像浑浊的河水；浩浩荡荡像大海；像徐徐清风一般无休无止。让浑浊漂浮的物体安静下来，它就会慢慢地澄清。死寂无生气的人或事物运动起来，就会慢慢地焕发生机。持守这种道的人，不会要求圆满。正是因为没有达到圆满，所以才能够历久而常新。

【解析】

真正的高人

"古之善为士者，微妙玄通，深不可识。""古"，是从前的意思；"善为士者"，就是行为符合道的人，也可称作"善为'道'者"。这样的人是真正的高人，他们"微妙玄通，深不可识"。从字面上我们可以感知到，这是一种相当了不起的状态，决非泛泛之辈可以达到的。这种描述是针对于"善为'道'者"而言的，但实际上说的就是道，只是因为道是不可窥知的，所以老子只能间接地通过善为道者来进行表述。

那么，善为道者究竟是怎样的"微妙玄通"、怎样的"深不可识"呢？下面老子进行了具体的描述。然而，既是"不可识"，又怎样去描述呢？其实，道的玄妙之处就在这里，它既深不可识，却也并非全然不可领略。如果完全不能够为人所领会，也就根本没有去论说它的必要了；如果它是平平常常就可以认识到的，也就毫不稀奇了。恰恰是处于可识与不可识之间，道才彰显出其独特的意义。在这一描述中，老子用一连串的排比句来描述真正的高人。

"豫兮若冬涉川"，就是说这个人在做事情的时候，非常地小心谨慎，就像冬天涉水过河一样。冬天河面是结冰的，但这冰未必很厚，有重物压在上面时可能会发生崩裂，所以人从冰面上过河都异常小心。

"犹兮若畏四邻"，是说这个人做事时，常常要经过反复考虑，就像害怕遭受旁人的攻击一样。一般来讲，身边的人是最亲近的，而且相互照顾起来颇为方便。然而，这只是事情的一面，事情的另一面是，一个人最大的危险往往就来自于身边的人，远水虽然解不了近渴，难以借力，但是也不会淹没了自己。

"俨兮其若客"的意思是拘谨严肃就像是在外面做客。一个人，在自己家里总是很随便的，而到了别人家里，一般都是会感到拘谨的，特别是一些做事很讲究的人。因为既是别人的家，就意味着要与别人发生关系，而稍不小心，就可能惹恼了别人，至少是会令别人心里感到不快。即使是到至亲的家里，大概也不会像在自己家里一样随便的。

"豫兮若冬涉川"、"犹兮若畏四邻"、"俨兮其若客"，这三句话总起来说，讲的都是谨慎小心，而下面一句角度就完全变了——"涣兮若冰之将释"。什么叫做"涣"呢？"涣"就是散开的意思，特别用于形容冰雪消融之时水势很大的情形。而这一句讲的就是，善于为道的人，非常地自在随意，就像冰雪消融时流动不拘的样子。这就与"俨兮其若客"说的完全相反了，一个是拘谨，一个是随意，这样一来，老子所讲的就似乎有些东拉西扯、自相矛盾了，但实际上，这两方面是对立统一的。《孙子兵法》中有这样一句话："是故始如处女，敌人开户；后如脱兔，敌不及拒。"这是说，开始的时候，要像个处女那样稳重、娴静，等敌人放松了警惕，露出了破绽，再像逃跑的兔子一样飞快地进攻，使敌人猝不及防。作战是这样，而做人也是这样，应当静的时候就能静，应当动的时候就能够动起来。

"敦兮其若朴"。"敦"，就是敦厚的意思，而"朴"是未经雕琢的木头。善为道者具有敦厚朴素的特点，但还不是一般的敦朴，而是朴讷到了就像一块没有经过任何修饰的木头一样。这是一种什么样的境界呢？"敦兮其若朴"是一种混同于自然的未经开化的境界，而这样正是善为道者的高超之所在。

"旷兮其若谷"，就是说这个人的胸襟开阔空旷，像深广的山谷一样。在第六章，老子将道称作"谷神"，说的也是道具有山谷一般渊然而虚静的品质，成语"虚怀若谷"就是由此而来。可以说，这一点是老子所一向肯定的道的最基本的品质之一。

"混兮其若浊"的意思是，善为道者，能够混同一切，就像浑浊的河水一样，泥沙俱下。我们现在讲起"泥沙俱下"这个词，通常表达的都是负面的意思，可实际上所谓"泥沙俱下"者，并非就是不好，它也有好的一方面含义。老子说"混兮其若浊"，也就是告诫人们要有宽广的容纳度，不仅能接纳好人、善人、贤人或自己喜欢的人，而且能接纳庸人、俗人乃至小人、坏人，以及自己不喜欢甚至讨厌的人。对事上，不仅要接受好事、善事、喜事、快乐事，而且对一切羞辱、委屈、脏污都要适应并能容忍得下。人立身处世，如果一味地保持自己一尘不染的高洁操守，眼里容不得一粒灰尘，怕也就让人很难接近了。俗话说，"严于律己，宽以待人"，对自己可以进行严格的要求，而对待他人，还是宽容一些为好。

"澹兮其若海"和"飂兮若无止"是说那些善为道的人的胸怀，总是像大海一样浩浩荡荡，无边无际；也如同徐徐清风一般没有停歇的时候。强调的是这类人的博大与普施，丝毫也不偏狭。

"孰能浊以静之徐清。孰能安以久动之徐生。"其意思是让浑浊漂浮的物体安静下来，它就会慢慢地澄清。死寂无生气的人或事物运动起来，就会慢慢地焕发生机。这说的还是一种"随适"的品质，也就是说需要怎样，就能做出怎样的表现。看起来浑浊不是吗？但可以安静下来，而变得很澄清。看起来安静不是吗？但可以动作起来，而变得生机勃勃。

第十六章

殁身不殆

致虚极①，守静笃②。万物并作③，吾以观复④。夫物芸芸⑤，各复归其根⑥。归根曰静，是曰复命；复命曰常，知常曰明。不知常，妄作⑦凶。知常容⑧，容乃公⑨，公乃王，王乃天，天乃道，道乃久，殁身不殆⑩。

【注释】

① 致：追求。极：达到极点。
② 笃：笃实，坚定。
③ 并：全，都。作：生长。
④ 复：循环往复。
⑤ 芸芸：形容事物纷纭变化的样子。
⑥ 复：又。归：复归。
⑦ 作：动作，行为。
⑧ 容：容纳，包容一切。
⑨ 公：公正无私。
⑩ 殁：死亡。殆：危险。

【今译】

追求"虚"，要达到极点；守住"静"，要笃实坚定。万物全都在蓬勃生长，我从中看出循环往复的道理。一切事物变化纷纭，最后又各自回归到它们的根源。回到根源叫做"静"，"静"叫做"复命"，"复命"叫做"常"，知晓"常"的道理才叫做"明"。不知晓"常"的道理而轻举妄动，就会发生凶险。知道了"常"的道理，才能够容纳一切；容纳了一切，才能够做到公正无私；公正无私，才能使天下归从；使天下归从，才是顺应天意的；顺应天意，才符合道；符合道，才能长久，终身都不会有危险。

【解析】

致虚守静

老子哲学整体倾向是保守的，本章所提出的"致虚极，守静笃"就是一个重要的体现。"致"，是追求的意思；"守"，是持守的意思。老子说，要追求"虚"，持守"静"，而且，还一定要达到极点，做到笃实。"极"和"笃"，体现出致虚守静的彻底性。

老子对于"虚"和"静"的强调，书中决非仅此一例，而是多处均有涉及。其实，老子对于"虚"和"静"的提倡，归根结底，也还是源自于道。道是"视之不见"、"听之不闻"、"搏之不得"的，是无形无象的，这就是"虚"；而"静"呢，是直接与老子思想中的一个核心概念相联系的，也就是"无为"。"静"，就是"无为"的重要表现。因此可以说，"致虚极"和"守静笃"就是道对人的行为的基本要求。

诸葛亮在写给时年八岁的儿子诸葛瞻的《诫子书》中说道："夫君子之行，静以修身，俭以养德。非淡泊无以明志，非宁静无以致远。夫学须静也，才须学也，非学无以广才，非志无以成学。"在短短几句话中诸葛亮三次提到"静"，而诸葛亮在此谈论的是人生中最为根本的修身、养德、明志、成学的问题。由此可见，在诸葛武侯看来，"静"对于人生修养是多么的重要。而也正是凭着这种"致虚守静"的长期修养和持续的历练，诸葛亮才能未出茅庐而晓天下三分，才能位居汉相，功高至伟，才能做到鞠躬尽瘁，死而后已，才能够以非凡的智慧和高洁的人格而垂范千古。

这个"静"，代表着一种境界。而与"静"相对的则是"动"。

动是由内心的"躁"引发的。躁动是一种不安，是一种烦乱，在这种状态下，不要说感悟大道，就是一丁点小事也做不成。我们都有这样的经验，心绪烦躁之时，连一页书都看不进去，何况其他。有句俗话叫做："心静自然凉"，这就是说，心中的平静，可以拂去外在的燥热。进一步引申，性情急躁、粗心大意的人，做任何事都不容易成功；而性格温和心绪平静的人则容易成功。

老子讲的"致虚极,守静笃"话语简单,但道理极深刻。

复归正道

"万物并作,吾以观复。"老子对这个世界的观察视角是很独特的,他说,万物都在各自地运转着,这也就是所谓的世象纷繁。老子告诉我们,在观察这个复杂的世界时,要从"复"这一点上来观察,所谓"复",也就是循环往复,而这其中又蕴藏着什么奥妙呢?"夫物芸芸,各复归其根",这是老子给出的解答。他说,虽然世间万物纷纭变幻,但总是各自回归到他们的根源上,这就是"复"的奥妙。"夫物芸芸,各复归其根。"这实在是概括力极强的一句话。各种事物变来变去,但总会有一个根本贯穿于其中,也就是所谓的"万变不离其宗"。水会转化成雨、雪、冰、霜等各种形态,但是它的本质是不变的,都是 H_2O(水的化学分子式)这种分子。再如人们常说"落叶归根",而龚自珍有两句诗:"落红不是无情物,化作春泥更护花。"美丽的花瓣虽然从枝朵上落下了,但是它们并非是无情的,因为落下之后,这些花瓣又化做了春泥,从而又滋养了其他的花朵。花朵从泥土中滋生出来,陨落后又化归为泥土,这就是事物的循环往复。所以说,明白了事物的循环往复这一根本的规律,对世间的很多问题也就会看得很通达了。

在老子看来,万事万物,最终"各复归其根",结局是圆满的。他的万事万物循环往复的规律,在纷繁复杂的世界里短暂迷失而最终回归正道的思想,对人们有着重要的启发。它告诉我们,要认清和把握事物发展的基本趋势,不可逆流而动。在生活中,有人感叹这个世界太复杂。其实,物质世界表面上茫然无序,实际上是有客观规律可循的。我们要有一双慧眼和勤于思考的心,透过现象看本质,这样才能复归正道,不至于随波逐流。如果违犯客观规律,违背大道,只能自取灭亡。

老子说:"万物并作,吾以观复。"事物不论怎样变化,其中都蕴含着循环往复而始终不变的因素。在前进的过程中,误入歧途是难免的,但要知迷而返。因为现实生活精彩多变,而每一个人对规律的领悟能力又是有限的，所以难免会出现一些失误，比如对形势作出了错误的判断，如果采取了不恰当的措施，就会陷入困境。此时应该及时醒悟，迷途知返，否则只能越陷越深。

把握常理

"归根曰静，是曰复命。"返回根源就叫做"静"，"静"就叫做回归到生命的本来状态。老子再次提到"静"，并且指出，"静"是生命的本原状态。这既指向于自然物理，也指向于人生事理；因为无论自然界的事物，还是人类本身，也包括人类社会的各种事物，它们最后所回归到的本原状态都是"静"的。就如庄子所说，一个人的生命从寂静虚无中来，而又复归于寂静虚无，这是再自然不过的事情，又何必为此而悲伤呢？个人的生命是这样，人类历史也是如此。"吴宫花草埋幽径，晋代衣冠成古丘。"历史上的吴和东晋皆建都于金陵，当年的金陵是极为繁华的胜地，可是到了唐朝的时候，昔时的皇族和豪门，都已经不复存在，当年的辉煌宫殿和华美屋宇，此时只是长满了花草人迹罕至的小径。一个个王朝，就这样从无到有，从弱小到鼎盛，从繁华到衰亡，最终复归寂灭。人类的生命、王朝的兴衰，无不有一个规律在支配着，循环往复，终归于无（死亡）。

而老子随后说道："复命曰常"，也就是说回归到本来的状态才是常理，而"知常曰明"，知晓了常理，才叫做明白通达。鲁迅先生说过这样一句话："以过去和现在的铁铸一般的事实来测将来，洞若观火！"何能如此呢？就是因为其中有着常理在。而也正是因为有着常理，预测才成为一种可能。

那么相反情况就是"不知常，妄作，凶"。如果不知常理，随意妄为，就会引发危险。唐代文学家柳宗元有一篇寓言叫做《临江之麋》，讲的是临江地区有个人得到了一只小麋（鹿的一种），将它带回家蓄养。这个人家里养了一些狼狗，狼狗见到小麋一个个垂涎欲滴，想要吃掉它。主人对此感到很愤怒，大声呵斥了这些狼狗，而且此后亲自抱着这只小麑给那些狼狗们看，以显示自己对麋鹿的喜欢，让它们也好好地对待这只小麑，又让小麑和狼狗们一起玩耍。后来，这些狼狗也都遵从主人的意思，对小麑很友好。这只小麑鹿长大了一些，因为自己长期生活在狗群之中，就忘记了自己是一只鹿，而以为狼狗是和自己同类的好朋友，因此对狼狗们非常亲昵。那些狼狗呢，因为不敢违背主人的旨意，所以对麋鹿也很友好。尽管如此，它们偶尔还是会不自觉地舔舔舌头，内心之中颇有垂涎之意。三年后的一天，这只麋鹿出门到外面去玩，看见道上有很多其他人家养的狼狗，它以为这些狼狗也是自己的朋友，就想走过去与它们玩耍。这群狼狗见有一只麋鹿主动向它们走了过来，心中大喜，立时就凶猛地扑过去一起将它给吃掉了。这只麋鹿为什么会得到这么悲惨的结局呢？因为它的行为违背了狼狗是麋鹿的敌人这一常理。

　　接下来，老子一气贯通地说："知常容，容乃公，公乃王，王乃天，天乃道，道乃久，殁身不殆。"知道了常理，才能够容纳一切；容纳了一切，才能够做到公正无私；公正无私，才能使天下归从；使天下归从，才是顺应天意的；顺应天意，才符合道；符合道，才能长久，终身都不会有危险。

　　法国有句名言叫做"了解一切就会包容一切"，这与"知常容"所表达的思想是基本一致的。理解才能包容，包容才能做到公正。不能对万事万物都给予包容之心，也就难免会产生接纳与排斥的区分，这样一来，就会生成偏见。唐太宗正是因为能够包容，才能以公平之心对待魏征这个太子李建成的旧臣，开创了享誉千载的贞观之治；齐桓公不计一箭之仇，重用管仲而成就了一代霸业。

　　"公乃王"，公正无私，才能够使天下归从。李斯在.《谏逐客书》中说："泰山不拒细壤，故能成其高；江海不择细流，故能就其深。"秦王正是因为能够公正地对待来自天下各国的客卿，才使得一大批文韬武略的才俊勇武之士争相归附于秦国，秦国才藉此而得以完成了荡平天下的统一大业。

　　老子又说："王乃天"，"王"因为是顺应"天"的，因此也是符合于道的，所以天下才会归从。而无须采用强力勉强聚合。

第十七章

功成事遂

太上①，下知有之②；其次，亲而誉之；其次，畏之；其次，侮之。信不足焉，有不信焉。悠兮③其贵言④，功成事遂⑤，百姓皆谓"我自然"⑥。

【注释】

①太上：即最上，指最好的统治者。

②下：指百姓。之：指代"太上"。

③悠：悠闲。

④贵言：以言为贵，意思是很少发号施令。

⑤遂：成功。

⑥自然：自己的本来面目。

【今译】

最好的统治者，人民只知道有他的存在；次一等的，人民亲近而又称赞他；再次一等的，人民害怕他；更次一等的，人民轻侮他。统治者的诚信不足，人民就会不信任他。（最好的统治者）是那样的悠闲啊，他很少发号施令，事情做成了之后，百姓都说："我们是自己如此的。"

【解析】

最高明的领导者

在这一章，老子讲了统治者的四个不同层次："太上，下知有之，其次，亲而誉之；其次，畏之；其次，侮之。"他的意思是说：最好的统治者，也就是奉行无为而治的圣王。在这种治理下，人民仅仅是知道有他这么个人,而并不知道他对人民做了什么。因为"无为",所以人民感受不到他们权力的存在。

比这种无为而治稍差一些的是令人民"亲而誉之"的统治者。这一层次的统治者奉行"仁政"、"王道"。关于"仁政"和"王道",孟子有过系统的论述:"是故明君制民之产,必使仰足以事父母,俯足以畜妻子,乐岁终身饱,凶年免于死亡;然后驱而之善,故民之从之也轻。"意思是圣明的君王,一定会令人民有着能够赖以生存的可靠的产业,上可以赡养父母,下可以供给妻子和儿女,丰年的时候能够饱暖,而饥年的时候不会被饿死;然后再教导人民从善,人民也会更容易地听从召唤。概而言之,就是引导人民很好地种田植树、畜养禽畜,以此令人民免于饥寒之苦,而生活趋于丰盈。再对人民进行很好的教育,令人民懂得礼法,整个社会就会变得文明有序。这样,统治者就可以称王于天下。在这样的统治之下,人民会对统治者心怀敬意,对他亲爱有加,并且交口称赞。在世界历史上,一些为众人所高高景仰的魅力型领袖,大体上就可以归入这一层次,例如唐太宗、华盛顿、甘地等。

比"亲而誉之"更下一层的是"畏之"。这样的统治者,人民害怕他,为什么害怕他呢,因为他使用严刑峻法来制约百姓,历史上最典型的一个例子就是周厉王。周厉王对人民尽行压榨之能事,人民因此而多有怨言。周厉王对此采取了极为严酷的打压措施,派出了大量的执行人员前往各处对人民进行监视,一旦发现有口出怨言者,立即杀掉。这造成了人民的极大恐慌,乃至于"道路以目",也就是说大家在路上遇见都不敢说话,而只是用眼睛相互示意一下。然而"防民之口,甚于防川",公元前841年,终于发生了"国人暴动",厉王被迫逃出镐京,最后死于边鄙之地。

而最差的就是人民对其很轻侮的统治者。这样的统治者人人咒骂,预示着天下必将大乱。例如夏朝的最后一个君主履癸(又名桀、癸)。

在他统治时期，人民说："时日曷丧，予及汝皆亡！"就是说，这个太阳什么时候才能灭亡啊，我宁愿和你一同死掉。太阳，是人民对履癸的比喻，人民宁愿与他同归于尽，这是何等深刻的仇恨！而履癸果然也成了一代亡国之君。

世间最大是诚信

"信不足焉，有不信焉。悠兮其贵言。"信用是权力的重要基础，当统治者的诚信不够时，人民对他的号令也就不再信任。因此，好的统治者应很少发号施令。在第二章，老子描述水的杰出品质时就讲到"言善信"。在儒家学说中，诚信是核心的一点。"信"是孔子所强调的"仁、义、礼、智、信"这五种最为基本的道德操守之一，而"信"字在《老子》一书中虽不像在《论语》中出现得那么频繁，但毫无疑问，在老子的观点中，"信"的地位也极为崇高。从这一点上也可以看出，道家思想与儒家思想在很多问题的论述上都是殊途而同归。

"信"，老子在这里是针对统治者而言的。然而，诚信的要求又岂止仅仅限于统治者呢？诚信应当是每个人赖以立身的根本，事实上，如果失去了诚信的维系，人类社会是根本无法有序运转的。做一个极端的假设，人们在街边购物用现金付款的时候，如果卖主将钱收下了，却偏偏说钱没有收下，或者反过来，卖主已经将钱款的余额如数找还顾客了，而顾客却偏偏说钱还没有找，在这样的情景下，对方怕是难以拿出证据进行反驳的。而在现实中，这样的事情一般不会发生，原因就是在人们的内心之中都有一个诚信的底线存在。这样，顾客在将钱交给卖主的时候，就不必担心对方收下了钱却进行抵赖；反之，卖主也不会在为顾客找还余钱的时候产生对方会进行讹诈的想法。在这样司空见惯、习焉不察的日常现象中，其实都是蕴含着诚信之道。可惜的是，很多人并未能够将这种诚信的原则贯彻到底，因此，在社会生活中的某些层面上，就有了尔虞我诈的现象。

　　当然，也并不是说人们在所有的情况下都要固守诚信，在特殊的情形之下，也是可以有所权变的。如孔子过蒲邑时蒲人将孔子扣留了下来。孔子有个叫公良孺的弟子非常勇武，与蒲人展开了激烈的搏斗。这使得蒲人有些畏惧，于是请求，如果孔子此后不去卫国，就放了他们。孔子答应了蒲人这个条件，与他们定下了盟誓，然后蒲人就放过了孔子一行人。然而在此之后，孔子还是去了卫国。子贡问孔子说："难道盟誓是可以背弃的吗？"孔子说："在受到要挟时所订立的盟誓，是没有信效可言的。"

第十八章

道亡有义

大道废,有仁义;慧智出,有大伪;六亲不和①,有孝慈;国家昏乱,有忠臣。

【注释】

①六亲:有不同的说法,三国时期魏国的王弼在注解《老子》时释为"父子、兄弟、夫妇",可以理解为亲属的泛指。

【今译】

大道废弃后,才有所谓的仁义;聪明智慧出现之后,才有严重的虚伪;亲属之间不和睦,才有所谓的孝敬、慈爱;国家陷于昏乱,才有所谓的忠臣。

【解析】

大道废,有仁义

实际上,在老子看来,社会不是在发展,而是在不断倒退。上古之时,人们淳朴浑噩,过着穿暖吃饱别无所求的原始生活,人与人之间没有所谓等级,也没有仁义礼法,一切自然而然,合乎大道。但随着社会的发展和财富的增多,人们的欲望开始膨胀,你争我夺,相互攻打,伪装欺骗之事开始出现并泛滥。为了约束人们的行为,贤明之人开始提倡仁义道德;接下来,人们连仁义也不要了,为了财富、欲望、名声寡廉鲜耻,不惜坑蒙拐骗,但这样的人却过得比善良的人还好。为了制止这种恶劣风气,才智之士开始创建社会制度,构建了上下等级,制定了繁琐礼仪,用以约束人们的行为。但并没能阻止礼崩乐坏。于是上对下欺凌暴虐,下对上欺骗玩弄,人们拿起武器相互攻杀,社会陷入混乱。为此强权人物制定森严法律来约束人们的行为。老子的看法也许偏激,但也不无道理。

仁义，是儒家的核心理念，而老子却说："大道废，有仁义。"言下之意，人们本来就该彼此平等，和睦相处，互帮互助，彼此仁爱，共享社会资源，但由于这天经地义之事被人们的奸诈虚伪、阴谋欺骗所破坏，所以社会才不得不提倡仁义道德。一个到处叫嚷仁义、颂赞仁义的社会，正是仁义道德、善良真诚等基本品德缺失的世界。

"智慧出，有大伪。"在这里，"智慧"一词侧重指的是智诈奸巧。老子看重的是人的淳朴，而极力主张摒弃智巧。在第八十章老子说："小国寡民，使有什伯之器而不用；使民重死而不远徙；虽有舟舆，无所乘之；虽有甲兵，无所陈之；使民复结绳而用之。"总起来说，老子这是一种相当保守和倒退的思想。但不可否认的是，老子此言的出发点在于对人们奸巧之心的排斥，但是，他在倒洗澡水的时候，连孩子也一起倒掉了。

他的药方固然彻底，但实在有些矫枉过正，而且在现实中也是不可能实现的。发展中所产生的问题，也一定要在发展中解决，就像一个成年人生了病，不能让他回到婴儿状态去进行治疗。然而，老子所提出的伪恶由智巧而生这一发现，还是非常深刻的。

不少人认为老子的主张带有愚民的色彩，之所以这样说，原因就在于老子认为"智慧出，有大伪。"老子的错误在于，他是以一种后退的眼光来看待人类发展进程中产生的问题的。因此他给出的办法是退回到人类的最原始状态。这就如同一个人在赶往前方更为美好的生存境地的路途中遇到了一片泥泞的沼泽，如何摆脱这片沼泽？老子告诉人们，回到原来停留的地方，也就可以避免沼泽了。这样虽然可以免却了沼泽之苦，但是却永远也无法抵达更加理想的彼岸了，这实际上也就遏止了人类前进的步伐。

"六亲不和，有孝慈；国家昏乱，有忠臣。"亲属之间不和睦才有所谓的孝敬、慈爱的诉求。国家陷于昏乱，才有所谓忠臣的存在。在这里，老子为我们提供了一个看待问题的独特视角。

设想，如果每一个家庭中，父母都疼爱自己的孩子，很自然地教导养育儿女；孩子都孝顺自己的父母，很自然地伺候父母的起居，这个时候，谁的心中会有"父慈子孝"的概念呢！当社会上出现生不养，养不教的父母，当社会上出现冷淡虐待甚至是抛弃父母的不孝子，父母子女之间本来很正常的亲情，却显得异常的珍贵，被赞誉为父慈子孝。同样，如果每一个臣子对国家和朝廷都是忠诚的，又何来的忠诚一说呢？"疾风知劲草，板荡识诚臣。"这是唐太宗在凌烟阁功臣的题词中说到的。这里的"板"与"荡"原是《诗经》中的两个篇名，是在用"板荡"指代社会的动乱。如果不是来了迅疾的大风，每一棵草都是那么挺立着，还有什么软、劲之分呢？如果是在无风无浪的太平盛世，又凭借什么判断哪个臣子是最忠诚的呢？

  事实上乱世才会出忠臣。譬如在宋末，那么多的人归降元朝了，文天祥的"人生自古谁无死，留取丹心照汗青。"才显得弥足珍贵。文天祥这样的忠臣可钦可敬，是国家的幸事；然而又实在是一种不幸，因为他们的出现，象征着一个王朝的末世，象征着一个国家的衰微。

  有人抨击"清官"政治，虽然道理各异，但究其实质，也正是老子所言的："国家昏乱，有忠臣"这个道理。一个清官背后往往隐藏着千百个贪官污吏。清官本身没错，然而他们作为一种榜样意义的存在，却说明了官场腐化的程度。

第十九章

绝圣弃智

绝圣弃智①,民利百倍;绝仁弃义,民复孝慈;绝巧弃利,盗贼无有。此三者,以为文不足②,故令有所属③:见素抱朴④,少私寡欲,绝学无忧⑤。

【注释】

①绝:抛弃,拒绝。圣:在这里指聪明之义。
②文:理论之义。
③令:使。
④见:表现之义。抱:保持之义。
⑤绝学:绝,杜绝。摒弃浮夸的学问。

【今译】

抛弃掉聪明和才智,人民可以获得百倍的好处;去除仁和义,人民可以恢复孝慈;拒绝机巧和利益,盗贼就不会出现。这三个方面用来作为理论是不够的,所以还应当使人民的认识有一个总的归属,那就是:表现单纯,保持朴实,减少私心,降低欲望,摒弃浮夸的学问。

【解析】

放弃仁义智巧

这一章是紧承上一章的。既然"大'道'废,有仁义;智慧出,有大伪",那么统治者应当怎样来做才是正确的呢?应该"绝圣弃智,民利百倍;绝仁弃义,民复孝慈;绝巧弃利,盗贼无有。"《庄子》的外篇和杂篇也立场鲜明地反对"圣"与"智"、"仁"与"义"。《胠箧》一篇说:"故绝圣弃智,大盗乃止;擿玉毁珠,小盗不起。"这与老子的观点是基本一致的。老子在第三章说:"不贵难得之货,使民不为盗",而

"摘玉毁珠",正是与"不贵难得之货"相对应的,把珠、玉这些珍贵的东西都捣毁、敲碎,这样,世界上只剩下石头、土块儿,到处都是,随处可取,也就没有人去偷盗了。

关于如何"使民不为盗"这一问题,《胠箧》这一篇进行了详细的论述。所谓"胠箧",也就是撬开箱子的意思,指的就是盗窃的行为。篇中有段话的大意是:圣人已经死了,大盗也就不会再兴起,天下也就会太平而没有变故了。圣人不死,大盗也就不会终止。即使让整个社会都重用圣人来治理天下,那么这也会让盗窃之徒获得很大的好处。给天下人制定斗、斛等器具来计量物品的多少,那么盗贼就会连同斗、斛一起盗走;给天下人制定秤锤、秤杆来计量物品的轻重,那么盗贼就会连同秤锤、秤杆一起盗走;给天下人制定符、玺来取信于人,那么盗贼就会连同符、玺一起盗走;给天下人制定仁、义来规范大家的道德和行为,那么盗贼就会连同仁、义一起盗走。这段话非常深刻地指出了"绝圣弃智"、"绝仁弃义"的道理,圣、智、仁、义是因何而生的?是用来制约人的不轨行为的,可是这些理念和规范出来之后又怎么样了呢?是邪恶之徒将这些理念和规范也一同给盗走了,所谓仁义,完全成了虚名,它不仅没有起到制约盗贼的作用,反而为盗贼所利用,让盗贼打着仁义的幌子来做龌龊的事情,这也就是所谓的"诸侯之门而仁义存焉"。

老子的这种观点,在陶渊明的《桃花源记》中得到了形象的阐述。故事为人们描述了一个没有任何扰攘纷争、男女老少尽享天伦之乐的"世外桃源"。在那里,没有圣智和伪诈,人们的思想完全是朴素和真诚的,那里的世界是异常美好。可以说,"桃花源"就是中国古代社会的"理想型"但同时也是无法实现的。

第二十章

独异于人

　　唯之与阿①，相去几何②？善之与恶，相去何若？人之所畏，不可不畏。荒兮③，其未央哉④！众人熙熙，如享太牢⑤，如春登台。我独泊兮其未兆⑥，如婴儿之未孩⑦，傫傫兮⑧若无所归！众人皆有余，而我独若遗⑨。我愚人之心也哉，沌沌兮！俗人昭昭，我独昏昏；俗人察察⑩，我独闷闷⑪。（澹兮⑫其若海；飂兮⑬若无止。）众人皆有以⑭，而我独顽似鄙⑮。我独异于人，而贵食母⑯。

【注释】

　　①唯：应诺、答应的声音，引申为奉承。阿："诃"的假借字，呵斥的声音。

　　②去：距离。

　　③荒：荒远；又说，荒唐。

　　④央：结束。

　　⑤太牢：祭祀时牛、羊、猪三牲俱备的最为丰盛的筵席。

　　⑥兆：征兆，表象。

　　⑦孩：婴儿的笑声。

　　⑧傫傫：颓丧失意的样子。

　　⑨遗：通"匮"，缺乏、不足之义。

　　⑩察察：严苛。

　　⑪闷闷：与"察察"相对，为宽宏之义。

　　⑫这一句与下面一句与原文不合，应该移至第十五章。

　　⑬同上

　　⑭以：用的意思。

　　⑮顽：顽劣。鄙：鄙陋。

　　⑯食：养育之义；又说应作"德"，与"得"相通，得到的意思。

【今译】

奉承与呵斥，相差有多少？善良与邪恶，相差有多少？众人都畏惧的，就不能不畏惧。荒远啊，自古以来就是如此，到现在也还没有结束。众人都是一副兴高采烈的样子，好像参加太牢般丰盛的筵席，好像在明媚的春日登上高台远眺。唯独我是淡泊的，对这些没有任何反应，好像还不会笑的婴儿；一副颓丧失意的样子，好像无家可归的游子。众人都绰绰有余，而唯独我好像有所不足。我真是愚人的心思啊！一副混混沌沌的样子。（我就像在无边无际的大海上漂泊，找不到安歇之处。）世人都是那样的明白清楚，唯独我是这样的暗昧糊涂。众人都有一副本领，唯独我顽劣而又鄙陋。我所要的，就是要与别人都不同，我所看重的是生民之本啊。

【解析】

这一章里的"我"可以是老子本人，也可以是那些拥有道和理想的人。"愚人之心"应该指的是那些混淆是非、善与恶、美与丑等的概念以及被欲望蒙蔽了心智的人。老子希望人们能跳出世俗的欲望和拘束，不要去随波逐流，而是淡泊明志，追求更高的精神的归宿。

另外，"唯之与阿，相去几何？善之与恶，相去若何？"意即，奉承与呵斥，相差有多少？善良与邪恶，相差又有多少呢？问的是相差有多少，实际表达的意思是差不了多少，这就又提到了相对性的问题。在第二章老子说："天下皆知美之为美，斯恶矣；皆知善之为善，斯不善矣。故有无相生，难易相成，长短相较，高下相倾，音声相和，前后相随。"在这个世界上，事物之间的差别很大，但其中又蕴含着很大的一致性。从自然界而言，高峻的山峰，与平坦的土地，乍看上去，区别很大，但是从土壤和岩石的构成成分上看，没有太大的差别。如果你从更高层面上看，山石和土壤共同构成了地球的岩石圈，它们同属一个圈层。

很多事物，看似差别很大，可实际上都是差不多的。这种"相去几何"，一种是程度之大小的差异，而还有一种则是表与里的差异。

老子是在提醒我们看事物要透过表象看其实质，只有这样，才能认清事物的真面目，而不为其纷乱的表象所迷惑。

第二十一章

惟道是从

孔德之容①，惟道是从。道之为物，惟恍惟惚。惚兮恍兮，其中有象；恍兮惚兮，其中有物；窈兮冥兮②，其中有精③；其精甚真，其中有信。自古及今，其名不去④，以阅众甫⑤。吾何以知众甫之状哉？以此⑥。

【注释】

①孔：大的意思。容：形态、形状。
②窈：深远。冥：暗昧。
③精：精气，最微小的物资。
④去：离开，废去。
⑤阅：这里指认识的意思。众：指各种事物。甫：同"父"，在这里是开始的意思。
⑥此：指代道。

【今译】

大"德"的内容，是完全依从于道的。道这种东西，是恍恍惚惚的。它是那样的惚惚啊，其中又有着形象；它是那样的恍惚啊，其中又有着物体；它是那样深远而暗昧啊，其中却蕴含着精气，这种精气极为真实，其中有着值得相信之物。从古到今，它的名字不会废去，根据它，才能认识万物的开始。我凭借什么知道万物开始时候的状态呢？就凭借这个道。

【解析】

做事遵循大道

"孔德之容，惟道是从。""孔"是大、非常的意思。"孔德"即大

"德",是非同一般的"德"。在这里,我们必须搞清楚老子所说的"德"是什么意思。在老子的思想中,"德"指的是万事万物从道那里获得存在的条件,是事物的禀赋和本性。这样一来,"德"便成为道的表现形式。一个事物的存在,一个人做事是不是符合道的要求,人们直接看不出来,而是通过德来认识、把握和判断。概括而言,道是本质、是内容,而德是表象、是形式,二者密不可分。我们这里说"德",而老子说的是"孔德",孔德有什么样的特点呢?具备"孔德"之人,"惟道是从",他做事完全是依循着道。

老子接着描述了道的状态:"道之为物,惟恍惟惚。"道这种东西,是恍恍惚惚的。然而,"惚兮恍兮,其中有象;恍兮忽兮,其中有物",道虽然很恍惚,但是其中又有着形象和物体。"窈兮冥兮,其中有精,其精甚真,其中有信。"道深远而暗昧,但是其中蕴含着精微之气,也就是说,道是很精微的,而这种精微之气又是极为真实的,它是值得验证的。这就很直白地说出了道的客观真实性,它虽然恍惚莫测,但却并非虚妄,而是一种实在,是可以相信的。

老子这里讲述的道的永恒性和可信性的观点,对人类有着重要的意义。人之所以为人,在于人会思想,会发问。但凡有一点思想的人,在某个时候,某个环境总会发问,我们为什么活着,这样生活有什么意义。人从出生到死亡,也就几十年的时间,一切的努力、一切的追求、一切的积累有什么意义呢?相对于蜉蝣夏花,人的生命是长久的,但相对于地球宇宙,人的生命又是极其短暂的,所以很容易产生没有价值和意义的空虚感。而老子告诉我们,我们的生命的由来,也是有所归依的,人的生命来自于道,是道推动人来到这个世界上,赋予人某种使命并要求人去完成它,并且,人终重还要回归到道那里去。这样一来,人的生命便有了价值和意义,有了由来和归宿。因为道是实在的、永恒的,人的一切努力和奋斗都因此有了终极的意义。由此,我们便可以摆脱空虚感,使生命充实起来。

孔子虽然一生坎坷,但我们明显感觉到,孔子的人生是自信和从容的。他曾说:"吾十有五而志于学,三十而立,四十而不惑,五十而知天命,六十而耳顺,七十而从心所欲不逾矩。"孔子之所以如此自信,因为他对自己的生命以及生命的本质有着深刻而清醒的认识,认为自己的所作所为是"合道"的。但在他看来,仅仅"合道"是不够的,最重要的是要做到"从心所欲不逾矩"。用老子的话说,也就是随便按照自己心里所想的那样去做,都能"惟道是从"。这是一种极为难得的境界,圣人修养到了七十岁方能达到,可见其得来不易。在抵达这样的境界之前,人们在做事时会或多或少地想着怎样做才是正确的,怎样做才合乎规矩。在这种情况下,一个人可以做得很好,但那是在自己有意识的控制之下去努力做好的。而"从心所欲不逾矩",丝毫没有偏正之虑,完全不必去想,如何才能在避免犯错的情形下做得很好。这种境界便是老子所说的"孔德"。道需要修,"德"同样也需要修。修德的最高境界是"孔德",修道最终目的是"惟道是从",二者殊途同归。

认清事物的本质

老子说:"自古及今,其名不去,以阅众甫。""阅",在这里是认识的意思;"众",指的是万物;"甫",等同于"父"字,此处指的是开始之义。这句话是说,从古到今,它的名字不会废除,根据它,才能认识万物的开始。

"其名不去",是一种非常微妙的说法,道的名字是不会落空的,应当怎样来理解呢?第一章,老子说:"名,可名,非常名。"绝对的"名",是不可说出来的,而既然说出了道之名,那么道也即"非常名",如果是"非常名",又如何会"不去",会永远都存在呢?其实,道是一种永恒的存在,它是不可以命名的,但是老子感悟到了它的存在,就需要将它表达出来,故而,勉强给它起个名字,叫做道。在第二十五章老子说:"吾不知其名,字之曰道。"从古到今,道都是一直存在着的,并且还将永恒地存在下去,而从道着眼,进行窥探,就可以察知万物的起源。下面的一句设问说的就是这样的意思:"吾何以知众甫之状哉?以此。"我凭借什么知道万物开始时候的状态呢?就凭借这个。这个,指的就是道。

　　这里，又体现出老子思想的推本溯源的性质。道，是什么？是"天地之始"，是"万物之母"，是宇宙间一切事物的最根本的所在。它上下绵延无限的时间，纵横覆盖无垠的空间，天地万物，亘古而今，没有什么是可以脱离道而存在的，"道"就是整个世界的总的依归。掌握了道，有什么用处呢？它可以令人知道事物发展和运行的规律，令人知道万事万物的起源之所在。

　　老子从道的高度，指导我们在观察问题、思考问题和解决问题时，要抓住事物的本质。只要抓住本质，认清事情的发展规律，预见事物的发展方向，自然不难找到解决的办法。如何才能抓住事物的本质呢？老子说"'道'之为物"，其中有"象"，有"物"，有"精"，有"信"。循着这样的思路，就可以发现事物的本质。

第二十二章

圣人抱一

曲则全①，枉则直②，洼则盈③，敝则新④，少则得，多则惑。是以圣人抱一为天下式⑤。不自见，故明；不自是，故彰⑥；不自伐⑦，故有功；不自矜⑧，故长。夫唯不争，故天下莫能与之争。古之所谓"曲则全"者，岂虚言哉⑨？诚全而归之⑩。

【注释】

①曲：委曲。全：保全。

②枉：弯的意思。

③洼：低下的地方。盈：充盈。

④敝：旧的意思。

⑤抱：持守。一：指道。式：即"栻"，是古代占卜用的一种器具，根据它的转动结果来判断吉凶，这里为准则之义。

⑥彰：显明。

⑦伐：夸耀。

⑧矜：自大。

⑨虚言：假话，空话。

⑩诚：实在。归：归宿，这里指度过一生。

【今译】

委曲反能保全，屈枉反能伸直，卑下反能充盈，破旧反能更新，少取反而会有所收获，多取反而会迷惑。所以，圣人持守着道来作为天下的准则。不局限于自己的所见，才能看得更分明；不自以为是，才能明辨是非；不自己夸耀，才会有功劳；不自高自大，才能领导。正是因为不与别人相争，所以天下之人才没有谁能争得过他。古时所说的"委曲反能保全"（这些话），哪里是空话啊？实在是真的能够使人保全而善度一生。

【解析】

万事相反相成

这一章老子集中讲述了相反相成的道理。

"曲则全,枉则直。"意即,委曲反能保全,屈枉反能伸直。这话怎样讲?大家都熟悉"塞翁失马"的故事,那个边塞老翁的儿子,就因为腿有残疾,没有被征召入伍,才保全了性命,而其他壮健的青年却都战死在沙场上,这就是"曲则全,枉则直"的道理。

"洼则盈,敝则新。"意即,低洼反能充盈,破旧反能更新。下雨的时候,地面上越是低洼的地方,汇聚的水就越多。而东西破旧了,才会进行更新。"旧的不去,新的不来"讲的就是这个道理。所以说,有时候对于使用的某件物品,半破不旧的反而不如完全破了好。因为如果它破得不像样子了,用它的人也就会决定再换一个新的;而如果它勉强还能用,则是用着不舒服,扔了又觉着可惜。

"少则得,多则惑。"意即少取反而会有所收获,多取反而会迷惑。有的人书读了很多,可是反思起来却似乎什么也没学到;而有的人书读得并不是很多,但每本书他都是很认真地读,因而掌握得很好,学到的知识反而更多。这就是"少则得,多则惑"。当然,读书要强调博览,但博览必须与精读相结合效果才会好,否则,所得到的也难免是些泛泛的、肤浅的东西,是很难有大用处的。

宋朝初年的宰相赵普据说平生所学仅《论语》而已。宋太宗赵光义为此还特地问过他,赵普回答说:"臣平生所知,诚不出此,昔以其半辅太祖(指赵匡胤)定天下,今欲以其半辅陛下致太平。"这就是学好一部书的强大作用,一部《论语》,既可定天下,又可治天下。当然,赵普所读的书不大可能只有《论语》这一部,但由此也可以见出,赵普在读书方面是求精而不求泛的。

"是以,圣人抱一为天下式。"这个"一",指的就是道,而为什么用"一"来称呼呢?因为道是一个整体,它不是各种各样零散的道理,而是涵盖一切的根本之道。孔子说:"吾道一以贯之。"虽然孔子讲的道与老子讲的道其含义是不尽相同的,但是在"一以贯之"这一点上,二者还是很相似的。圣人持守着道来作为天下的准则。世界上的道理有千千万万,但其层次是不相同的,有的道理其应用面很狭窄,而有的道理其应用面则十分宽广,至于老子所讲的道,则具有覆及一切的无限广阔的适用范畴,因此,它可以用来作为天下的准则。

"不自见,故明。"不是什么事情都自己去看,才会看得更分明。这话似乎说得很矛盾,然则很有道理。不是说"眼见为实"吗?什么都要自己去看一看分晓,这才见得事情可靠。但这样很容易会产生一个问题,那就是为一己之见所局限,如同井底之蛙。正所谓"兼听则明,偏信则暗",不偏执己见,才可以做到明达事理。

"不自是,故彰。"不自以为是,才能明辨是非。这其实涉及到一个很深刻的心理学问题。人们一般都有着自以为是的倾向,或者可以将其称作"自我幻觉",也就是常常以为自己的所思所想、所行所为都是正确的,都是合理的。其实则不然,但当事者自己是不会反省的。"智子疑邻"的故事,说的就是这个道理。丢了斧子的人,对自己的儿子丝毫不会怀疑,却一直怀疑是邻居将他的斧子偷了去,而事实上坏事恰恰是他的儿子做下的。这也就是说,自是之心会让人丧失辨别是非的能力。

"不自伐,故有功。"不自己夸耀,才会有功劳。"不自矜,故长。"不自高自大,才能领导别人。类似的观点,老子曾多次阐述过,如第二章的"生而不有,为而不恃,功成而弗居",第七章的"是以圣人后其身而身先,外其身而身存",第九章的"功成身退,天之道"等等。

"夫唯不争,故天下莫能与之争。"正是因为不与别人相争,所以天下之人才没有谁能争得过他。这一观点是老子素来秉持的一个基本思想,争,反而不能得;不争,反而无人能与之争。这其实也体现着老子"无为"的主张。所谓"不争",也就意味着"无为"。无为而治,无为而有得;有为反而生乱,有为反而不得。老子在此所说的,不是假作"不争",不是以"不争"为手段来达到"争"的目的,而是实实在在的"不争",无心去争,不参与世人的争夺之事。而也正是因为其"不争",世人便无法与之"争"。

高明的保全之道

老子说过：古时所说的"委曲反能保全"，哪里是空话啊？实在是真的能够使人保全而善度一生。

老子思想的整体倾向是保守的，秉持这种思想，或许图之进取有嫌不足，但是用来防守却是大有余地的。就这一章的内容而言，老子大体讲的还是保全之道。而如何来做好自我的保全呢？老子给出的主意不是令自身变得更加强大、更加优秀，而是令自身表现出软弱和鄙陋的一面，是以退守的方式来获得自身的保全。

对于老子的这个思想，庄子领悟得最为深刻。《庄子》一书中讲了这样一个故事：有一个形体很不健全的人，他的名字叫疏。这个人长得什么样子呢？他的脸藏到了肚脐的下面，两个肩膀比头顶还要高，脖子后面的发髻朝着天，脉络血管突显在脊背上，两条大腿和肋骨几乎是平行的。这人靠替人清洗和缝补衣裳养活自己，加上给别人占卜算命，就可以养活一家子十来口人。更重要的是，政府征兵时，他可以大摇大摆地在街上闲逛而不担心被抓去充军；政府摊派劳役时，他可以免去徭役；而在政府救济残疾人时，他还能领到一些柴米。这个人身体上的缺陷非常严重，然而却因此保全了自己。当然，这并不是告诉大家都把自己弄成残疾才好，而是提示人们，在生活中应当学会曲枉之道，不要一味地强硬，很多时候，适当的让步是十分必要的。

老子的委曲求全之道，看似消极保守，但是在为人处世上有着重要的意义。他告诉我们：做人过于高洁、正直，必然招人嫉恨打击；为人过于强势、霸道，必然树敌过多不能长久；待人过于严苛必然被人孤立。而保持低调，委曲求全一方面能避祸全身，同时低调和委曲也更容易被人接纳，形成良好人际关系。

祸福并不由命，也不在天，一切都在人自取。在老子看来，过刚则易折，委曲之人才能求福避祸。人世间的人情变化无常，人生的道路曲折不平。走不通时退回去，绕道前进才会达到目的；事业一帆风顺时，张扬炫耀必然成为众矢之的，谦让三分才能保住财富、名声和地位。这里是老子在这一章想要告诉我们的。

第二十三章

道亦乐得

希言自然①。故飘风不终朝②,骤雨不终日③。孰为此者?天地。天地尚不能久,而况于人乎?故从事于道者,同于道;德者,同于德;失者,同于失。同于道者,道亦乐得之;同于德者,德亦乐得之;同于失者,失亦乐得之。(信不足焉,有不信焉。)

【注释】

①希:少的意思。

②飘风:狂风。

③骤雨:暴雨。

[注]括号中的两句与前后文不相符,在第十七章已经出现过。疑似衍文。

【今译】

少说话才是合乎自然的。因此,狂风不会持续地吹一个早上,暴雨不会持续地下一整天。是谁造成的这种现象呢?是天地。天地(的特殊运作力量)都不能够持久,何况乎人呢?所以,追求道的人,就与道同行;修德的人,所认同的是有德;失德的人,所认同的是无德。与道同行的人,道也会乐于得到他;认同有德的人,德也会乐于得到他;认同于失德的人,无德也会乐于得到他。(一个人不值得信任,才有不信任他的事情发生啊。)

【解析】

刚猛的力量难持久

"希言自然。"意思是少说话才是合乎自然的。西方有句谚语叫:"话说得越多,误会就越深。"这就像纸上的一个污点,越想擦掉它,污染的面积就越大。中国也有句成语叫做"欲盖弥彰",说的也是这个道理。而"希言自然",尤指统治者要少发号施令,应当遵奉无为而治的治国策略。下面的话说的就是这样的意思。

"故飘风不终朝,骤雨不终日。""飘风"是吹得很猛烈的狂风。"骤雨"是来势很迅疾的暴雨。"飘风"和"骤雨"气势汹涌,咄咄逼人,但是这样的狂风和暴雨是不能够持久的。因为自然界在某一时段蕴蓄的力量是有限的,这与人体在一定时间内的体能是有限的道理是一样的。一个人如果慢慢地走路,可以走很长时间,可如果很快地跑起来,则一定是持续不了太长时间的。老子此语,意在强调做事不可操之过急,否则很可能如饮鸩止渴。

"孰为此者?天地。天地尚不能久,而况于人乎?"老子设问:是谁造成的这种现象呢?是天地。伟大的天地暴风骤雨都不能持久,何况是普通的人呢?

在清朝末年,面对衰微的国运,有识之士都意识到社会变革的必要性。然而,对于变革的方式,人们的意见是有着很大分歧的,归结起来,大体可以分作两类,一类倡导温和的改良,而另一类则倡导迅疾的革命。例如,清末民初时的著名思想家严复,就主张欲实现中国的富强当从教育入手,这是一个相当漫长的过程。据说,1905年孙中山先生在伦敦时曾与严复会晤,两人对中国的前途深入地交换了彼此的看法,但二人的意见迥然不同。孙中山提倡以暴烈的革命方式推翻清王朝的统治,从而迅速实现中国的振兴;而严复则对这种革命所可能取得的效果持有不同的看法。最后,孙中山激动地握住严复的手说道:"俟河之清,人寿几何?君为思想家,鄙人乃执行家也。"

人们大多认为,面对已经陈腐不堪的中国社会,温和的改良方式是不可取的。后来,还是革命者以武装起义的方式推翻了旧政权,结束了在中国运行两千多年之久的封建帝制。然而,中国社会的性质并没有因此而获得实质性的改变。迅猛的革命,一时之间所取得的效果是非常显著的,但是欲实现根本转变,则远非用暴力推翻一个旧的政权就可以迅速完成的。革命固然迅速,然而其如暴风骤雨不可持久。

老子高深的智慧具有很强的普适性，对于一般人都能有着莫大的启迪。"飘风不终朝"的思想告诉我们，做事情不要急于求成，否则就会适得其反。

价值观的重要性

"故从事于道者，同于道；德者，同于德；失者，同于失。"追求道的人与道同行；修德的人认同的是有德；失德的人认同的是无德。这里谈的就是人的价值认同问题。一个人的行为有着怎样的取向，决定于他内心认同一种什么样的价值。所谓价值观，是指一个人对周围的人或事物的意义、重要性的总的评价和看法。诸多事物在人们的心中，其价值是不一样的，有轻有重，有主有次。价值观决定着人们对事物的评价，能帮助人们确定行为目标，并决定着人们的行为选择，是驱动人们行为的内部动力。

在老子看来，道具有最高价值，具有最深远最重要的意义。道应该是人类的最终追求，是人们行为的准则。认同这一点的人，道将与他同在。比如大思想家庄子，他对道高度认同。据《庄子·至乐》篇记载，庄子的妻子去世后，他的好朋友惠子前往吊唁。令惠子意外的是，庄子竟然像个簸箕似地坐在地上，一边敲着盆子，一边唱着歌，显得非常快活。惠子感到十分不解，责问庄子说：你的夫人跟你一同生活了这么多年，为你养育子女，操持家务，现在她不幸去世了，你不伤心流泪也就罢了，竟然还敲着盆子唱歌，岂不是太过分了吗！庄子回答说：不是像你所想的那样。她刚刚死去时，我何尝不悲恸！可细细想来，她最初是没有生命的。不仅没有生命，而且也没有形体；不仅没有形体，而且也没有气息。在若有若无、恍恍惚惚之间。变化而产生气息，又经过变化而产生形体，再经过变化而产生生命，如今又变化而死去。这种变化，就像春夏秋冬四季轮回那样运行不止。现在她静静地安息在天地之间，而我却还要嚎啕大哭，岂不是太不通达于命运了吗？

庄子鼓盆而歌的行为，并非是不为妻子的死悲伤，而是对于人的生死持一种通达的态度，是道的思想在人的生死观上的具体表现。因为庄子把道作为自己的行为准则,一切行为无不以道为旨归,因此,我们把他归为道家学派的代表人物。简言之,一个人认同什么,他最终就是什么。

同样,把德作为自己的价值观,追求成为一个道德高尚的人,那么,他最终会达到自己的目的,成为这个世界的道德楷模。举个简单的例子,雷锋把社会主义道德作为自己的最高追求和行为准则,他在做事时自然会想到舍己为人,以助人为乐。由此,他成为那个时代的道德楷模。相应的,那些不认同道德的人,他们的行为自然不会合乎道德。这些人或为一己之私损人利己,或为一时感情冲动打架斗殴,或为满足自己的愿望欺男霸女。因为他们失去道德,干不道德的事,所以他们就成为卑鄙小人,缺德之辈,无耻之徒。

因此老子说:"故从事于道者,同于道;德者,同于德;失者,同于失。"一个人的表现如何,归根到底,取决于他秉持一种什么样的价值观。

第二十四章

自是者不彰

企者不立①，跨者不行②。自见者不明，自是者不彰，自伐者无功，自矜者不长③。其在道也，曰馀食赘行④。物或恶之⑤，故有道者不处⑥。

【注释】

①企：抬起脚跟的意思。立：这里指站立得稳固。

②跨：跨步走的意思，也就是行走的时候迈出很大的步子。行：这里指行走得快，行走得远。

③矜：仗恃有功的意思。长：这里为领导之义。

④馀食：剩饭。赘行：即赘形，赘瘤的意思。

⑤恶：讨厌，厌恶。

⑥处：居处，令自己处于某种状态的意思。

【今译】

踮起脚跟站着，反而是站不住、站不稳；跨步前进，反而是走不快、走不远的；局限于自己所亲眼所见的人，反而看不分明；自以为是的人，反而判断不清是非；夸耀自己的人，反而没有功劳；自高自大的人，反而不能领导别人。以上那些，从道的原则来衡量，只能把它们叫做剩饭、赘瘤。谁都厌恶它们，所以有道的人是不以此自居的。

【解析】

顺其自然，不要勉强

"企"，有的版本写作"跂"，就是踮起脚跟的意思。"企者不立"，意即踮起脚跟来站立，虽然可以站得高一些，但是却站不稳；"跨"，是跨大步的意思。"跨者不行"意即跨很大的步子来走路，虽然一步可以迈得远一些，但是却走不长。为什么说"企者不立，跨者不行"？因为这两种行为都带有勉强成分，而勉强之事总是难为的，效果往往不尽如人意，甚至是南辕北辙。

正所谓"有心栽花花不发，无心插柳柳成荫"，人的主观愿望与行为的实际结果经常会发生背离，为什么会这样？就在于它是有心而为的，其中有太多勉强的成分。而如果这种勉强的成分所占比例很大的话，那么一旦制约的力量变得薄弱，事物也就难免走向崩溃和失败。在世界历史上，曾经出现过多个幅员极为辽阔的帝国，比如新巴比伦帝国、亚历山大帝国、蒙古帝国等，但这些国家存在的时间都很短暂。主要原因就是因为这些大帝国的形成不是依靠自然的融合，而是依凭武力的强行征服，一旦武力衰弱下来，帝国自然也就会走向解体。中国古代的秦王朝，统一之后仅仅十五年时间就灭亡了，很大程度上也是因为秦朝在统一过程中着力过多，是依靠强权来推行的；而天下一旦有变，则会祸乱四起。秦朝不旋踵而亡，恰恰应了"企者不立，跨者不行"这个道理。

我们在日常做事的时候也应当注意到这一点，尽可能依循老子所言，做到"顺其自然"。因为人生之路遥远渺茫，假如任何事情都定下很高的目标，勉强自己去做，并且务求完美，不但达不到目的，而且难免会引起许多忧愁烦恼。但是，如果能安于现实，诸事皆顺其自然，不但事情容易成功，而且到处都会产生悠然自得的乐趣。

当然，老子主张的顺其自然，并不是要我们不图进取，消极懈怠。而是强调凡事不可强求，在当前行不通的情况下，要耐心等待时机。不要心浮气躁，而是遵循事物的基本规律，自然而然实现自己的目的。老子这里还有一层意思，就是不可以机谋过重。

做人不能太自我

老子接着说："自见者不明，自是者不彰，自伐者无功，自矜者不长。"局限于自己亲眼所见的人，反而看不分明；自以为是的人，反而判断不清是非；夸耀自己的人，反而没有功劳。一言以蔽之，就是做人不要太自我。在老子看来，自以为是的偏私和邪妄，才是残害心灵的最大毒虫；自作聪明才是悟道修德的最大障碍。

事实上，人们之所以会有种种烦恼，只因为把自我看得太重。执着于自我的人，什么事都是在疑惑中。这种人往往过高地估计个人的能力，失去自知之明，从而造成了内心自我意识的膨胀。自视过高，总爱抬高自己贬低别人，把别人看得一无是处，总认为自己比别人强得多。当别人取得一些成绩时，其妒嫉之心油然而生，极力去打击别、排斥别人；以自我为中心，自己想干什么就干什么，想怎么干就怎样干，听不进别人的意见和建议；只考虑自己，不关心他人，总想让别人都围着自己转。这种做法，对己对人都不能作恰如其分的评价，自大自傲，会使自己陷于盲目，使别人受到严重的压抑，进而失去别人的信任与尊重，影响自己的生活、学习、工作和人际交往。太过自我的人，必然会草率行事，给自己带来种种不良后果，甚至导致失败。不要说自己没有什么过人的才能，即便有丰功伟绩，也承受不了骄矜所引起的反效果，假如居功自傲便会前功尽弃。

而后老子又说："其在道也，曰馀食赘行。""其"，指的就是前述的那些行为。这句话的意思是，以上那些，从道的原则来衡量，只能把它们叫做剩饭、赘瘤，不仅没有用处，而且令人厌恶。既然如此，有道之人应当如何呢？"物或恶之，故有道者不处。"所以有道的人是不会去做那些令大家都感到讨厌的事情的。其实，这样的道理是很显然的，大家都知道，没有谁愿意受人讨厌，可是实际上做起事情来就不全都是这样的了，有些人就会去做很多令人生厌的事。为什么会这样呢？因为他们那样去做的时候自以为是良好的，自我感觉是得意的。但是在自己感到舒畅的同时，却会激起他人强烈的不满，这是相当糟糕的做法，会给自己带来很大麻烦的。要避免这样的错误，就必须要做到深谋远虑，做到有自知之明，学会体察他人的想法，学会照顾他人的感受。

第二十五章

道法自然

有物混成，先天地生。寂兮寥兮①，独立不改，周行而不殆②，可以为天下母。吾不知其名，强字之曰道③，强为之名曰"大"④。大曰"逝"⑤，逝曰"远"，远曰"反"⑥。故道大，天大，地大，人亦大。域中⑦有四大，而人居其一焉。人法地，地法天，天法道，道法自然⑧。

【注释】
①寂：指没有声音。寥：指没有形体。
②周：循环。殆：停止。
③字：起名字的意思。
④强：勉强。大：形容道广阔、无穷。
⑤逝：形容道的流转不息。
⑥反：返回原点。
⑦域中：天地、宇宙之间。
⑧法：效法，引申为遵从；自然：自己的样子。

【今译】
有一种混然一体的东西，先于天地而存在。没有声音，也没有形体，永远不依靠外在的力量，循环运行而没有止歇，它可以算作天下万物的根本。我不知道它的名字，把它叫做道，勉强给它起个名字叫做"大"。它广大无边而周流不息，周流不息而伸展遥远，伸展遥远而返回本源。所以，道是大的，天是大的，地是大的，人也是大的。宇宙之中有着"四大"，而人是其中之一。人取法于地，地取法于天，天取法于道，道则取法于它自己的样子。

【解析】

从哪里体验道

在这一章里,他再一次论述了道的性质和道的规律,并探讨了道的运行和人与道之间的关系。在老子看来,道是超越时间和空间的先验存在。它寂静而又空虚,不依靠任何力量,也不以人的意志为转移;它无所不在,但又看不见摸不着;在它的内部蕴藉着无穷的力量,这种能量循环运行、永不止歇;它孕育了万物,推动万物生长,是万物的根本,世界的本源。

"有物混成"既体现了道先天的混沌未分的状态和性质,也体现了道与万物的浑然一体,不可再分,是一个高妙的论断。道的浑然一体,有助于我们对道的理解和体悟。道先于时间空间而存在,而后这个世界上有了"无"。道与"无"是浑然一体的,但道又支配着"无",推动"无"生"有",这叫道生一;同时,道与有也是浑然一体,并推动有的运行,化生出阴阳,这叫一生二;阴阳相克生出万物,是为二生万物。道是永恒的存在,是无、有、阴阳、万物的根源,而无、有、阴阳、万物之中都有道的存在。我们无法观察道,但是我们可以认识无、有、阴阳和万物,并且从这些事物中认识和体验道。随后,老子强调了道不可由感官来进行察觉。虽然感觉不到,但它又无处不在。它支配着这个世界,制约者万事万物的运行,也影响着我们的行动。如果万事万物循道而行,一切都会自然化育,生机勃勃;如果背道而驰,必然会受到惩罚。

"吾不知其名,强字之曰'道',强为之名曰'大'。"老子说,我不知道它的名字,就把它叫做道,勉强地再给它起个名字叫做"大"。这个"大",不是普通大小意义上的"大",而是代表着一种没有穷极的"大",是一种玄奥广大的空旷形象。它所表达的实际上是道的一个性质,或者说是道的一个基本特点。大道广大无边,又周流不息,它能向遥远的时空无限伸展;当运行到最遥远的时空,它不会消失,而是又返了回来。这就是大道,它不停地运动,周而复始地运行,宇宙万物,生旺衰亡，源于道，最终都将会回归于道。

"大"是道的基本性质，由它所生的天、地、人也同样拥有这个性质。所以，老子列出来道大、天大、地大、人大这四大。在中国古代哲学中，有天地人三才的说法，在这里，老子又加入了道。这样，就为三才提供了一个本源，使三才学说升级为四大学说。人与道、天、地同大，道就在人的本性中，这充分肯定了人类价值的崇高，为人的向道发展和自我提升确立了理论依据。而另一方面，老子也指出了人与道之间进行沟通的可能性，这个沟通的中介，就是介于人与道之间的天和地。

总之，道以其早于天地存在的先验性、与天地人混成的内存性、独立存在的永恒性和生化主宰万物的超越性，使道家学说指向哲学探索的终极，体现了人类思想所能达到的最高层次。

道法自然

关于人与道如何进行沟通，老子指出："人法地，地法天，天法道，道法自然。"意即，人取法于地，地取法于天，天取法于道，道则取法于它自己。

"人法地"，人生长在地面上。在人类繁衍生息的漫长岁月里，人都是直接同大地打交道的。即使在当今人类可以对天空乃至外太空进行更多探索的情况下，对人类的生存意义而言，大地也远比天空更为重要。所以，人与道进行沟通的第一个步骤是"法地"。这一点很好理解，靠山吃山，靠水吃水，这是大家都知道的道理。在为人处事上对我们有何启迪呢？大地的特点是安静沉稳，厚德载物，生养万物而不居其功。这正是我们应该向大地学习和效法的地方。

人的行为取法于大地，而大地则要取法于天的运作，比如冷暖寒热，比如阴晴雨雪，比如晨昏昼夜，这都是由天来决定的。天行健，阳刚之气充盈，周流不止，生生不息。大地不言，只是跟随天的变化默默调整自己。事实上，人也应该效法于天，努力而为，永不停息，此所谓顺应天之道。比如，大自然四季的变化，春夏气温回升，大地温暖，万物生机勃勃；秋冬气温下降，寒冷肃杀，草木凋零。做人也是一样，一个性情温和又热情洋溢的人，他的身边必然会聚拢很多人，他的事业容易成功，福分绵长；而高傲冷漠的人，必然无人敢接近，他得到的帮助有限，很难成功，他的福分自然就淡薄。

"人法地""地法天"而天又取法于谁呢？天法道。那么道又如何来运行呢？老子说："道法自然。"

关于道法自然，有人将其理解为道取法于自然，也就是说，在道之上还有一个"自然"。其实，这是一种误解，道是一种至高无上的存在，如果说道还要取法于他者，那么道也就不成其为道，而它所最终取法的对象则成为道了。因此，"道法自然"的含义显然并非如此。"自然"在这里并不是一个名词，不是我们通常所说的热爱大自然的那个"自然"，它在这里是一个副词，大略相当于"自然而然"的意思。"道法自然"，说的就是道是按照自己的样子来运行的。

"道法自然"对我们做出了这样的提示：最高的境界，就是自然而然。战国时期，魏国名臣田子方的老师就达到了这种思想境界。有一次，田子方陪魏文候说话，多次称赞溪工。文候就问他："这个溪工是你的老师吗？"田子方回答说："他是我的邻居，不是我的老师。他说话论事总是十分中肯，所以我称赞他。"文候又问："你有没有老师，他是谁？"田子方说："有，他名叫东郭顺子。他为人真朴，外表跟普通人没什么区别，但内心却合于自然。他既能顺应外在事物，又能保持自己的真性；他的心境宁静清虚但能包容万物，对不合道的一切，都能及时指出使人醒悟，引导人们自然消除邪恶之念。作为学生，我不知道用什么言辞去称赞他。"可见，那些在平凡中保留人的纯真本性，并能显出英雄本色的人，才是真正的高人。

孔子讲："从心所欲而不逾矩"，人生修养所能够达至的最高状态，就是可以随心所欲地行动，但是却不会逾越规矩，自己再不需要受到任何来自外界的约束，而只需听凭自己自然地去做就可以了。

第二十六章

静为躁君

重为轻根①,静为躁君②。是以圣人终日行不离辎重③,虽有荣观④,燕处超然⑤。奈何万乘之主而以身轻天下⑥?轻则失根,躁则失君。

【注释】

①根:根基。

②君:主宰。

③辎重:行军途中所携带的粮食、装备等用品。

④荣观:贵族们游玩享乐的地方。

⑤燕处:居处悠闲之义。超然:不陷入其中,能够超脱出来。

⑥万乘之主:指大国的国君。一辆装配有四匹马的战车叫做一乘,"万乘"指的是在作战的时候可以出动一万辆战车,常常用来形容国家的强大。

【今译】

重是轻的根本,静是躁的主宰。因此,即使是圣人,整天赶路也离不开途中所用的各种装备。虽然享有优裕的生活,居处悠闲,但是却并不会沉溺其中。为什么万乘之国的国君,还以轻率的态度治理天下呢?轻率,也就失去了根基;浮躁,也就丧失了主宰。

【解析】

戒除轻率和浮躁

"重为轻根,静为躁君。"重是轻的根本,静是躁的主宰。一棵大树能长得参天之高,是因为它在泥土下面有着很深的根基;而人们在建筑房屋时,首先也都一定要打下牢固的基础。此即"重为轻根"的道理。一个国家,如果没有安定的社会环境、雄厚的经济基础、强大的军事实力，不可能在列国竞争中胜出；在做人上，如果没有强大的人格魅力，没有深厚的人脉积累，没有牢固的事业基础，要想成功几乎是不可能的；在治学方面，要将学问做好，非得有深厚而广博的学习基础不可。苏轼讲："博观而约取，厚积而薄发"，这说的也是"重为轻根"。

达·芬奇小时候被父亲送到意大利的艺术名城佛罗伦萨去拜佛罗基奥为师学习绘画。佛罗基奥只叫达·芬奇画鸡蛋，不是画一个两个，而是接连很多天不停地画。达·芬奇感到不耐烦了，这么简单的鸡蛋，有什么可画的呢？佛罗基奥解释道："不要以为画鸡蛋容易。要知道，一千个鸡蛋当中从来没有两个是形状完全相同的；即使是同一个鸡蛋，只要变换一个角度去看，形状也就不同了。比方说，把头抬高一点看，或者把眼睛放低一点看，这个鸡蛋的椭圆形轮廓就会发生变化。所以，要在画纸上把它完美地表现出来，非得下一番苦功不可。"佛罗基奥继续说："我之所以让你在开始的时候反复地练习画鸡蛋，就是想严格训练你用眼睛细致观察形象，和用手准确描绘形象的能力；如果你能够做到手眼一致，那么以后不论画什么，都能得心应手了。"达·芬奇这才明白老师让自己画这么多鸡蛋的苦心所在，他悉心听从佛罗基奥的教导，经过长期的艰苦学习，终于成为一代名家，和米开朗基罗与拉斐尔共同被称誉为意大利文艺复兴时期的艺术三杰。佛罗基奥可谓是深谙艺术三昧的，他懂得"重为轻根"的道理。不仅在艺术上是如此，其他的领域也是如此。越想往高远之处发展，就越要先打好坚实的基础。

"静"和"躁"是古人很重视的一对命题。老子认为，静是动的主宰，静能成事，动则无功。故而，我们在行为做事时，要戒骄戒躁，踏实沉稳，唯有如此，才能够办事成功。真正想有所作为的人，待人接物时不可有急躁的个性，更不能有轻浮的举动。如果急躁轻浮，往往会把事情弄糟，进而使自己受到困扰。如此一来，就会丧失悠闲镇定的气度，丧失活泼潇洒的生机。

暴躁一定是不会长久的，只有平静才是一种常态。因此，老子说："静为躁君"，静是躁的主宰。如果反过来，让躁来作为静的主宰，也就是一个人的所作所为完全被狂躁的情绪所左右，那么得到的结果将是多么的糟糕。生活在非洲草原上的野马有一种致命的敌人，但是这种天敌不是大型的食肉猛兽，而是一种体躯非常小的吸血蝙蝠。这种吸血蝙蝠经常会对野马进行攻击，附着在它们的身上吸食血液，而遭受攻击的野马往往都会因此而毙命。研究人员发现，蝙蝠所吸食的血量其实是相当微小的，远不足以导致野马的死亡。这也就是说，野马的死亡并非因为失血，而是另有其因。那么，造成野马死亡的直接原因是什么呢？不是别的，就是野马暴躁的性情。它们一旦遭到蝙蝠的攻击，就会暴跳如雷，怒吼狂奔，企图甩开叮在身上的蝙蝠。但蝙蝠却丝毫不受其狂暴动作的影响，牢牢地吸附在野马的身上。这样，野马最终就会因精疲力竭而亡。如果野马能够有一个平静的心态，也就完全不会因为受到一只小小蝙蝠的攻击而导致死亡。因此，不论面临什么样的事情，我们首先都要保持一种虚静恬然的心态。

有备无患

老子说："是以圣人终日行不离辎重，虽有荣观，燕处超然。""辎重"指的是行军途中用来运载各种装备的车；"荣观"指的是华美的房屋；"燕处"也就是安居的意思。这句话是讲：即使是圣人，如果需要整天赶路，也离不开途中所用的各种装备。虽然享有优裕的生活，居处悠闲，但是却并不会沉溺其中。

为什么"圣人终日行不离辎重"呢？有这样一个寓言漫画，画面上有很多匆匆赶路的人，每个人身上都背负着一个很沉重的十字架，其中有一个人觉得背着这么重的十字架实在没有什么用处，他就想：将它变得小一些就方便得多了。于是他就换了一个轻了许多的十字架。后来，他还是觉得重，就又将十字架变小了很多。几次下来，他的十字架总算是轻了，他为此而感到得意。然而有一天，当他们来到了一条沟壑的前面，要继续前行，就必须从这条沟壑上跨过去。但是以沟壑的宽度，不用任何工具是跨不过去的。于是其他人将十字架搭在沟壑上，十字架就变成了一座桥。其他人很顺利地踏着十字架越过了沟壑，成功抵达彼岸。只有那个将十字架变小的人，眼睁睁看着同伴们都渡到彼岸，而自己永远地在此徘徊。

　　这个寓言的蕴意是很显明的。我们可以把那个十字架看作是为了不断前进而准备的各种资本，也就是老子所说的"辎重"。在平时，似乎携带那样沉重的"十字架"是没有什么用处的，然而在关键的时刻，在遇到人生路途上之沟堑时，是要依靠它来越过的。如果无所准备，人生也就永远无法超越。

　　君子不离辎重，就是时刻准备着。从消极一面来看，时刻准备能消除前进路上可能遇到的困难和危机，这一点前文已作解说。从积极一面来看，时刻准备着能帮我们抓住转瞬即逝的机遇。西方有句名言："机遇只偏爱那些有准备的头脑。"人们常谈论运气，其实，所谓的运气或者机遇，都是个人准备与时机的契合，没有准备，再好的机遇也不可能给人带来成功。在老子看来，不论是天道还是人道，成功都是自然而然的事情，你一切都准备好了，时机也到了，自然也就做成了。大自然的百花盛开也好，硕果累累也好，都是树木的准备与天气变化形成的时机结合的结果。因为成功是一种自然的结果，所以获得成功也没什么可骄傲的，故而不可居功。天地孕育万物，何尝把万物据为己有。人也是一样，赶上天时地利人和，获得了成功，也不可把成功看成自己的功劳。

第二十七章

善行无痕

善行，无辙迹；善言，无瑕谪①；善数②，不用筹策③；善闭，无关楗而不可开④；善结，无绳约而不可解⑤。是以圣人常善救人，故无弃人；常善救物，故无弃物。是谓袭明⑥。故善人者，不善人之师；不善人者，善人之资⑦。不贵其师，不爱其资，虽智大迷。是谓要妙⑧。

【注释】

①瑕谪：美玉上的瑕疵、毛病。

②数：计算。

③筹策：古代计算时所用的竹制的筹码。

④关楗：门闩；横的叫做"关"，竖的叫做"楗"。

⑤绳约：用绳子捆起来。

⑥袭：掩盖，隐藏，不露在外面。

⑦资：凭借，借鉴。

⑧要妙：指精深玄奥的道理。

【今译】

善于行走就不会留下痕迹；善于言谈就不会有可指摘之处；善于计算，就不需要使用筹策；善于关闭，不用栓锁也能使人打不开；善于捆束，不用绳子别人也解不开。因此，圣人总是善于帮助人，所以就没有被遗弃的人；总是善于使用各种物品，所以就没有被遗弃的物品。这就叫做掩藏在内的聪明。所以，善人是不善之人的老师，而不善之人是善人的借鉴。不尊重他的老师，不爱惜他人的鉴戒，即使自以为很聪明，其实却是很糊涂的。这就是精微玄奥的要妙之理啊。

【解析】

至善的境界

"善行,无辙迹。"从字面上讲,"辙",是车辙;"迹",是脚印。人们行走,或者依靠双足,或者依靠车辆,因此,总是要留下脚印或车辙。可老子说,善于行走的人是不会留下车辙、脚印之类的痕迹的。为什么?

庄子在《逍遥游》中说:"夫列子御风而行,泠然善也……此虽免乎行,犹有所待者也。"这段话译成现代汉语就是:列子能够乘着风行走,实在是轻盈得很,可他还是有所凭恃的,他毕竟还是要依靠风。而真正超达的人能顺应天地之性,驾驭六气的变化,遨游于无穷无尽的境域,他需要凭借什么吗?不需要。庄子随后说:"故曰:至人无己,神人无功,圣人无名。"也就是说"至人"是没有自我之念的,"神人"是没有功利之心的,"圣人"是没有名誉之想的。正因为这些"至人"、"神人"、"圣人"在心中没有这些欲求,他们才能够做到超脱世俗,才能够做到无所凭恃,才能够做到"逍遥游"。列子之行尚且有风,而"逍遥之游"就了无痕迹。这就是老子所讲的"善行,无辙迹。"所以,老子的这句话不是说善于行走的人不会留下痕迹,而是在讲人所达到的一种境界,这种境界也就是得道。得道之人,能够达至一种化境,能够什么都不倚借就能将事情做成,就如同孔子所说:"从心所欲而不逾矩"。

"善言,无瑕谪。""瑕",本义是指玉上的斑点;"谪",是谴责的意思。"瑕谪"也就是差错的意思。善于言谈的人,他们的话是没有可指责之处的。有人觉得,夸夸其谈、口若悬河之类的人是很善于言谈的,其实这是一种很片面的看法,那样的人,至多不过是善于多说话罢了,而不能够叫做善于言谈。真正善于言谈的人,应当像老子所说的那样"贵言",不随便说话,将言语看得很贵重,而"无瑕谪"。话虽然说得不是很多,但每一句都很实在,都是有用处,是没有差错可以指摘的。不仅口头语言是这样,书面语言也是如此。《老子》一书仅五千言,却两千多年来一直被奉为经典。

"善数,不用筹策。""数",即算术;"筹策",是古代计算用的竹制工具。老子说，善于计算的人是不用筹策的，这句话所阐述的道理与"善行，无辙迹"是相通的。至于后面两句，说的也都是同样的道理。"善闭，无关楗而不可开。"善于关闭的人，不用门闩，也能使人打不开。"善结，无绳约而不可解。"善于捆绑的人，不用绳子，别人也解不开。

让物尽其用

"是以圣人常善救人，故无弃人；常善救物，故无弃物。是谓袭明。"圣人总是善于帮助人，所以就没有被遗弃的人；总是善于使用各种物品，所以就没有被遗弃的物品。这就叫做掩藏在内的聪明。

惠子曾从魏王那里得到过一种大葫芦的种子。他种下去后，生出来的葫芦真的非常的大。可惠子发现这葫芦太大了，反而用不上了。但庄子认为，其实惠子是一个不善于用大的人。在庄子看来，那个有五石容量的大葫芦可以用来泛游江湖，怎么能说没有用呢？

老子的这句话表明的是，如果由圣人来治理天下，则普天之下必将人尽其才，物尽其用。马克思讲，在共产主义社会，每一个人都将取得全面而自由的发展，而用马斯洛的话来表述，就是在那样的社会中，每个成员都会获得充分的自我实现的机会，使得自身的价值得到最大程度的发挥。这与老子所讲的"无弃人"的状态也是相通的，而老子又加上了一个"无弃物"，这就又从另一个角度阐述了人类理想社会的光辉图景。当今社会环境问题变得越来越突出，而其中最困扰人们的就是数量巨大的生活和生产垃圾。有一句话说的是："垃圾是放错了地方的资源。"根据老子的讲述，或许这样说会更合适一些："垃圾是没有被正确利用的资源。"现在大力提倡的是循环经济，在现实生活和生产中，的确有很多具有回收价值、能够被再利用的垃圾没有得到妥善有效的处理，结果就是，不仅污染环境，资源也在很大程度上被浪费掉了。而如果采取"无弃物"的观念来处理这样的问题，结果就会好得多。当然，这需要较高的技术条件，但是，一种先进的观念是更为重要的，因为有了这样的观念，才可以更好地催生相关的技术。从这一角度来说，老子的观点可谓是十分超前的。

第二十八章

知雄守雌

知其雄,守其雌,为天下谿①。为天下谿,常德不离,复归于婴儿。知其白,守其黑,为天下式②。为天下式,常德不忒③,复归于无极④。知其荣,守其辱,为天下谷⑤。为天下谷,常德乃足,复归于朴⑥。朴散则为器,圣人用之,则为官长⑦。故大制不割⑧。

【注释】

①谿:通"溪"。溪谷、溪涧。

②式:即"栻艻",古代占卜用的一种器具,这里是准则、榜样之义。

③忒:差错。

④无极:指终极的真理。

⑤谷:山谷。

⑥朴:朴素的状态。

⑦官:管理。长:领导。

⑧制:宰制,管理。割:割裂,这里指勉强的意思。

【今译】

知道雄强的好处,却安于雌弱的地位,这样就可以成为天下的溪壑;成为天下的溪壑,就会有众多的水流归注其中,而他所秉持的道德也就不会离开他,而且他还能回复到婴儿般的朴质状态,达到一种纯真的境界。知道光明的好处,却安于暗昧的位置,这样就可以成为天下效仿的榜样。成为天下效仿的榜样,他所秉持的道德就不会有差错,他会再回复到那一种终极的状态。知道荣耀的好处,却能安于卑辱的地位,这样就可以成为天下的山谷。成为天下的山谷,就会得到众人的归顺,而他所秉持的道德才算完备,而又回复到朴质的状态。朴质的状态被破坏之后，就会成为具体的器物。圣人依循这个原则，建立了管理和领导的体制。所以，在完善的体制中是不会有强为割裂之事发生的。

【解析】

做人要低调

在这一章里，老子着重阐述了自己秉持的保守、谦让观念，极力强调柔弱和退守，提倡守雌、守黑、守辱。其实，从根本上来说，这些倡导还是由老子的"无为"观念所决定的。同样也是"夫唯不争，故无尤"和"夫唯不争，故天下莫能与之争"等观点的进一步延伸。

老子说："知其雄，守其雌，为天下谿。"知道雄强的好处，却安于雌弱的地位，这样就可以成为天下的溪壑。"谿"，和后面的"谷"代表的就是柔弱之道。老子反复强调柔弱之道的重要意义，他为什么对这个道理反复强调呢？因为这一点天下没人不懂，可却没有谁会去执行。正因为"知易行难"，所以老子对于"柔弱胜刚强"这一道理做了不厌其烦的多次论述。而他多次提到的关于婴孩的比喻，表达的也是对柔弱之长处的肯定。

在政治学层面，老子同样强调以柔下处之。老子认为：在外交上，大国应该甘居下位，以镇静卑谦的姿态与其他国家交往。并进一步指出：大国对小国保持低姿态，最终将兼并小国；如果小国以卑下的姿态对待大国，最终将攻取大国。真正的大国，总是处于下流的地位，因而天下才都归附它，就像河流归于大海一样。大国外交，就应当像大海那样，令自己处于卑下的地位。

接着老子说："为天下谿，常德不离，复归于婴儿。"成为天下的溪壑，就会有众多的水流归注其中，而他所秉持的道德也就不会离开他，并且他还能回复到婴儿般的朴质、纯真。

老子为什么特别用"复归于婴儿"来形容自己的理念呢？因为在老子看来，婴儿的特点恰恰符合自己所积极提倡的柔弱处下、清静无为的状态。刚出生不久的小孩子是最为柔弱的，而且他还没有任何特别的意识，他所作所为的一切都是出于自然的，是最为朴质的，而这正是等同于道的表现。当然，婴儿的这种做法是无意的，而老子所要强调的是，对于已经失去了童心的成人来说，一定要积极地恢复自己的赤子情怀，令自己的心地变得纯净无染，只有这样，自己才会接近于道的境界。

　　老子又说道："知其白，守其黑，为天下式。"知道光明的好处，却安于暗昧的位置，这样就可以成为天下效仿的榜样。"为天下式"，与上一句中的"为天下谿"和下一句中的"为天下谷"表达的是同一类的意思，都是取得天下人的归附之义。

　　"为天下式，常德不忒，复归于无极。"成为天下效仿的榜样，他所秉持的道德就不会有差错，他会再回复到那一种终极的状态。在这一句中，老子再次提示大家：道是无极的。这个"无极"，也就意味着终极，意味着永恒；而终极与永恒，正是道的根本特点。至于如何才能臻于这种"无极"的境界，老子给出的答案也就是"知其白，守其黑"。在第八章老子说过："上善若水。水善利万物而不争，处众人之所恶，故几于'道'"；而本章所讲"知其白，守其黑"，以及"知其雄，守其雌"和"知其荣，守其辱"，指的也就是"处众人之所恶"。"知其荣，守其辱，为天下谷"，知道荣耀的好处，却能安于卑辱的地位，这样就可以成为天下的山谷；成为天下的山谷，就会得到众人的归顺。而他所秉持的道德才算完备，而又回复到朴质状态。

　　需要注意的是，守雌、守黑与守辱，是与知雄、知白、知荣密切结合的。这说明处于雌弱、暗昧、卑辱的地位，不是一种被动的结果，而是一种主动的选择。居于这样的地位，并非是因为自己无知和无能，而是自己知道事情的另一面，也完全有能力做出另外的选择，是自己心甘情愿地"处众人之所恶"。老子此语的意涵是，将"众人之所好者"让给众人，这样，别人也就不会与自己相争，自己也会因为这种不争和处下的姿态而得到大家的拥护和爱戴。这样一来，自己就是不争而胜于争，处下而胜于上了，这是一种非常高明的处世哲学。不过，正如老子曾指出的那样："天下莫不知，莫能行"，这道理并不新鲜，但是真正能用这种理念来指导自己行为的人却是寥寥无几。

维护其自然与和谐

老子接着说:"朴散则为器,圣人用之,则为官长。"意思是,朴质的状态被破坏之后,就会成为具体的器物。圣人依循这个原则,建立了组织或国家的管理和领导的体制。

关于这一点,《庄子·马蹄》一篇进行了深刻阐述:"马,蹄可以践霜雪,毛可以御风寒。龁草饮水,翘足而陆,此马之真性也。虽有义台路寝,无所用之。及至伯乐,曰:'我善治马。'烧之,剔之,刻之,雒之。连之以羁絷,编之以皂栈,马之死者十二三矣!饥之渴之,驰之骤之,整之齐之,前有橛饰之患,而后有鞭策之威,而马之死者已过半矣!陶者曰:'我善治埴。圆者中规,方者中矩'。匠人曰:'我善治木。曲者中钩,直者应绳'。夫埴木之性,岂欲中规矩钩绳哉!然且世世称之曰:'伯乐善治马,而陶匠善治埴木。'此亦治天下者之过也。"

这段话的大意是,马原来过着自由自在的舒适的生活,可是自从有了伯乐之类的驯马师之后,马的命运就被改变了,它们被伯乐进行了人为的改造,结果就使得马失去了本性,造成很多马因此而死亡。至于陶工和木工的做法,也都与此相似,他们都把人的意志加给了外物,从而剥夺了外物的天性,破坏了它们自由存在的权利。真正会治理天下的人,他的行为一定不会是这样的。百姓们各具其性,比如说,织布而衣,耕田而食,这是他们的本性。这些本性是浑然一体、没有偏私的。真正会治理天下的人,一定会顺应自然,采取放任无为的态度,让百姓的本性得到自由自在的健康发展。还说:损伤物品的本性用来制作器皿,这是工匠的罪过;而毁损大道来倡导仁义的法则,那就是圣人的罪过了。

"朴散则为器,圣人用之,则为官长"的观念还提醒我们,道是不断发展的,在其具体化的过程中,会表现出各种形态。比如雄与雌,黑与白,荣与辱,这是抽象的形态;再比如风云雷电,山川河流,百兽百谷,各色人等,这是具体的形态;再比如民族宗族,家庭婚姻、世相百态，这是社会形态。但是，这些形态必将遵循大道运行，交互作用之后，最终还是要复归于大道。圣人依循这个原则，建立管理和领导的体制，也就是说，高明的领导者，深悉大道是万物的本源，当万事万物各有形态之时，貌似纷繁复杂，实则万变不离其宗。只需坚守大道，知雄守雌，知白守黑，知荣守辱，就可以引导社会复归于道，从而达到无为而治的理想境界。

本章的最后一句是"故大智不割。"在完善的体制中，上下浑然一体，没有高低贵贱；九州交通往来，物产自然流通，没有壁垒阻隔；社会各阶层任其流动，没有等级的限制，无所谓谁领导谁服从，谁对谁施以仁义，也无所谓上下尊卑，礼仪法度。一切都如混沌之道，各自按本性运行。

大智不割的道理还告诉我们，行为处事，应当顺应万物的自然特点，而不可扭曲了它们的本性。待人接物，一定要遵循大道规律，不故意加以区别，分别对待。

第二十九章

圣人无为

将欲取天下而为之①，吾见其不得已②。天下神器③，不可为也④，不可执也。为者败之，执者失之⑤。是以圣人无为，故无败；无执，故无失。夫物，或行或随⑥，或歔或吹⑦，或强或羸⑧，或载或隳⑨。是以圣人去甚⑩，去奢⑪，去泰⑫。

【注释】

①取：这里的含义是治理。为：有所作为。

②得：达到目的。已：罢了的意思。

③神器：奇怪莫测之物。

④为：指有意图谋。

⑤执：把持。

⑥行：行进。随：跟随。

⑦歔：指轻轻地吹，这里的含义是性情缓和。吹：指用力较强地吹，这里的含义是性情急躁。

⑧羸：羸弱，虚弱。

⑨载：这里指成功的意思。另，有的版本写作"挫"。隳（huī）：毁灭，失败。

⑩甚：极端的。

⑪奢：奢侈的。

⑫泰：过分的。

【今译】

想要治理天下而有所作为，采用强行手段，我看是达不到目的的。天下是一个神妙之物，是不能够采取勉强的行为的。有为者必然会失败，把持者必然会失去。因此，圣人无心于为，所以不会失败；不予把持,所以不会失去。各种事物之中,有的前行,有的跟随;有的缓和,有的急躁;有的强健,有的羸弱;有的成功,有的失败。因此,圣人会去掉那些极端的、奢侈的、过分的行为。

【解析】

万事不可强为

"将欲取天下而为之,吾见其不得已。"为什么这样说呢?"天下神器,不可为也。"因为天下是一个神妙之物,对天下是不能够采取勉强的行为的。有为者必然会失败,把持者必然会失去。因此,圣人无心于为,所以不会失败;不予把持,所以不会失去。

老子在此讲述的就是做事不可强为的道理。《孟子·公孙丑上》中所讲的"揠苗助长"的寓言,就是对这个道理所做出的最为生动的说明。孟子在这篇文章中还讲述道:"非其君不事,非其民不使;治则进,乱则退,伯夷也。何事非君,何使非民;治亦进,乱亦进,伊尹也。可以仕则仕,可以止则止,可以久则久,可以速则速,孔子也。皆古圣人也。吾未能有行焉;乃所愿,则学孔子也。"孟子讲述了圣人的三种类型:伯夷是治世则进,乱世则退,他所侍奉的一定是自己的君主,他所役使的一定是自己的子民,正因为如此,他才会"义不食周粟",最终饿死在首阳山上;而伊尹的做法与伯夷大有不同,他不论自己遭遇的是治世还是乱世,都是一定要出来建树一番事业的。谁能够重用他,他就辅佐谁;而孔子与伯夷和伊尹都不一样,完全是见机而行,仕、止、久、速,可谓往来随心,进退自如。孟子将伯夷称作"圣之清者",将伊尹称作"圣之任者",将孔子称作"圣之时者",并且表示自己所愿意效仿的是孔子。孔子的做法突出地体现出"时"的特点,这个"时"也就是时机、时宜。孔子做事并不是强而为之,而是讲究机宜,因此,孟子才将他称作"圣之时者",并且对孔子最为推崇。

其实,做事情的时候之所以不可强为,归根结底还是因为事情有着自身固有的客观规律。这种规律是不以人的意志为转移的,而一旦强为之,就意味着对这种规律的违背,往往就会像揠苗助长的宋人那样,欲速则不达。

想有为必将失败,想占有必将失去。从处事角度来看,这个观点告诉我们,凡事不可强求。有些事情,条件不具备,时机不到,需要准备和等待,需要尊重现实而不是心气浮躁强行上马。不遵循事物的基本规律,强求硬推,必然会导致失败。在老子看来,大多数渴望有所作为的人,其所为多半是违反大道的妄为。而这种妄为破坏事物的发展规律,导致事物向反面发展。比如,有的企业,不考虑基础如何,一味快速扩张,结果由于财力不济,整合乏力,最终导致企业破产;许多家长在教育孩子时,为了使自己的孩子成为神童、天才少年,不惜违背教育规律,强迫孩子参加各式各样的补习班、训练班,结果天才没培养成,反而影响了孩子的全面发展。

适度的才是最好的

在这一章,老子主张人应去掉那些极端的、奢侈的、过分的行为,做事要讲求适度。有则成语叫做"网开一面",讲的是商汤的故事。说是有一天,商汤在田野散步,看见一人在四面都张开了大网,他还说着这样的愿望:"来吧,鸟儿们!飞到我的网里来。无论是飞得高的,还是低的;是向东的,还是向西的,所有的鸟儿都飞到我的网里来吧!"汤走过去对那人说:"你的方法太残忍了,所有的鸟儿都会被你捕尽的!"汤一边说,一边解除了其中的三面网。然后祝愿说:"哦,鸟儿们,喜欢向左飞的,就向左飞;喜欢向右飞的,就向右飞;如果你真的厌倦了你的生活,就飞到这张网上来吧。"后来,人们就将汤的这一做法称为"网开一面",意思是只在一面挂起网来,大家在借用这个成语的时候,表达的就是不要斩尽杀绝,而应当留有余地的举措。这实际说的也是一种适度原则。

"中庸"是儒家的一个根本的理念,这个理念与老子去甚、去奢、去泰的思想是一致的。孔子曾说中庸作为一种道德,该是最高的了吧!可是人民离开中庸的道德已经很久了。《论语·先进》一篇记载了孔子与弟子子贡之间的这样一次对话，子贡问孔子：子张和子夏谁更优秀一些。孔子说：子张总是做得过多了，子夏却又做得不够。子贡又问：这么说，是子张更好一些了。孔子说，过犹不及，做得过度和做得不够都是一样。什么叫做"过犹不及"呢？举一个很浅显的例子，在种植庄稼的时候，种子一定要埋藏到适当的深度。埋得浅了，种子吸收不到充足的水分和养分；而埋得深了呢，种子又会难以破土。不论埋得浅还是埋得深，种子都不能够正常发育。这就是"过犹不及"。

总而言之，在生活和工作中都要讲求适度的原则，只有做得不失分寸，恰到好处，才会取得最为理想的客观效果。

第三十章

以道佐主

以道佐人主者,不以兵强天下,其事好还①。师之所处,荆棘生焉,大军之后,必有凶年②。善者果而已③,不敢以取强。果而勿矜,果而勿伐,果而勿骄,果而不得已,果而勿强。物壮则老,是谓不道。不道早已④。

【注释】

①还:这里是报应的意思。
②凶年:发生饥荒的年份。
③果:达到目的的意思。
④已:结束,终了。

【今译】

用道来辅佐国君的人,不依靠兵力而雄强于天下,用兵这件事,很快就会得到报应。军队驻扎过的地方,会生满荆棘;大战之后,就会发生灾荒。只要很快地达到成功也就算了,不敢用兵来逞强。成功之后,不要自高自大;成功之后,不要炫耀自己;成功之后,不要骄傲自满;成功之后,要认为这是不得已而为之的;成功之后,就不要再逞强。事物雄壮起来之后,必然要走向衰老,因此,这样的做法是不符合道的。不符合道,就会很快地自取灭亡。

【解析】

不以兵强天下

这一章和下一章,老子集中表达了自己的反战思想,他说用道来辅佐国君的人,是不依靠兵力而雄强于天下。用兵这件事,很快就会得到报应的。接着老子直述了用兵所带来的灾害:"师之所处,荆棘生焉;

大军之后，必有凶年。"

老子这样讲绝非危言耸听。东汉末年，天下大乱，群雄蜂起，争战不断，这给广大人民带来了极为深重的灾难。我们从当时一些诗人的作品中可以窥知其大概，例如曹操在《蒿里行》中写道："白骨露于野，千里无鸡鸣。"而其子曹植在《送应氏》里同样写道："中野何萧条，千里无人烟。"再有"建安七子"中王粲的《七哀诗》.："出门无所见，白骨蔽平原。"曾被掳至匈奴而复还的蔡琰的《悲愤诗》.："斩截无孑遗，尸骸相撑拒。"这一幕幕令人触目惊心的画面，就是对当时兵灾之害的真实描绘。在东汉的太平时期，中国的人口达到五千多万，而到了东汉末年，中国人口锐减到一千多万。甚至有人估计，当时全国的人口仅有六七百万，其中三分天下的蜀国在建立之初，举国尚不足百万人口。当然，不仅仅是兵灾，大规模的疾疫也夺走了数量众多的生命。"建安七子"中就有五人死于建安二十二年（公元217年）爆发的疾疫，而另外的两人孔融和应玚，则是在此之前就离世了。疾疫虽然不是由战争所导致的，但是战争却使得数以千万计的平民百姓流离失所，无法享受安稳的生活，更不用说得到优越的医疗条件了，而这无疑更助长了疾疫的肆虐。

从生物学的角度来看，战争是人类种群内部进行竞争的最为极端的方式，这种激烈的竞争方式，在各种生物之中普遍地存在着。但人类比动物的高明之处在于，人类是有着强大的主观能动性的，是能够进行有意识的自我控制的。正因为人类所具有的种种超越性，才应当采取和平友好的方式来进行。这既符合大道，更是符合人道。

因此，老子说："以道佐人主者，不以兵强天下，其事好还。"我国古代伟大的军事家孙武也正是鉴于同样的道理说道："故国虽大，好战必亡。"一个国家，无论它是多么的强大，只要它一味地穷兵黩武，就必然会走向灭亡。这一点在历史上已经得到过多次的验证。对于其中的原因，《孙子兵法》进行过明确的揭示："凡兴师十万，出征千里，百姓之费，公家之奉，日费千金；内外骚动，怠于道路，不得操事者七十万家。"这说明战争对于国力的消耗极大，国家给养战争，就相当于从人的身体割舍血肉一样。久而久之,即使再强壮的身体也会承受不了,再强大的国家也会被拖垮。当然,另一方面,也要意识到,在未来相当漫长的时期内,战争都还不具备彻底消泯的条件,而令自身保持着强大的军事防卫力量反而有利于和平的争取。用战争来遏止战争,这就是战争的辩证法。但需要切记的是:进行战争的目的是消灭战争,捍卫和平,而不是通过战争来炫耀武力,涂炭生灵。

在老子看来,不管是自然界还是人类社会,都处在自然和谐的状态下,才合乎大道。而战争和杀戮,是极端的冲突对抗,与和谐之道、混沌之道、无为之道格格不入。因而,老子坚定不移地反对战争,倡导和平。

果而勿矜

老子接着说:"善有果而已,不敢以取强。"只要很快达到成功也就算了,不敢用兵来逞强。然后,老子更为具体地阐说了战争胜利之后应当给予注意的几个方面:"果而勿矜,果而勿伐,果而勿骄,果而不得已,果而勿强。"成功之后,不要自高自大;成功之后,不要炫耀自己;成功之后,不要骄傲自满;成功之后,要认为这是不得已而为之的;成功之后,就不要再逞强。

老子提出的要求看似简单,但实行起来很困难。因为他讲的是一种逆向思维,与人们的习惯做法反向操作。实际生活中,一个人如果在战场上获得巨大的胜利,通常不自觉地会自高自大,认为自己很了不起。在历史上,取胜之后便骄傲轻敌,最终兵败身死的事例数不胜数。三国时期,曹操击败刘备,并吞刘表之子刘琮统领的荆州,陈兵长江北岸,想灭掉孙权和刘备。结果赤壁之战,被周瑜一把大火把精兵猛将烧死大半。

作为一个战场上的成功者,应该明白,胜利固然有自己的努力,也有其他因素的作用。比如,后方的支持、士兵的勇敢、敌将的无能等等,所以,切切不可把一切功劳视为自己一人的,否则,必将遭到众人的厌弃。再加上功高震主，祸患就不远了。另外，战争本身是不得已的行为，一场大战下来，敌我双方死伤无数，百姓生灵涂炭，经济受到严重破坏，再加之大战后，凶年紧随，所有这一切有违天道。不论从社会发展的观点来看，还是从大道的要求来看，即便是取得了攻城灭国的战绩，又有什么价值和意义呢？要从这个角度看问题，就算是天大的胜利，又有什么功劳可言呢？

老子的这些观点，简单地说，体现的是老子持有强烈反战思想。但他也知道战争的不可避免，因此教导人们要"善者果而已，不敢以取强。"

第三十一章

有道不处

夫唯兵者,不祥之器,物或恶之,故有道者不处。君子居则贵左,用兵则贵右。兵者,不祥之器,非君子之器,不得已而用之。恬淡为上,胜而不美①,而美之者,是乐杀人②。夫乐杀人者,则不可以得志于天下矣。吉事尚左,凶事尚右。偏将军居左,上将军居右,言以丧礼处之。杀人之众,以哀悲莅之③,战胜以丧礼处之。

【注释】
①美:这里是自以为了不起的意思。
②乐:以(杀人)作为快乐。
③莅(lì):参加、到场的意思。

【今译】
兵器啊,是不吉利的东西,谁都厌恶它,所以有道之人是不接近它的。君子平时的居处是以左边为尊贵的,而在用兵作战时则以右边为尊贵。兵器这种不吉利的东西,不是君子所用的啊,君子只有在迫不得已的情况下才去用它,而最好是不用兵器,淡然处之,即使作战胜利了,也不要自以为快意。那种为作战得胜而洋洋得意的人,是以杀人为快乐啊。以杀人为乐事的人,是不可以取得天下的。吉庆的事,以左边为尊贵;凶丧的事,以右边为尊贵。偏将军居于左边,而上将军居于右边,这也就是说,人们是将作战当作丧礼来看待的。战争中杀伤众多,应当以悲痛的心情去参加,战争胜利了,也要以丧礼的方式来对待。

【解析】

兵器是不祥之物

"夫唯兵者,不祥之器,物或恶之,故有道者不处。"兵器是不吉利的东西，谁都厌恶它，所以有道之人是不接近它的。春秋战国时期，是中国历史上战事最为频繁的时代，每个诸侯国都难以与战争摆脱干系，善武强兵是各国的必修之事。然而，那一时代的思想家和军事家们却对战争都持有鲜明的抵制态度，战争虽然难以避免，但是发动战争却不可不慎，更不能以战为乐。

作为兵家之祖的孙子，虽然以善战而闻名，但在其军事著作中却一再表达出慎战与反战的思想。甚至可以这样讲，慎战与反战是贯穿《孙子兵法》全书的一种基本主张。例如在"火攻篇"中，孙子说道："非利不动，非得不用，非危不战。主不可以怒而兴师，将不可以愠而致战。合于利而动，不合于利而止。怒可以复喜，愠可以复悦，亡国不可以复存，死者不可以复生。故明君慎之，良将警之，此安国全军之道也。"在"作战篇"中他也说道："故国虽大，好战必亡。"同为著名军事家的孙膑也指出："夫乐兵者亡，而利胜者辱。并非所乐也，而胜非所利也。"孙子和孙膑的这些论述，充分地体现出"兵者不祥之器"、"有道者不处"的观念。

墨子是墨家学派的创始人，主张兼爱、非攻、尚贤等。其中，"非攻"是尤其重要的一项。所谓"非攻"，也就是要求人与人之间、国与国之间，不要相互攻击，这是由"兼爱"思想直接引发而来的。墨子认为，只要大家以相互平等的态度来广施博爱的精神，人与人之间的一切争战也就都会消泯无存。墨子指出："今攻三里之城，七里之郭……杀人多必数于万，寡必数于千。"同时，百姓因为战争的袭扰，"居处之不安，食饭之不时，饥饱之不节"。

正是因为深深感触到战争所带有的这种异常残酷的破坏性，墨子才极力地主张反战。他不仅创建了自己的反战学说，而且还曾身体力行地阻止了楚国与宋国之间的一场战争。

在美国纽约联合国总部大厦的前面，矗立着一座十分引人注目的"枪筒上卷"的雕塑，那是卢森堡在1988年送给联合国的礼物，打着结的枪筒显然已不能再作为武器来使用，它象征着世界人民爱好和平的强烈渴望。其实，表达同样寓意的雕塑早在1959年的时候就已经出现在联合国总部大厦的门前了,那是为了纪念世界第一次保卫和平大会的召开,由前苏联雕塑家叶夫根尼·武切季奇所创作的一尊名为"铸剑为犁"的青铜雕像。雕塑中的青年人一手拿着锤子,另一只手拿着要改铸为犁的剑,象征着人类要求消灭战争,把毁灭人类的武器变为造福人类的工具的美好心愿。

老子说:"夫唯兵者,不祥之器,物或恶之,故有道者不处。"

胜而不美

"君子居则贵左,用兵则贵右。"君子平时以左边为尊贵,而在用兵作战时则以右边为尊贵。古代有一句成语叫做"虚左以待",意思就是将尊贵的位子空出来,以等待尊贵的客人到来;另外"男左女右"的说法也体现出古人以左为尊的观念,因为在古代是男尊女卑的。其实,以左为尊的这一习惯在当代的很多场合中也依然保留着。但是也不是一概而论的,有的时候人们恰恰以右为贵,例如在涉及到凶丧之事时,就是以右为尊的。比如说作揖,在吉庆的场合都是左手在外,而右手在内,但是在丧礼中则是右手在外,左手在内的。而用兵打仗是以右为尊的。在周代,文官的座次以左为贵,而武官的座次则以右为贵。其原因就是老子所说的:"吉事尚左,凶事尚右。偏将军居左,上将军居右,言以丧礼处之。"

老子强调"兵者不祥之器,非君子之器。"不过,虽然如此,但在某些时候战争是不可避免的。因此他要求"恬淡为上,胜而不美",也就是说,对于战争应当淡然处之,即使作战胜利了,也不要自以为快意。"而美之者,是乐杀人。夫乐杀人者,则不可以得志于天下矣。"

那种为作战得胜而洋洋得意的人,是以杀人为快乐啊。以杀人为乐事的人,是不可以取得天下的。

最后老子指出:"杀人之众,以哀悲莅之,战胜以丧礼处之。"战争杀伤众多,应当带着悲痛的心情去参加;战争胜利了,也要以丧礼的方式来对待。因为将军的战功都是建立在士兵累累白骨之上的,战争的成功，是以巨大的牺牲为代价的。

其实，不仅仅是老子，反战几乎可以说是历来所有伟大思想家的共同主张，因为战争给人类社会所造成的损伤实在是太大了。《孟子·离娄上》中有这样的描述："争地以战，杀人盈野；争城以战，杀人盈城。"这样的说法其实是一点儿也不夸张的，战国后期秦赵两国的长平之战，赵国的四十几万大军全部被坑杀；而秦国在此次战争中所投入的六十万军队也死伤过半，秦国因此也实力大挫。而现代的世界大战，更是将大半个地球都卷入到战争的狂澜之中。第二次世界大战有人统计，共有61个国家和地区、大约20亿人口被迫卷入，大约有5000万至7000万人因战争而死亡，受伤的人数则达到1.3亿人以上。这可以说是人类历史上空前的浩劫。

第三十二章

知止不殆

道常无名，朴。虽小①，天下莫能臣②。侯王若能守之，万物将自宾③。天地相合，以降甘露，民莫之令而自均。始制有名④。名亦既有，夫亦将知止。知止，可以不殆⑤。譬道之在天下，犹川谷之于江海。

【注释】

①朴：朴质，在这里指的就是道。
②臣：即使之臣服，可以理解为支配的意思。
③宾：服从。
④制：管理。
⑤殆：危险。

【今译】

道永远是无名的。虽然很小，但是普天之下没有什么能够支配它。侯王如果能够持有它，天下之人就会自动地服从。天地之间的阴阳之气相合之时，就会降下甘露，人民没有令它均匀，它却会自然地均匀。有了管理，也就有了名称。尽管已经有了名称，也要知道适可而止。知道适可而止，才可以避免危险。这就如同说，道之为天下所归，就好像江海为小的河流所归往一样。

【解析】

坚守正道

老子说："道常无名。"道之所以不可命名，因为它是一种永恒的存在。而从另外一个角度来理解，道之所以不可命名，也是因为道保持着最为真朴的原始状态。而对于这种状态，人们是无法对其进行命名的。举一个例子，现在我们将宇宙之中的天体分作行星、恒星、红巨星、白矮星等等。而根据大爆炸理论，大约在150亿年前，宇宙所有的物质都高度密集在一点，这是宇宙最原始的状态。这种状态的宇宙，人们当如何来称呼它呢？似乎叫它什么都不合适，所以，原始的道是无法为之命名的。

老子接着说道："虽小，天下莫能臣也。"道虽然很小，但是普天之下没有什么能够支配它。宇宙在起初之时也仅仅是一个"点"而已，可以说是微小至极，这与老子的说法是相通的。老子的时代还不可能产生如此高深的天文学知识，由此我们也能够感知出老子的思想的精湛绝伦。这个"朴"虽然极小，但是它的功用极大；宇宙形成之时的一个微小的"点"，后来化生了万物。这就是"朴。虽小，天下莫能臣也"所体现出的深刻道理。

然后，老子话锋一转，又提出了自己对于统治者的期望："侯王若能守之，万物将自宾。"老子认为，作为国家的统治者，应该坚守朴之道。由上文所述可知，老子的朴有两层含义，一是质朴的原始状态，是大道至微。所谓质朴状态，意味着有广阔发展的空间和多样化的发展可能。让统治者坚守这种状态也许很难理解，但是我们看一下与朴相反的状态，便明白老子的意图了。与朴相反的状态是定型化。比如，社会按照一定的礼制，把人分成若干等级，谁是哪个等级，享受什么待遇，并且世世代代都是如此。这样就把本来应该平等的人强行按森严的等级划分，这固然有利于统治，但是由于等级之间缺乏流动，社会也就失去了活力，矛盾也很难调和，最终会因矛盾的积累而走向崩溃。所以，老子主张，统治者治国，最好是社会保持朴的状态，不定型，不僵化，这样的社会才合乎道，才会充满生机。

其次，老子要求统治者认识到道至微，唯有保持这种微小、低下的状态，才能收到最好的治理效果。质朴和至微，都是道的原则，只有从此道，才能使得天下归顺，民心悦服。其实，不仅对于统治者治理天下来说是如此，人们做任何事情也都是这样的，只有遵从其中的道，按照万物自有的规律来办事，才能够达到理想效果。

老子又说道："天地相合，以降甘露，民莫之令而自均。"天地之间的阴阳之气相合之时，就会降下甘露，人民没有令它均匀，它却会自然地均匀。为什么会这样呢？因为"天地相合，以降甘露"是符合于道的，既然符合于道，也就不需要人力的干预了。中国古代极为推崇的"垂拱而治"，其实说的也就是这种状态。

知止不殆

老子说道："始制有名。"有了管理，也就有了名称。"名亦既有，夫亦将知止。"尽管已经有了名称，也要知道适可而止。这话应当如何来理解呢？道原本是无名的，可是宇宙形成之后，各种事物也就有了名称，"有名"即意味着事物的生成，而事物的生成是无穷无尽的。在这样的情况下，人的欲求也就会有无限的满足空间。然而，人们一定要注意的是，对于欲望的追求要适可而止。只有这样，才会远离危险，才是符合于道的。因此老子说："知止可以不殆。譬道之在天下，犹川谷之于江海。"知道适宜地止步，才可以避免危险。

中国古代有"贪心不足蛇吞象"的著名传说。从前有一个很穷的人救了一条蛇，这条蛇为了报答他，就许诺帮助他实现愿望。这个人一开始只是要求一些简单的衣食，但是随着生活条件的改善，他的欲望变得越来越大了。在衣食无忧之后，就要求做官。开始只是要求做一个小官，后来在蛇的帮助之下，一直做到了位极人臣的宰相。但是他还不满足，又去向蛇请求，让他当上皇帝。到这时，蛇彻底明白了，这个人的贪欲是无穷无尽的，自己永远都不可能完全满足他的请求，于是就张开大口，将这个"宰相"给吞掉了。这表明，贪得无厌，最终必然会引祸及身的。

隋炀帝杨广，是中国历史上有名的暴君，然而，这个暴君也并非全然像传说中那样的可恶，其实，隋炀帝在历史上还是做过很多贡献的：杨广登基第二年，改年号为大业，公元605年，也就是大业元年，开始营建东都洛阳；同时开凿沟通黄河与淮河的通济渠，贯通了长安到扬州之间的水道；疏浚连接长江和淮河的邗沟，在此基础上将运河规模大为扩展，形成了后来南北大运河的基础。大业二年，始创科举制度，此后的历朝历代对这一制度奉行不辍，令其成为中国古代社会选拔人才的基本体制，其影响直至清末，达一千三百年之久。

　　大业四年，隋炀帝开凿了沟通黄河与海河的永济渠，自此，形成了从永济渠经黄河、通济渠、淮河、邗沟、长江以及江南运河，北至涿郡（今北京），南达杭州的贯穿南北的大运河。但大运河的修建，对当时隋朝的国力、民力消耗极大，使得百姓怨声载道，然而，它的福泽却流惠千年，使得修建大运河的举措成为了一件弊在当代却功在千秋的事业。可惜的是，那之后隋炀帝开始好大喜功，大肆修建各种工程，并几乎年年征战，最终引起民怨沸腾，导致国破身亡。他和隋朝的历史，从反面充分佐证了老子说的："知止可以不殆。"

第三十三章

知人者智

知人者智，自知者明。胜人者有力，自胜者强。知足者富，强行者有志。不失其所者久，死而不亡者寿。

【今译】

了解别人，叫做聪慧；了解自己，叫做明达。胜过别人，叫做有力；胜过自己，叫做坚强。知道满足才是富有；坚持力行才是有意志。不迷失根据，才能够长久；死了而仍然能够存在的，才是真正的长寿。

【解析】

知人者智，自知者明

"知人者智，自知者明"，老子这句话为人所熟悉，但真正能够做到知人或者自知的少之又少，更别说既能知人又能自知。

大家都不是独自生存在孤岛上的鲁滨逊，在生活中必不可少地要与很多人发生各种各样的交往，因此，识人就成为一项重要的处世本领。关于如何识人，人们已经总结出了很多方法，例如，诸葛亮就曾列出过这样的几条来告诉我们如何观人、知人：一、问之以是非而观其志；二、穷之以辞辩而观其变；三、咨之以计谋而观其识；四、告之以祸难而观其勇；五、醉之以酒而观其性；六、临之以利而观其廉；七、期之以事而观其信。

"问之以是非而观其志"即通过问答来观察其对事物的判断能力，以此来考察其志向。有这样一句话，要判断一个人是什么样的人，可以首先观察他所追求的是什么。由志向来识人，虽然并不全面，但是从中很可以看出他的为人究竟是怎样的。

"穷之以辞辩而观其变"就是通过出其不意的问答，来观察其应对突然问题或意外事件的应变能力。春秋时期,齐国大夫晏婴出使楚国,楚王自恃国力强大,对待晏婴颇为傲慢,见到晏婴身材矮小,就对他说:"齐国难道没有人了吗,怎么派你作使者过来啊?"晏婴很平静地答道:"齐国都城临淄,大街小巷有好几百条,人们把袖子举起来,就能成为一片云;甩一把汗水,就能下一场雨;道路上的人摩肩接踵,怎么能说齐国没有人呢?"楚王说:"既然这样,为什么派你(这么不像样子的人)来出使楚国呢?"晏婴微微笑了一下说:"是这样的,我们齐国有个规矩,优秀的人才,就去出使优秀的国家;拙劣的人才,就去出使拙劣的国家,我晏婴最无能,所以被派遣出使楚国。"这样一来,楚王取笑晏婴不成,反倒给自己碰了一鼻子灰。其实,楚王的问题是很锋锐的,如果回答不妥,极容易令自己陷入窘境,可是晏婴却能够从容淡定,变被动为主动,展现出自己卓越的辩才。

"咨之以计谋而观其识"是指通过询问计谋来了解其学识的程度。当年刘备三顾茅庐,向诸葛亮求问天下大势,诸葛亮当即提出"隆中对",为刘备筹划天下大计。诸葛亮未出草庐而知天下三分,充分地显示出自己不凡的识见,而此后几十年间的历史走向,与诸葛亮之说几乎完全吻合。

"告之以祸难而观其勇"就是通过告诉一个人大难降至,观察其表现来判断他是否勇敢。北宋文学家苏洵在《心术》中有这样一句话:"泰山崩于前而不变色"。曹操当年与刘备"青梅煮酒论英雄",直言"今天下英雄唯使君与操耳",刘备闻之,恐曹操因此而有杀心,故惊得双箸跌落于地,而此时适逢天公忽作霹雳之声,刘备即以此来掩饰,曹操见刘备听个响雷就吓成这样,因而以为他原来是个如此胆小之人,对他的戒备之心也就不那么强烈了。

"醉之以酒而观其性"就是观察其醉酒后的表现如何,由此来判断他的性情。俗话说"酒后吐真言",人在醉酒后,大脑的意识部分地为酒精所麻醉,会在一定程度上失去自控能力。而在这种非完全自控的状态下,人就会将平时有意掩饰的一面暴露出来。

"临之以利而观其廉"就是观察其在利诱面前会做出何种选择。

是见利而忘义还是舍利而取义。东汉的杨震在担任东莱太守期间，一次因公务途经昌邑，昌邑县令王密曾受到过杨震的举荐，因此对杨震照顾得极为周到。晚上，王密亲自到杨震的卧室中来，见没有他人，就捧出了重金，来答谢杨震的举荐之恩。杨震急忙拒绝了，王密以为杨震是怕这件事让旁人知道，就说："我特地在晚上过来，此事不会有人知道。"杨震闻听后怒言道："天知地知，你知我知，何谓无知？"王密只得扫兴地将金子带了回去。

"期之以事而观其信"就是令其做一件事情，看看他能否遵守信用，如期完成。孔子曾说："人而不信，不知其可也。"商鞅变法时有"立木赏金"，为的就是取信于人，让大家都能够相信国家的变法是切切实实的，并不是做样子给百姓看的。正所谓"杀身成仁"、"舍生取义"，作为一个人活在世上，心中一定要有着比生命更为贵重的价值，而遵守信义，就是其中最为重要的一点。

自胜者强，知足者富

"胜人者有力，自胜者强。"能够战胜别人的人叫做有力，而能够战胜自己的人则叫做强大。接着老子道出了一句老生常谈式的话："知足者富。"知道这句话的很多，可是执行这句话的很少。其实，这可能是绝大多数的人都难以避免的一个基本问题。当年苏格拉底到商品琳琅满目的集市上走过一遭后，说了这样一句话："原来这个世界上有那么多我不需要的东西啊！"其实，认真体察一番，我们所汲汲追求着的那些事物当中，有着多少是我们实实在在地需要，没有它就活不了的呢？可是，在现实生活中，像苏格拉底那般明智的人却是太稀有了。

人的生存的目的是为了享受生活，可是为了享受生活，就必须要赚到一定数量的钱。问题是，很多人就此沦为了金钱的奴仆，即使自己积攒下来的钱已经很为充裕了，但是却依然不肯稍有停息，静下心来认真地享受一番美好的生活。结果，赚钱成为了生活的目的，而生活则成为了赚钱的手段。这种现象就是不知满足。对于不知道满足的人来说，自己拥有得再多也是一个穷人；而对于知足的人来说，自己即使拥有得很少，也会感到富有。所以说，贫穷和富有，不仅取决于一种客观的标准，很多时候也会有一种主观的衡量。当然，对于知足一定要辩证地看，知足而富，并不是说要大家都不思进取，而是要大家摆脱掉很多由欲望所带来的烦恼，从而可以更好地生活。

老子又说："强行者有志。"也就是说坚持力行，才是有心志的表现。立志是事业有成的基础和前提，一个人日后能够成为什么样的人，首先取决于他想成为一个什么样的人，这就是志向对于事业、对于人生的重要作用。当然，仅仅立下了志向还不够，还有以"水滴石穿"的坚韧精神去认真地执行，这也就是老子所谓的"强行"。只有立志而又能强行者，方可称为真正的"有志"。

长久和永生

何谓"不失其所者久"？也就是说，不失去根据，才会获得长久的立足。一座高大的建筑能够屹立百年乃至千年，一个基本的条件就是它有着牢固的基础。那么，对于人生事业来讲，也是这样的道理。为什么说青少年时期对人一生的发展起着决定性的作用？就因为青少年时期是为人生建立基础的阶段，如果这个时候没有为自己的人生打好坚实的基础，日后也就难以获得卓越的发展，这也就是"少壮不努力，老大徒伤悲"的道理。孔子说："四十、五十而无闻焉，斯亦不足畏也矣。"一个人如果到了中年的时候还是一无所成，那么他这一辈子也就不会有什么大的出息了。然而，一个人中年时期的成就又是由什么来决定的呢？显然，青少年时期的发展会决定着中年时期的状态，四五十岁的时候还默默无闻的人，是因为二三十岁的时候无所作为。中国有句古话叫做"三岁看小，七岁看老"，也就是说从一个人很幼小时的表现就能推断出他长大之后，乃至终其一生的作为如何。就一个人的成长与发展而言，这样的判断未必完全可靠，但是也有其合理性。

老子说"死而不亡者寿"，言下之意，人的肉体可以死亡，但精神可以永生。关于如何实现生命的不朽,中国很早就有着深刻的论述。春秋时期鲁国大夫叔孙豹在与晋国大夫范宣子的讨论中,提出了十分著名、影响巨大的"三不朽"的观点:"太上有立德,其次有立功,其次有立言,虽久不废,此之谓三不朽。"唐代的经学大师孔颖达在《春秋左传正义》中解释说:"立德谓创制垂法,博施济众"、"立功谓拯厄除难,功济于时"、"立言谓言得其要,理足可传"。或者说,"立德"系指道德操守而言,"立功"乃指事功业绩,而"立言"指的是把自己的思想形诸语言文字,传于后世。司马迁在《报任安书》中说:"人固有一死,或重于泰山,或轻于鸿毛,用之所趋异也。""仆虽怯懦,欲苟活,亦颇识去就之分矣,何至自沉溺缧绁之辱哉!且夫臧获婢妾,犹能引决,况若仆之不得已乎?所以隐忍苟活,幽于粪土之中而不辞者,恨私心有所不尽,鄙陋没世,而文采不表于后也。"司马迁的自述,极为鲜明地体现出中国古代士人是如何汲汲于追求人生的不朽,这实际上是想要通过切实的作为来对人生的短暂性与有限性做出一种积极的超越,令有限的生命成为一种永恒。

第三十四章

不自为大

大道氾兮①,其可左右②。万物恃之以生而不辞③,功成不名有,衣养万物而不为主④。常无欲,可名于小;万物归焉而不为主,可名为大。以其终不为大,故能成其大。

【注释】

①氾(fàn):水向四面流淌的样子。

②左右:或在左边,或在右边,意指道的无处不在。

③恃:依靠。辞:不居(功)的意思。

④衣养:养育的意思。

【今译】

大道像泛滥的河水一样,或在左边,或在右边,无处不在。万物依靠它而生长,它却不自居有功,成就了一切,却说不出它的功劳究竟在哪里,养育了万物却不以主人自居。永远保持没有欲望的状态,可以说是渺小;万物都来归附,却不加以主宰,可以说是伟大。因为它不自以为伟大,所以才成就了它的伟大。

【解析】

道常无欲

这一章老子实际上是重复地强调了道所具有的几个基本特点:一、无处不在,世间万物无不依赖道而生存和生长。二、功绩最大,却决不自居有功。虽然推动着万物的生长和发展,推动万事万物的演变进化,但道所做的这一切都是无意的,所起的作用只是基于它的本性。三、正是因为道从来不自以为大,才真正成就了自身的伟大。这也就是"以其终不自为大,故能成其大"。

第三十五章

执道乐往

执大象①,天下往②。往而不害,安平泰。乐与饵③,过客止。道之出口,淡乎其无味,视之不足见,听之不足闻,用之不足既④。

【注释】
①执:掌握。大象:指道。
②往:归往,投靠。
③乐:音乐。饵:美食。
④既:尽的意思。

【今译】
掌握了大道,天下的人就都会来归附。即使天下的人都来投靠他,也不会彼此伤害,人们都会平居安泰。音乐与美食,能够使过路的人为之停住脚步。道一说出来,就会淡得没有味道,看它也看不见,听它也听不到,然而用它,却用不完。

【解析】

执大象,天下往

"执大象,天下往。"这里的"大象"是道的一种代指。为什么用"大象"来指代道呢?在第四十一章老子说:"大象无形",意思是,最大的形象,看上去反而无形,道,正是这种无形之象。从老子的论述来看,这句话是说给国家统治者管理者的。作为领导人,如果掌握了治国大道,天下的人就会都来自动归附。其实,大道至简,统治者只要不胡乱作为扰乱百姓,不为私利残害百姓,给百姓安定的生活环境、自由的发展空间,老百姓自然会创造自己的生活,安居而乐业。商朝末年,纣王残暴无道,对外大举征伐,在内大事兴作,搞得民不聊生,怨声载道。而当时的西伯侯姬昌，也就是后来的周文王，勤于政事，礼贤下士，广罗人才；经济上爱惜民力，重视农业生产，促进经济发展；在社会生活上，倡导笃仁、敬老、慈少的风气，声名远播，以致"天下三分，其二归周"。商周两国统治者的做法截然不同，西周执大象顺道而为，商朝则背道而驰，所以，天下民众乃至贵族，纷纷西行归周。西周国力大盛，最终灭掉商朝。周文王的做法，正是老子所谓的"执大象，天下往"。

老子具有无上大智慧，往往能见人所未见。许多人看来，众人归附已经达到目的，但老子却不这么认为，他比常人看得更远更清。他认为，即使天下的人都来归附，天下也不一定就是太平安定的，人多是好事，但人多了更容易滋生矛盾和斗争。大家很熟悉"三个和尚没水吃"的故事，很多的人聚拢到一起，往往并非好事，而是会彼此掣肘，反而不利于行动。另外，西方还有一个阿尔布莱特法则，说的是将一群聪明人收编进组织以后，结果往往会变成集体性愚蠢。人多了，人人自以为是，唯利是图，唯名是争，必然导致天下大乱。故而，他在人民归附之后，又提出了"往而不害，安平泰"的观点。也就是说，天下来归，众人也不会相互妨害，而是大家都会安居乐业，其乐融融。要做到这一点，老子认为只要执守大道，就不会出现人多瞎胡闹的现象。而是来归附的人越多，大家所得到的利处就越大。

可见，达成这种天下之人都来归附，并共同创造太平盛世的局面，必须要做到的一个前提就是统治者的所作所为一定要符合于道。这道出了一个普遍的历史规律，也就是："得道者多助，失道者寡助。寡助之至，亲戚畔之；多助之至，天下顺之。"统治者只有使自己的作为合于道，才能够取得天下人真心的归顺，才能够将天下治理好。

汉朝初年的政论家贾谊在《过秦论》中，对秦王朝的兴灭得出的结论是："仁义不施而攻守之势异也。"当年秦国扫灭六国，是合于国家统一之大势的；而后秦国暴敛无度，是逆道而行。这就是秦国统一前后攻守之势大有不同的根本原因。老子的话语很简单，但是却道出了维持统治长盛不衰的核心奥秘。顺道者昌，逆道者亡，道理就是如此简单，可是实践起来并不容易。

大道很平淡

　　老子又说道:"乐与饵,过客止。"音乐与美食,能够诱使过路的人为之停住脚步。这音乐和美食,代表着一般的吸引人、诱惑人的东西。可是道呢? 道是另外一个样子的。"道之出口,淡乎其无味,视之不足见,听之不足闻,用之不足既。"道,如果说出来,却淡得没有味道,看它也看不见,听它也听不到,这跟音乐、美食等很容易让人着迷的事物是很不相同的。然而,道却是用不完的,也就是说,道的作用是无限的,不像其他许多实用的东西,用处也许很大,但它总有用尽的时候,总会有一个限度。

　　这句话说明了道所具有的两方面的基本性质。一方面是不可感知,看不到听不见摸不着;另一方面就是用之不尽。

第三十六章

欲歙固张

将欲歙之①，必固张之②；将欲弱之，必固强之；将欲废之，必固兴之；将欲夺之，必固与之③。是谓微明④，柔弱胜刚强。鱼不可脱于渊⑤，国之利器不可以示人。

【注释】

①歙（xī）：收敛，闭合。

②固：暂且。张：扩张，打开。

③与：给予。

④微明：即看不见的聪明，比喻智慧的深沉。

⑤脱：离开。渊：深的水潭。

【今译】

想要收敛它，必须暂且扩张它；想要削弱它，必须暂且增强它；想要废除它，必须暂且兴起它；想要夺取它，必须暂且给予它。这就叫做难以察觉的智慧，也就是柔弱能够战胜刚强的道理。就像鱼不能离开渊潭一样，国家的有效的武器，是不能够随便拿出来给人看的。

【解析】

大道与计谋

在这一章，老子不厌其烦地例举了很多做事的策略，其目的是阐明相反相成的道理。在老子看来，万事万物都是相反相成的，这从太极图中可以得到最为鲜明的体现。阴与阳共同构成了一个整体，而又你中有我，我中有你，既相互区分，又相互包含；既相互对立，又相互转化。老子对这样的道理有着充分的认识，所以才提出了"将欲反之，必固正之"的处事手段。而这种相反相成的思想原理在人类生活中的很多方面都得到了具体的应用，三十六计中的"欲擒故纵"就是直接由此而来。

在古代典籍的分类上，许多人把老子列入兵家甚至是阴谋家之列。

之所以如此，主要是因为老子思想里存在不少这样看上去像是阴谋诡计之类的观点。许多军事家、政治家乃至经商的人，都从中得到启迪，把欲取先与的思想运用到战场上、政治斗争以及商业经营之中，并由此创造了欲擒故纵、声东击西、以退为进、以守为攻、置之死地而后生、以屈求伸等诸多谋略性、方法性斗争技巧。但是，这样理解老子，多半是对老子的误解。作为一个目光深远、智慧卓异的大哲学家，老子更多的是想向人类阐述大道，解读自然、社会、政治及人生的最基本规律。至于这些阴谋诡计，当不在他的考量范围。至于后人从他的大道思想里引申出来的道术以及谋略，那只是后人的理解而已，并非老子的本意。我们都知道，文学界有一名言，叫做"有一千个读者，就有一千个哈姆雷特"。读者从文本中品悟出来的东西，有时已经远远偏离了作者的意图。把老子视为兵家或阴谋家，正是这个缘故。

纵观老子全书，我们会发现，老子非常喜欢从反面看问题，这一章阐述的观点也不例外。究其本意，不过是要阐述他一如既往的观点，也就是告诫人们要保持柔弱、守雌、退让、收敛、无为的状态；不要强行作为。在这里，老子强调的是理解大道、秉持大道的德行，最终会获得胜利，并能战胜那些表面上看上去扩张的、强大的、兴盛的、争夺的势力。

自然与社会中的许多现象证明，老子的观点确实是正确的。比如，大自然中水最柔弱，但是水滴石穿，坚硬的石头挡不住水滴的力量；在植物世界里，草很软弱，但狂风过后，许多高大树木干断枝折，而野草则安然无恙。在人类社会中，政治权力、军事力量是最为强势暴烈的力量，宗教与思想则是无形无力的存在，但是拥有强大军政势力的国家、组织或集团，能持续几百年已经很了不起了；可是宗教和思想却能轻易穿越数千年的历史，经久不衰，并能代代传承。

正因为如此，许多人才把老子的思想往军政斗争领域落实，以期求得竞争的胜利。因为老子揭示的是规律性的东西，把它落实到实践中，确实往往能收到令人满意的效果。历史上把老子的思想引入斗争并获得胜利的事例，也屡见不鲜。

第三十七章

道恒无为

道常无为，而无不为。侯王若能守之，万物将自化①。化而欲作②，吾将镇之以无名之朴③。镇之以无名之朴，夫将不欲。不欲以静，天下将自正。

【注释】

①化：化生。

②作：发生，出现。

③镇：镇定。朴：指真朴的状态。

【今译】

道总是无所作为，但是又没有什么事物不是出于它的作为。侯王如果能持守它，万物将会自行化生。万物化生而有人想要有所作为的时候，我就用无名的真朴状态来让他安定下来。无名的真朴状态，也就是要人不起欲望。不起欲望而恬静安然，天下就会自己呈现出安定的局面。

【解析】

无为而无不为

"道常无为，而无不为。"道总是无所作为，可是天下又没有什么能够离得开它的作为。类似的话语在《老子》一书中反复出现，也就反复地强调着老子极为看重的这样一个核心的观点：无为而治。在老子看来，只有做到了"无为"，才可以做到"无不为"。一个人然而即使做得再多，也毕竟是很有限的，远远不能达到"无不为"的程度；相反，看似什么都没有做，才能够做到"无不为"。那么，既然是"无为"，又如何能够实现"无不为"的目的呢？奥秘就在于，去掉人为，而让之于道，也就是老子接下来所要说的："侯王若能守之，万物将自化。"侯王如果能持守着道的精神，那么天下万物就会自行化生，而无需你再去亲自操心。

也就是说，在这一章里，老子把道落实到国家治理中，指出最好的统治者应该采取无为而治的政策。许多人认为无为而治就是什么都不做，这其实是对无为而治的误解。作为老子政治哲学的核心，无为而治有着丰富的内涵。首先，无为而治是指治国不要瞎折腾、瞎指挥，强行干预社会经济和民众生活。在老子看来，社会经济的繁荣发展，人民生活的富足安康，有一个客观规律支配，是一个自然而然的发育过程。人为的干预，不自量力地强行推进，代替民众进行行为选择都是极其错误的，只会延迟、破坏乃至扼杀社会的自由发展。与其这样做，不如静观其变，尊重民众在社会经济发展过程中的主体地位。

其次，无为而治的核心要义在于这个理论有个前提，这个前提是统治者首先要遵守大道。当社会的发展合乎大道的时候，就任其发展，不加干预；当社会发展背离大道时，应该加以引导，使之走上合乎大道的轨道。为与不为的选择，在于统治者对大道的理解和把握，以及对社会现实的判断。比如，战乱过后，百废待兴，实施休养生息的国策，不去干扰百姓，使社会经济恢复发展，这是无为而治；社会经济发展到繁荣阶段，土地兼并严重，社会风气奢侈浮华，统治者就应当强化思想教育，扭转社会风气，校正社会经济的发展趋势。总之，无为不是不为，而是遵循大道而为，不是按自己的想法而为。

无为而治还教导统治者，对社会要保持静观状态，使自己始终处在可以选择的地位上，这样在处理各种事情时，都可以不被动，不匆忙，有时间从容应对，有空间进行回旋。

社会经济和人民幸福不需要统治者的干预，按照自然的规律，市场会自发地调节。在市场中，人人会选择自己最合适的位置，干自己最喜欢也最拿手的事情，获得最大收益。社会上如果每个人都发挥出自己最大的才能，创造出个人的最大价值，相应的整个社会经济的总量自然会获得充分和快速的发展，走向繁荣。这就是无为而无不为。这一思想与现代西方市场经济的思想是高度一致的。

事实上，不要说是手握实权的统治者，就是一般人，都是喜欢表现自己，喜欢作为的。这是人类的天性。譬如，动物原本都是野生的，可是后来有一部分被人类驯化了，一代代地传续下来，就与野生的同类出现了差别，成为了两个种属。人工蓄养的动物，需要人们投入很多的精力去进行管理，否则动物的生长就会出现问题，在一定的意义上可以这样讲，那些家养的动物，如果离开了人的饲养，就会难以生存。可是，这些动物原本就是不需要人们去进行照料的，它们原本就能够在自然环境下自行健康地衍生，只是人们出于自己的贪心，才改变了它们的本性。老子说，不要这些人为的东西，大家岂是不会生活得会更为轻松和愉快吗？然而在现实中，人们总是做得太多，这是为什么呢？因为人们有着太过强烈的欲望。那么，对于人的欲望，老子提出了什么办法来对待呢？他说道："化而欲作，吾将镇之以无名之朴。"人想要有所作为的时候，我就用无名的真朴状态来让他安定下来。这种"无名之朴"，指的也就是化同于自然、没有任何强为之意、完全不为欲望所左右的得道的状态。

消减欲望

老子说："镇之以无名之朴，夫将不欲。"无名的真朴状态，也就是要人不起欲望。其实，这个"无名之朴"，说的就是道，而道则是无欲的。人只有消泯掉心中的各种欲望，才能够与道同行，才能够做到无所依恃，逍遥自得。老子又说道："不欲以静，天下将自正。"不起欲望而恬静安然，天下就会自己呈现出安定的局面。正所谓"大道之行也，天下为公"。只有当人们的私欲被公义超越之时，才会营造出一个美好的人类社会。

可是，人本身就是欲望的动物，人类如果没有感情欲望和生活嗜好也就不成真正的人。个人私欲与社会安定构成一对难以调和的矛盾，那么，人们应该怎样对待自己的私欲呢？智者老子开出的药方是恪守大道。老子教导的意义就在于，他提醒我们应该正确对待自己的欲望，尽可能地克制自己的欲望。在得道之人看来，一个人只要心中出现贪婪或偏私的念头，那么，他的刚直性格就会变得懦弱扭曲，他的聪明才智就会因蒙蔽而暗昧昏庸，他的慈悲善良就会变得残酷无情，他的纯洁心灵就会变得卑鄙污浊，所有的美德将会因此丧失，甚至会给自己带来无穷的危害。无论是做人还是处世，甚或是治理国家，都要奉行大道。大道是宽敞的大路，顺此前进就会广阔无边。而欲望就好像狭路泥潭，一旦踏入不仅坎坷崎岖，更是寸步难行。做人绝对不要因私欲而贪占便宜，一旦被欲望控制，就很容易迷失本性，甚至可能坠入深渊而万劫不复。

当然，由于时代所限，老子尚不能够将扰乱天下的根本社会原因揭示出来，但是他的确深深感悟到私欲对人类社会的危害之大。只不过，单纯地号召人们"不欲以静"，而不着手于社会制度的根本变革，这样的倡导就是软绵乏力而难以生效的了。

德 经

上德不德,是以有德;下德不失德,是以无德。

上德无为而无以为;下德为之而有以为。

上仁为之而无以为;上义为之而有以为;上礼为之而莫之应,则攘臂而仍之。

故失道而后德,失德而后仁,失仁而后义,失义而后礼。

夫礼者,忠信之薄而乱之首。前识者,道之华而愚之始。

是以大丈夫处其厚,不居其薄;处其实,不居其华。

故去彼取此。

第三十八章

上德不德

上德①不德②，是以有德；下德③不失德，是以无德。上德无为而无以为；下德为之而有以为。上仁④为之而无以为；上义为之而有以为；上礼为之而莫之应，则攘臂而仍之。故失道而后德，失德而后仁，失仁而后义，失义而后礼。夫礼者，忠信之薄⑤而乱之首。前识者⑥，道之华⑦而愚之始。是以大丈夫处其厚，不居其薄⑧；处其实不居其华。故去彼取此。

【注释】

①上德：具有上乘品德的人，老子认为这种德是从道里延伸出来，符合自然本性的德，与"下德"相照应。

②不德：不自以为有德，不知道自己有德。

③下德：与自然之德相对应，指的是我们通常所说的德，老子认为这种德是人失去了上乘之德之后又刻意制造出来以调节人际关系的东西，并不符合自然本性。

④上仁：即上乘的仁。至于其具体与"下仁"有何区别，作者并未言明。下文的"上义"、"上礼"之说同样如此。总之在老子眼中，道、德、仁、义、礼均有上下高低之分。

⑤薄：不足，少。

⑥前识者：能提前看见，有远见。

⑦华：浮华。

⑧薄：浅陋，此处指"礼"。

【今译】

具有上乘之德的人并不知道自己有德，所以他才具有真正的德；具有下乘之德的人总是自以为没有失去德，正因为如此他其实并没有德。

具有上乘之德的人顺其自然，并不刻意表现自己的德；具有下乘之德的人则总想有所作为，并刻意表现自己的德。上乘之仁有所作为，但并不刻意表现自己的仁；上乘之义有所作为，同时有意表现自己的义；上乘之礼有所作为，但它得不到回应时，便会卷起袖子伸出胳膊来强迫别人服从。所以丧失了道之后，才会有德；丧失了德之后，才会有仁；丧失了仁之后，才会有义；丧失了义之后，才会有礼。而礼的出现，正是因为人们天性的忠信不足，因此礼是祸乱的开始。所谓有远见，乃是道的虚华，是愚昧的开始。大丈夫应立足于敦厚而避免浅薄，追求朴素，摒弃虚华。要摒弃虚华而浅薄的礼，追求朴素而敦厚的道和"德"。

【解析】

上德与下德

此章是《道德经》的下篇《德经》的开篇。实际上在帛书本里则是《德经》在前，《道经》在后，因此此篇也可算是《道德经》的第一篇，所以此篇包含了十分重要的内涵。总体而言，与《道经》所讲的事关宇宙本源、万物运行规律的天道不同，《德经》主要讲的是人德。所谓德，即是人对于天道的顺应，对于自然万物运行规律的顺应。天道与人德共同构成了老子的思想的两个核心观念，乃是老子哲学体系的基本骨架。

老子在该篇中对德进行了精妙的分析，他将德分为"上德"、"下德"。所谓上德，即是顺应了道的一种德，其如同大道不可道一样，上德同样是不可言说的。具有上德的人根本就不知道自己是具有德的，所以他才具有了真正的德。打个比方，小孩子本身具有的美，但他自己并不知道自己是美的，所以才真正地给人一种天真无邪的美感，受到每个人的喜爱。而那些具有下乘之德的人总以为自己没有失去德，是有德的，那么这种能被人感觉到的德其实已经不是浑然天成、暗合天道的"上德"了，而是次一个等级的"下德"。正如同一个看上去贤惠温柔的淑女固然是美的，但因为她自己在内心里已经知道自己是美的，因此有目地约束自己的行为、姿势、言语等，刻意维持乃至卖弄这种美，这比起小孩子的纯真无邪之美，已经属于下乘之美了。因此，"上德"乃是一种不可言说，同时又自然而然的德；而下德则是一种能够给出具体的标准，然后按照标准去执行的德。或者可以这么说，上德即是道家所说之德，而下德则是孔子所提出的儒家之德。

庄子便曾态度鲜明地指出儒家仁义道德是为大盗准备的，所谓"圣人生，大盗起"。这里的圣人，指的便是具备了"下德"的人，而真正具有"上德"的人反倒不具有圣人的名声。而老子不仅指出了"上德"与"下德"的区别，又具体地对当时的道德进行了一番梳理。他指出，大道无形无名无为无欲，当人的行为暗合大道，便是"上德"；当人的行为不能与大道相合，便产生了一种有意为之的"下德"，并且自以为有德。接下来"德"也开始丧失时，又开始注重博施广济的仁爱；当仁爱也很难做到的时候，便崇尚正直扶持正义；当正直和正义也无法做到的时候，便只能提倡形式上的礼节和修饰了。

总体上可以看出，老子也并非是在对儒家的"下德"一味排斥，只是将其明确地进行了优劣排序。最后，老子又进一步指出，一个人应该尽量"处其厚，不居其薄；处其实，不居其华"。

显然，老子反对那种华而不实、刻意为之的"下德"，认为一个人应该尽量追求朴实自然的"上德"，这尽管有些理想主义的色彩，却是老子伦理思想的一种寄托。而这种"上德"、"下德"之辩也显示出了道家思想与儒家思想的不同之处。本来，道、儒之间的这种争执只存在于学术领域，但是，因为自西汉以后的中国奉儒家学说为正统，于是老子的这种思想便具有了更加实际的意义——老子的这种"上德"成为了一些知识分子对抗儒家"下德"的有力武器。

可以说，老子的"上德"、"下德"之辩成为了后世历代中国人，尤其是知识分子伦理生命中的一个重要的命题，乃是中国文化彰显的一个有力的发力点。

智与愚

在《道德经》中，老子提出了许多二元对立的命题，并对其进行了辩证的分析。比如强与弱、得与失、巧与拙、进与退、争与不争、有为与无为等等。其中，智与愚是老子经常提及的其中之一。在此章中老子便提到："前识者，道之华而愚之始。"意思是那些所谓的有远见，能够提前对事情有所预测的人，其实是道的一种虚华，正是愚蠢的开始。显然，这听上去与我们通常的常识相违背，有远见怎么会是愚蠢的开始呢？老子之所以如此说，其实与他对智与愚的理解有关。在老子看来，许多表面上看上去是聪明的行为，其实却是愚蠢的；而表面上看似愚笨的行为，其实却包含了最高的智慧，即所谓的大智若愚。

我们知道，世人都崇尚聪明而鄙视愚笨。但老子却不同，他一向都是鄙视各种聪明的机巧，认为所谓的聪明不仅不值得赞许，有时反而是一种不幸。这种观点从《庄子》所记载的阳子居与老子的对话中便可见一斑：一天，阳子居向老子请教道："如果一个人行为敏捷，办事利索，事理通达，又勤奋好学，那么，他可以成为一个称职的领导吗？"老子回答道："这样的人并不能成为一个称职的领导，如果他意识到这些所谓的优点而随处滥用，反而会陷于日常琐事之中。这样的人，会因为果断而变得盲目自信，会因为敏捷而滑向轻率莽撞，因为通达而失去执著坚韧，因为勤奋而扰乱心神。他们会无事生事，无故扰民。聪明反被聪明所误，难道聪明人干的蠢事还少吗？机巧者干的傻事、坏事还不够吗？虎豹不就是因为皮毛花纹的美丽而招捕杀，猿猴不正是因为动作敏捷而被人捕捉吗？"

显然，在老子看来，聪明不一定是好事，许多时候正是聪明使人干出了许多蠢事。如果说从这段话中，我们所感到的是老子对于"智慧"的辩证态度的话，从另一则故事中我们则可以更鲜明地感受到老子对于"聪明"的排斥态度：一天，追随孔子周游列国的子路一次单独走在路上时，看到路旁两个老人用桶在打水，于是对他们说："你们怎么还这样打水啊，人们不是已经发明了提水的辘轳了吗？"两个老人一听，竟然呵斥子路道："你说的是那种让人们变得越来越失去纯朴的本性的东西吗，请你赶紧离我们远点吧，我们还想好好地活着哩！"后来子路将这件事告诉了孔子，孔子说："这两个人大概是老聃的弟子吧。"

从这里我们也可以间接看出老子对于智巧的排斥态度。而老子之所以对"智"、"愚"抱着这种与世人不同的态度，乃是因为他认为世人所谓的愚笨正是顺应天道的一种无为的大智，这种大智使人们保持着天性的平静和快乐。而所谓的智慧，则驱使着人们的贪欲，使人们总想去获得更多的东西，最终变得越来越贪婪、诡诈，进而使失去纯朴的本性，失去原本简单、平静而快乐的生活。

老子的这种观点与现代人的感受不谋而合。现代科技使得人们的生活变得越来越方便，同时也使得人们越来越失去自己的本能，肢体变得越来越退化，健康每况愈下。物质生活极端丰富，人们的欲望越来越多，而生活却越来越不快乐。针对这种现象，老子在两千年前就开出了药方，认为只有"绝圣弃智"，回到纯朴、无为的状态才是解决之道。老子曾以婴儿打比方，认为婴儿无知无识，正是处于一种极"愚"的状态中，但是他拥有着简单、平静、快乐、无我、无限等成年人所没有的东西。并且，老子还进一步提出：人类早期社会，即相当于人类的婴儿时期，那时的人们处于一种对世界和自我的意识都比较懵懂的阶段，没有掌握那么多的机巧和智慧，行事能够顺应自然，与天道相合。故而，那时候的人类，过着简单而快乐的生活。后来的社会则正相当于一个人成年了，拥有了智慧之后，反而脱离了道。这时的人们，为种种欲望驱使，竞智斗胜痛苦不堪。最后老子在两个层面上均得出结论，无论是作为个人还是作为社会整体，都应该回到婴儿状态。可以说，老子在智与愚的辩证思想上，寄托了自己完整的政治、人格理想。总之一句话，与我们世人通常的观点不同，老子推崇的是"愚"，而非"智"。

处实去华

在该章中，除了"上德"、"下德"之辩以及"智"、"愚"之辩，还有另一个值得一提的智慧，那便是"处实去华"。在该篇末尾，老子提出："是以大丈夫处其厚，不居其薄；处其实，不居其华。"其实，老子的这句话，是对于通篇的一个总结，即在前面提出了"上德"、"下德"

之后，提出一个人应该采取的人生和行为态度，便是尽量靠近"上德"，而不是居于"下德"。具体而言，不妨将老子所说的"失道而后德，失德而后仁，失仁而后义，失义而后礼"反过来说，即在义和礼之间，尽量靠近义；在仁和义之间，则尽量靠近仁；在德和仁之间，尽量靠近德；在道和德之间，尽量靠近道（或者叫"上德"）。总体上看，老子所言的"处其实，不居其华"所包含的内容是相当宏阔的，将其简单地理解为做人应该朴实，而不应该虚华，显然是将一个大题目给做小了。但是，要将老子那种宏阔而浑厚的智慧具体化为易于理解和操作的原则，以指导我们的生活的话，我们也不妨如此做。正是在这个意义上，我们说，老子教导我们做人应该心存朴实，尽量避免一些浮躁虚华的东西。

我们知道，从字义上讲，"实"就是果，即一个成果；"华"字其实是"花"的通假字，指的是结果的前一阶段。植物开花后再往前发展一步便会结果，但这一步不一定会走到，并且花本身非常漂亮，令人留恋。正是因为如此，许多时候，我们往往会迷恋于花的美丽，而忘记了花的真正价值在于它能够结果，导致舍本逐末，一无所获。而老子所要提醒我们的，便是这样一种情况。事实上，在现实生活中，这种舍"果"而追"花"的事情是非常常见的。英国谚语说："切莫贪图鞋的华贵，而委屈自己的脚。"其实也同样是这个道理。

第三十九章

下为高基

昔之得一①者，天得一以清，地得一以宁，神得一以灵，谷得一以盈，万物得一以生，侯王得一以为天下贞②。其致之也，谓天无以清，将恐裂；地无以宁，将恐发；神无以灵，将恐歇③；谷无以盈，将恐竭④；万物无以生，将恐灭；侯王无以贞，将恐蹶⑤。故贵以贱为本，高以下为基。是以侯王自称孤、寡、不穀⑥。此非以贱为本邪！非乎？故至誉无誉。是故不欲琭琭⑦如玉，珞珞⑧如石。

【注释】

①一：即道。在《道德经》中，有"道生一"句，因此老子经常用"一"来代表道。

②贞：领袖，正统。

③歇：消失。

④竭：干涸。

⑤蹶：倾覆。

⑥孤、寡、不穀：均是古代帝王对自己的谦称。孤，意思是说自己孤单，有争取臣民拥护之意；寡，与孤类似；不穀，有不善的意思。

⑦琭琭：形容玉石的华美。

⑧珞珞：形容石头的坚硬。"不欲琭琭如玉，珞珞如石。"是老子心目中有道的君主的样子，老子认为为政者应该"处下"、"居后"、"谦卑"，并像磐石那样坚韧朴实。

【今译】

以往曾经得到过道的：天得到道而清明；地得到道而宁静；神（人）得到道而英灵；河谷得到道而盈满；万物得到道而繁衍生息；侯王得到道而成为天下的领袖。再进一步说，天如果不得清明，恐怕要崩裂；地不得安宁，恐怕要塌陷；神（人）不能保持灵性，恐怕要消失；河谷不能保持充盈，恐怕要干涸；万物不能保持繁衍，恐怕要灭绝；侯王不能保持天下领袖的地位，恐怕要倾覆。所以贵以贱为根本，高以下为基础。因此侯王们自称为"孤"、"寡"、"不穀"，这难道不就是以贱为根本吗？不是吗？所以最高的荣誉没有赞美称誉。不要求像华美的宝玉，而宁愿像坚硬的磐石。

【解析】

尊卑与贵贱

在《道德经》第四十二章中老子曾言"道生一"，因此，老子经常以"一"指代道。此章中的"一"同样应该是代指道。在该章前一部分，老子先是通过有道与无道对于天、地、神、谷、万物、侯王的正反两面影响突出了道的重要性。但如同老子在其他章节中所说的，这个如此重要的道却是不可言说、不可感知的，因此当然也就无所谓高贵或者卑下了，正是所谓"至誉无誉"。因此，我们通常所言的贵与贱、高与下，其实乃是一种辩证统一的关系，并非那么泾渭分明，自然也就不像世俗所理解的贵比贱要尊崇，高比下要优越了。正是在此基础上，老子提出了"贵以贱为本，高以下为基"的辩证观点。

"贵以贱为本，高以下为基"的观点，应该说包含了哲学、政治学、社会学等多方面的智慧。实际上，老子的这句话后来曾长时间被当做一种政治观点进行解读。人们通常理解为为政者便应该如同老子所说的那样，身居高位，但在内心则应该保持谦卑、朴实的心态。被万人拥戴，却自感孤独；整天被歌功颂德，却自称"不善"（"不穀"有不善之意）。这种表述包含了老子的政治理想，描述了在他心目中为政者的形象。侯王乃是身份最尊贵、地位最高的人了，却自称是孤独、不善之人，等于是将自己放在了极其卑贱的位置上。这其实便体现出了一种对于高贵与卑贱的对立统一的理解。尊贵虽然高高在上，却是以卑下为依托的，没有卑下也就无所谓尊贵。换句话说，卑贱乃是尊贵的依托。

作为智慧高深的圣哲，老子如此言说，当然并不仅仅是上面讲述的那么简单，而是有更深刻的道理。我们知道，在古代农业社会里，中国的皇帝是最高统治者，而其真正的统治基础则是升斗小民。凡是平民数量最多的时候，往往就是政治和社会最稳定的时候，这种情况一般出现在各个王朝的创建之初。随着社会经济的发展和政治逐渐趋于腐败，往往会出现大量的土地兼并现象。于是，大量的自耕农丧失土地，沦为贫雇农，生活赤贫化。这个时候，社会矛盾便开始激化，农民起义开始发生，皇权开始受到威胁。另一方面，统治阶级内部，大地主为了自己的利益，也开始与皇权离心离德。随着矛盾的进一步积累，国家便会走向崩溃，王朝就会倾覆。在这样一个关系链中，最高统治者与最底层的平民利益是高度一致的，是相互依存的。社会地位最低的平民是最高统治者最牢靠的统治基础，平民利益受损皇权就会陷入危机。所以，皇权最尊贵安稳的前提是平民的安定。到底谁更高贵，谁最卑贱，还真难说。不仅老子这样看，儒家也这样看，所谓"民为贵，社稷次之，君为轻"正是这个道理的另一种表述。因此，身份尊贵、身居高位并不值得骄傲，没必要觉得自己高人一等。要明白，自己其实无法脱离卑贱，卑贱才是高贵的根本。

而在现实生活中，我们要明白，世俗所谓的尊贵与卑下并非是一对完全对立的概念，两者是对立统一的。由此，在现实中，我们应该做的是放下自己对于贵贱、毁誉、高下的分别心，使自己尽量忘却世俗的观念，甚至达到一种物我两忘的境界。具体而言，便是不必过于在意自己身份的尊卑、地位的高下。感到自我优越的地方，没必要洋洋自得，但也不必过于妄自菲薄。总之，找到自己的一种平衡，保持一种谦卑、朴实的心态。如此，我们便自然而然地活在了老子所说的道中。如同得道的天得以清、地得以宁、万物得以繁衍生息一样，我们必然也能够活得简单、快乐、有尊严而精神充盈。

第四十章

无中生有

反①者道之动②,弱③者道之用④。天下万物生于有,有生于无。

【注释】

①反:循环往复之意。
②动:运动。
③弱:柔弱,微妙。
④用:作用。

【今译】

道的运动是通过循环往复实现的,道的作用是微妙、柔弱的。天下的万物产生于看得见的有形质,有形质又产生于不可见的无形质。

【解析】

微妙的道

在《道德经》中,老子最核心的概念便是道。在开篇第一章,老子便提出了:"道可道,非常道。"老子所说的这个道,其本质上便是一个只可意会不可言传的微妙之物。不过,尽管这个道是微妙而不可言说的,但是它却始终一刻不停地在起着作用,宇宙万物都处在其支配之下。那么,这个道究竟是如何运行并起作用的呢?此章中老子给出了回答:道的运行是通过循环往复,或者叫做矛盾来运行的,而道的作用则同样是通过一种极其微妙的过程来实现的。

关于道的微妙运行,老子其实在许多章节中都曾提及。总结起来,道的运行是一种对立统一。如其在第二章中所言:"故有无相生,难易相成,长短相较,高下相倾,音声相和,前后相随。是以圣人处无为之事,行不言之教。万物作焉而不辞,生而不有,为而不恃,功成而弗居。夫唯弗居，是以不去。"宇宙间的万物都时刻处于这样一种相反相成的矛盾之中，从而才得以存在，而这也正是道的运行方式。举例来说，一个人的生正是以其死为依据，没有死也就无所谓生。从其生的那一刻起，便开始了向死转化的过程，生的过程便是不断积累死的因素的过程；另外，高与低、贵与贱、善与恶、福与祸、有为与无为、智慧与愚蠢，乃至本章所说的"有"与"无"，无不是如此，而这正是道作用于万物的微妙方式。

另外，道的运行除了微妙的特征外，还有一种柔弱的特征。实际上，有人就干脆将"弱者道之用"解释为道起作用的方式是柔弱的，即在对宇宙万物施加影响的过程中是柔弱而不是强有力的。而实际上观察宇宙万物也会发现，柔弱是所有事物的本性。所有无生命的和有生命的物体从弱开始，中间变强，最终再回复到一种弱的状态。比如，太阳早上时强度很弱，然后逐渐变强；到中午时达到最大强度，而到晚上则复归于柔和。

从这里我们便明白了在现实中，要想与不可言说的微妙的道保持一致，我们便应该不是以一种张扬、强势的态度对待万事万物，我们同样应该是微妙的、顺其自然的、不急不躁的、常存善念的、清心寡欲的。具体而言可以说是：凡事不走极端，始终保持平和冷静的态度，努力但不强求，乐天知命，随遇而安，乐善好施。如此，我们便顺应了道。

世界本是"空"的

在本章中，老子提出了自己的宇宙观"有生于无"。意思是这个看起来纷繁芜杂的世界其实是来自于"无"，也即这世界是凭空产生的。换句话说，这个世界的本质是"空"的。实际上，老子的这种宇宙观《道德经》中不止一处提到，在第四十二章中有："道生一,一生二,二生三,三生万物。"这里，老子不仅又一次强调了世界的来源于"无"的宇宙观，而且具体地指出了世界是如何一步步从"无"到"有"的。当然，这种步骤老子将其说得极其抽象化，但是其已经能够大体上将这个过程说清楚了。指出世界是先由道而生出简单的物质，然后再由简单的物质生成复杂的物质。如此渐趋复杂，最终形成了我们今天的这个世界。而在这个宇宙生成的过程中，所谓的"道生一"，指的便是世界从"无"到"有"的那个步骤。

现代天体物理学接受了"大爆炸"理论，认为宇宙是从一个"奇点"开始，在这个奇点，时空都归于零。这种观点与老子所言的"一生二、二生三，三生万物"的观点也是高度契合的。现代科学，尤其是关于宇宙和生物进化的理论，建立在观察实践的基础上，经过了数百年无数科学家的积累，是人类在科学领域里的最宝贵和最深湛的学问。然而几千年前，老子仅凭自己的直觉和颖悟，竟然窥透宇宙起源的本质，与现代科学可说是不谋而合。

第四十一章

善贷且成

上士①闻道,勤②而行之;中士闻道,若存若亡③;下士闻道,大笑之。不笑不足以为道。故建言④有之:明道若昧,进道若退,夷道若纇⑤。上德若谷,广德若不足,建德若偷⑥,质真若渝⑦。大白若辱⑧,大方无隅,大器晚成,大音希声,大象无形,道隐无名。夫唯道,善贷且成。

【注释】

①上士:西周的士大夫分为上士、中士、下士,此处则指的是具有上等智慧、有悟性的人。

②勤:勤奋,积极。

③若存若亡:若,有时;亡,同"忘"。

④建言:存在几种解释,一说是书名,老子引用其中的话;一说"建言"是立言、设言,意即通常有这样的说法;一说此"建言"可能是古代的一种谚语、歌谣等。

⑤夷道若纇:夷,平坦;纇(lèi),崎岖不平。全句意思是平坦的道路看上去好像崎岖不平一样。

⑥建德若偷:建,刚健;偷,怠惰。意思是刚健的德看上去似乎是怠惰的样子。

⑦质真若渝:质,充实;渝:虚无。意思是充实的德反倒是看似虚无的样子。

⑧大白若辱:大,最;辱,黑垢。意思是最白的东西反而看上去像黑垢一样。

【今译】

有悟性的人听了关于道的理论，就积极按照道去实践；悟性一般的人听了关于道的理论，有时记得有时就忘了；见识浅薄的人听了有关道的理论，以为荒诞不经，会哈哈大笑。如果不被（见识浅薄的人）嘲笑，那也就不足以称其为道了。所以古时立言的人曾有这样的话：光明的道好似暗昧，前进的道好似后退，平坦的道好似崎岖，崇高的德好似峡谷，广大的德好似不足，最刚健的德好似怠惰，最充实的德好似虚无。最洁白的东西反而看似黑垢，最方正的东西，反而没有棱角；伟大的成就总是最后才完成，最美妙的音乐没有声响，最大的形象，反而没有具体的形体。大道幽隐而不可说，没有具体的名称。只有道，才能施恩于万物，才能无所不成。

【解析】

道往往不被理解

老子说："不笑不足以为道。"这句话可以说对我们是相当有启发意义的。老子的这句话从反面的角度对道进行了阐释——真正的道往往不会被所有人理解。打个比方，《论语》中记载子贡问孔子：全乡人都喜欢、赞扬他，这个人怎么样？孔子说：这还不能肯定。子贡又问：全乡人都厌恶、憎恨他，这个人怎么样？孔子说：这也不能肯定。最好的人是全乡的好人都喜欢他，全乡的坏人都厌恶他。同样，老子所说的道也必然是如此。上士、中士、下士如果都对其采用同样的态度，这样的道便往往不是真正的道。而真正的道，必然会被浅陋之人所嘲笑。因为浅陋之人眼光狭隘，它所理解的道必然是狭隘之道。因此通过这样一种双重否定，证明了道的正确性。

实际上，老子说的不仅是一种理论上的情况，现实中我们也往往会发现：但凡浅陋而无见识之人，便往往会嘲讽他所不理解的真理。那句

"真理往往掌握在少数人手中",其实说的也是相似的道理。这里的少数人其实指的是那些有见识、有思想比常人看得远的人士,相当于老子所说的"上士"。正是因为他们看得比一般人远、深刻,所以能够看到普通人视野之外的东西。而因为看不到,普通人便不相信"上士"所说的。而随着时间的推移,等真理被越来越多的现实所证明之后,普通人便也慢慢接受了真理了。实际上,几乎所有真理被接受的路径无不是如此。无论是科学界的太阳中心说、地球是圆的,还是政治领域的民主制度,乃至基督教、佛教都是如此。

因此,老子所言的"不笑不足以为道"确实是至理。

第四十二章

物损而益

道生一①，一生二②，二生三③，三生万物。万物负阴而抱阳④，冲气以为和⑤。（人之所恶，唯孤、寡、不谷⑥，而王公以为称。故物或损之而益，或益之而损。人之所教，我亦教之：强梁者⑦不得其死。吾将以为教父⑧！）

【注释】

①一：万物皆有一开始，老子经常以其来代指道。

②二：即相互对称的事物双方，可以简称为阴、阳二气。

③三：由两个相反相成的对称物共同孕育出的第三者，进而声称万物。

④负阴而抱阳：即背阴而向阳。阴、阳乃是老子认为的宇宙万物均含有的两个基本属性。

⑤冲气以为和：阴阳二气相互激荡而最终形成和谐的状态。冲，激荡的意思。和，指阴阳相互协调的状态；还有说法称其是阴阳二气相互激荡后形成的另一种气。

⑥孤、寡、不谷：均是古代帝王对自己的谦称。孤，意思是说自己孤单，有争取臣民拥护之意；寡，与孤类似；不谷，有不善的意思。

⑦强梁者：强暴者，自恃力量强大而不遵从道的人。

⑧教父：教育的根本，首先要教育的。

［注］括号中这几句与上下文不合，根据内容应该移到第三十九章尾。

【今译】

道是万物的本源，道生成阴阳二气，阴阳二气相交而形成有形之物，万物正是这样生成的。万物背阴而向阳，在阴阳二气的互相激荡中形成和谐匀适的状态。(人们最厌恶的就是"孤""寡""不谷",但王公却用这些字来称呼自己。所以一切事物,有时表面上减损它却反而使他得到增加;有时表面上增加它却反而使他得到减损。别人这样教导我,我也这样去教导别人。自恃强大而不遵从道的人大都不得善终,我把这句话当作首先要教授的。)

【解析】

阴阳调和

本章老子概要地指出了宇宙生成的过程:"道生一,一生二,二生三,三生万物。"即先是由道生成阴阳二气,然后阴阳二气再生成第三者,万物由此而产生。接着,老子又对万物的性质进行了论述,认为万物"负阴而抱阳,冲气以为和"。意思是世间万物的生成与存在都是阴阳相互调和,最后达到一种匀称和平衡之后的结果。可以说,这种"负阴而抱阳,冲气以为和"的思想乃是老子在道为世界本源的基础上,进一步指出世间万物生成和存在的本质属性。这种思想对中国古代哲学、文艺思想以及中国人的思维方式、行为习惯都产生了巨大而深远的影响。

老子的这种阴阳学说,是中国人解释世界的基本理论。国人认为,世间万物都存在阴、阳两种相反相成的基本属性,并且将世间的许多事物都分成了阴、阳两类。如人们认为日为阳,月为阴;天为阳,地为阴;男为阳,女为阴;火为阳,水为阴;另外,在一个物体内部,也存在阴、阳二气。比如中医,就认为人的身体受到阴气和阳气的共同作用。而且,这种关于阴、阳的划分已经不是一种简单的概念,而是扩张为一种普遍的属性,世间的任何东西都可归入阴、阳两类之中。一般来说,凡是剧烈运动着的、外向的、上升的、温热的、明亮的,都属于阳;相对静止着的、内守的、下降的、寒冷的、晦暗的,都属于阴。

而且,老子不仅指出了万物"负阴而抱阳"的本质特征,而且还指出了阴阳之间的一种理想的关系。老子认为:世间万物之所以能够存在,便是阴阳之间相互激荡,并最终达到一种平衡与和谐状态的结果。

所谓平衡与和谐，便是一种不偏不倚的中性状态。可以说，老子的这种思想对于中国人的思想和行为都产生了深远的影响。我们知道，历来统治者治国，几乎都是要选择中庸之道；中国人在行为准则上，也一向推崇儒家的中庸之道。实际上，老子的这种"冲气以为和"的思想可以说为中庸思想做出了更为深层次的支撑——这个世界本质上便是中庸的，因此人作为这个世界的一部分，行为做事自然不能脱离宇宙万物的规律。在人际乃至政治交往中所强调"和为贵"，既是受到儒家中庸之道影响，同时也有老子思想的影响。

第四十三章

不言之教

天下之至柔①,驰骋天下之至坚②。无有入无间③,吾是以知无为之有益。不言之教④,无为之益,天下希及之。

【注释】

①至柔:最柔弱的东西。

②至坚:最坚硬的东西。

③无有入无间:无有,指表面上看上去似乎不存在,即没有具体的外形的东西。无间,坚实无缝隙的东西。

④不言之教:没有说出来的教诲,即一种心灵上的领会。

【今译】

天下最柔弱的东西,可以腾越穿行于最坚硬的东西中;无形的力量可以穿透没有间隙的东西。我因此知道了"无为"有大的用处。没有说出来的教导,顺其自然的益处,普天下少有东西能赶上它。

【解析】

至柔驰骋至坚

老子提出"天下之至柔,驰骋天下之至坚"的观点,其意思历来有两种解释:一种认为天下最柔弱的东西能够在最坚硬的东西间自由穿梭;另一种认为,天下最柔弱的东西能够驾驭或者战胜天下最坚硬的东西。而实际上,这两种解释的精神内涵其实是一样的,那便是老子一向所提倡的"柔弱胜刚强"。

传说孔子前往洛阳向老子求教问礼。老子问孔子:人身上最坚硬的东西是什么。孔子想了想回答说是牙齿;老子又问人身上最柔软的东西是什么。孔子回答说是舌头。于是老子张开自己的嘴让孔子看,问他看到了什么。孔子说看到老子的牙齿全都掉光了。老子又问还看到了什么。孔子说还看到的就是舌头了。于是老子说这就对了。坚硬的东西不能持久，而柔软的东西才得以长久，做人也应该这样！

　　实际上这种观点乃是老子道的观点的具体化。老子对此观点十分重视，多次强调。"柔弱胜刚强"的观点可以说贯穿于《道德经》的始终。

　　在老子看来，"强大"也就意味着已在走向衰弱——月满则亏，水满则溢，物壮则老。因此，刚强表面上强大，却不能持久，时间一久，便会被柔弱击败；而柔弱虽然表面上看没有力量，却并非虚弱、脆弱，而是一种柔韧，具有一种内在的生命力。此正是天下事物生生不息的原因。老子经常拿水举例子以说明他的观点。水表面上没有任何刚强之处，"天下莫柔弱于水"，但是它却能穿行于坚硬的山岳岩石之间。正是在这种"柔弱胜刚强"的观点下，老子提出了自己的政治观点和人生哲学。政治上，他主张君主应该放弃残暴强硬的政治，行"无为"之治，让百姓安居乐业；而对于为人处世，老子则主张一个人不应该过分，要贵柔守雌，甘居下位，不矜不争，不为天下先。

第四十四章

知足不辱

名与身①孰亲？身与货②孰多？得与亡孰病③？甚爱④必大费⑤，多藏必厚亡⑥。故知足不辱，知止不殆⑦，可以长久。

【注释】

①身：身体，生命。

②货：财富。

③病：有害。

④甚爱：过分地爱惜，贪恋。

⑤大费：遭到很大的损失与危害。

⑥厚亡：厚，快速；亡，失去。即快速失去之意。

⑦殆：困境、危险。

【今译】

名声和生命哪一样更为与己攸关？生命和财富哪一样更为贵重？得到和失去哪一个更有害？过分地爱名利就必定要付出重大的损耗；过多地积敛财富必定会遭致快速的失去。所以说，应懂得知足的道理，这样才可避免遭受屈辱；懂得适可而止的道理，才能避免危险，保持住长久的平安。

【解析】

身重于物

在本章中，老子放下了形而上的道，非常具体地谈起了人生问题。开篇便来了一系列的置问："名与身孰亲？身与货孰多？得与亡孰病？"对第三个置问一向存在争议，但"名与身孰亲"、"身与货孰多"显然是个不言自明的反问句。因为无论是功名地位，还是巨额的财富，一旦没有生命去享受，也便失去了意义。因此，显然生命是最重要的。道理虽简单，但是古往今来的人们，依旧孜孜致力于对于名声和财富的追求。因此可以说，老子所提醒人们的"身重于物"的道理看似简单，其实却包含了大智慧。

　　在现实生活中，人们明知道生命比名声和财富更重要，但还是整天琢磨着去获得名利，以至于不惜以欺诈、犯罪的方式去获得这些东西，原因就于人的贪婪本性。面对功名利禄时，人们往往便忘记了其可能存在的危险。可以说，正是由于贪婪遮蔽了理智，以至于人们失去了对于重与轻的判断。老子对此看得非常清楚，因此他在一开始便告诫人们，生命本身比身外之物重要得多。并且提醒人们"甚爱必大费，多藏必厚亡"，意思是过于贪恋名利要付出很大的代价，并不值得，而过多地积敛财富则会导致快速地失去。因此理智的做法乃是知足常乐，适可而止，这样才能够长久。可以说，这便是老子的名利观了。他并不是反对人们追求名利，而是反对人们过度且失去理智地追求名利。

　　而且，老子的这种观点不仅在本章中，在其他章节也有所论述。如在第九章中老子提出："金玉满堂，莫之能守；富贵而骄，自遗其咎。"意思是获得了过多的财富，但是却容易遭到别人的垂涎，往往是守不住的；获得了富贵的地位，往往导致骄横，从而给自己留下祸患。

　　不过，适可而止还不是问题的关键，因为一个人在面临名利的时候，是很难做到适可而止的。因此，老子又进一步提出人应该少私寡欲，不过分放纵自己，即所谓的"甘其食，美其服，安其居，乐其俗"。在老子看来，一个人的欲望总是无限的，再追求也不可能完全得到满足；因此主张应该从身边已有的东西中感受到满足和快乐，如此不仅能够免祸，而且还能得到充实快乐的人生。

甚爱必大费，多藏必厚亡

　　老子指出生命比名利更为重要。显然这个道理大家并非不懂。但具体到现实生活时，因为名利往往都是具体可感的，能瞬间让一个人由卑贱而变尊贵，由贫困而变富裕，所以往往对人们更有吸引力。因此许多时候，人们对于付出的代价也就顾不得许多了，甚至不惜以身试法，以命相赌。而正是针对人们的这种普遍心理，老子进一步指出："甚爱必大费，多藏必厚亡。"意即过分贪恋一种东西往往要付出巨大的代价，而获得过多的财富则必然会导致迅速地失去。换句话说就是得不偿失；而这种得不偿失的得并不一定能长久地属于你，很可能会迅速丧失。秦桧是个遭人千年唾骂的对象，但对钱财的态度却有相当智慧的一面。据说一次秦桧到后院溜达，发现儿子正在往后院埋一个密封的罐子，他走上前去打开一看，原来里面藏的全是金子。秦桧立即令儿子停止这种做法，并教训儿子道："多藏必厚亡，以后不要做这样的事了！"

另外，"甚爱必大费，多藏必厚亡"还存在一些其他的解释，其中一种认为：愈是让人喜爱的东西，想获得它就必须付出愈多；珍贵的东西收藏得越多，在失去的时候也会感到越难过。这种解释显然也颇有启发意义，蕴含着深刻的智慧。的确是这样，凡事都是具有两面性的，得到便意味着相应的付出，而喜欢的快乐同时也意味着一旦失去的痛苦。这便是道家的阴阳平衡哲学了，快乐与痛苦、得到与失去、希望与失望，都是相反相成、紧密联系的。因此，我们对于喜欢的东西，得到它未必是好事；苦苦追求的东西，最终没有得到，也未必就是坏事。老子教导我们要将心胸放开一些，不必过分执着于某物，一切随缘就分，我们会活得更为自在、洒脱！

适可而止

老子在提出了"身重于物"的观点，并指出过分追求名利的害处之后，最后提出了我们应该具有的心态，那便是知足、知止，这被后人概括为老子的"两知"智慧。第四十六章中，老子专门对知足进行了阐释，因此这里我们只介绍老子知止的智慧。知止，意思是告诫世人追求名利是可以的，但不要过分了，要学会在适当的时候停止下来。简单说，便是要学会适可而止。

可以说，适可而止是老子反复向人们强调的一种人生态度。第三章言："物壮则老。"意思是任何物体一旦过了其最强大的时刻，便要开始走下坡路了。适可而止的智慧是一种辩证法，任何一种东西都不可过分，一旦过分，便会走向他的对立面，所谓乐极生悲。因此，凡事保持一个适当的度，以避免其向对立面转化。

第四十五章

大成若缺

大成①若缺，其用不弊②。大盈若冲③，其用不穷④。大直若屈⑤，大巧若拙，大辩若讷。躁胜寒，静胜热。清静为天下正。

【注释】

①大成：完满。

②弊：破败，停竭。

③冲：空虚，不足。

④穷：穷尽，用完。

⑤屈：通"曲"。

【今译】

最完满的东西，看上去就好像有残缺一样，但它的作用永远不会停竭；最充盈的东西，看上去就像是空虚的一样，但是它的作用是不会穷尽的。最直的东西，表面看起来似乎是弯曲的；最灵巧的东西，看上去好像是最笨拙的；最卓越的辩才，看上去好似不善言辞一样。如果人疾急扰动，过于急躁，虽寒亦不觉；如果人心宁体静，虽热也不觉。清静无为才能够统治天下。

【解析】

看事物不可过于表面

本章中，老子为了证明其"躁胜寒，静胜热，清静为天下正"的观点，举出了一系列的例子，即"大成若缺"、"大盈若盅"、"大直若屈"、"大巧若拙"、"大辩若讷"。显然，"大成"、"大盈"、"大巧"、"大辩"相对于与之对应的"缺"、"盅"、"屈"、"拙"、"讷"要更为优越。但却看上去似乎并没有什么优越。同时，这其实也是老子经常谈到的物极必反的辩证观点。为更加明确，我们不妨对其原理进一步简要论述。

大成若缺。成，也即成就。可以说，世间万物都渴望达到一种成就自我的状态。但是，真正伟大的成就表面看来，并非处于完美状态。就像是天地自然一样，看上去并非是完美的，之间存在着各种不毛之地、恶劣的天气、自然灾害等，但是世间万物却正是其创造出来的。也就是说，真正的完满看上去往往是有所残缺的样子。

大盈若盅说的是真正盈满的东西，往往看上去是空虚的，却用之不尽。相反，小盈却往往看上去像是满的样子，但其实其很快就会用光的。打个比方，在夏季的乡间，雨后往往会在一些低洼的地方积水，表面看上去很多，但是因为没有水源，天晴后便会蒸发掉了。而一个小溪，看上去只有涓涓细流，但是其却会经年存在。细水长流乃是真正的"盈满"。

大直若屈。老子说的是事物因顺遂万物的本性，随其曲直，因此许多时候表面上看是曲的，其实却是最直的。就好像黄河、长江一样，表面上在大地上回环往复，曲曲折折，但是其实质上直指大海的目的没有改变，是在顺随着地势的前提下，尽最短的路程奔流到海。

而大巧若拙说的是最灵巧的东西往往看上去是笨拙的。

老子在本章中还提出的"大辩若讷"，可以说是对于我们的现实生活最具有现实指导意义的。或者说，其是我们每个人最容易掌握并实践的智慧。生活中，我们大部分人往往都习惯于用语言去为自己辩解，习惯于与人争论，习惯于嘴上不吃亏。但是，言辩是达不到目的的。西方人际关系学有一句名言："永远不要和他人发生正面冲突"。这句名言的基本内涵是：争辩的本质恰恰是在与人发生正面冲突。我们大多数都是固执己见的人，多数人都喜欢跟人辩论。其实，我们谁也不愿意被说服，不愿接受他人的观点，也无法说服他人。既然无法说服别人接受自己的观点，再好的辩才又有什么用处呢！研究发现，在辩论之后，十有八九各人还是会坚持自己的观点，相信自己是绝对正确的。辩论永远无法获胜。即使表面上你取得了胜利，实际上与失败没有什么区别。因为就算你在辩论会上胜了对方，把对方的观点彻底驳倒，但对方却会对你心怀不满。所以,天下只有一种方法能得到辩论的胜利,那就是尽量避免辩论。我们应该知道,当人们被迫放弃自己的意见,同意他人观点时,就算他看起来是被说服了,实际上他反而会更加固执地坚持自己的意见。

《庄子·齐物论》中有言:"大辩不言。"其道理与老子的"大辩若讷"是一个道理。实际上,大辩不言,还是老子之前所说的以柔克刚的智慧的体现。生活中我们经常看到两个人为某件事争论得面红耳赤,谁也说服不了谁。这时候,如果来个第三者仔细聆听一会的话,便往往会发现两个人其实已经不存在观点上的冲突,而只是出于好胜的一种意气之争。这样的争论显然是不会有结果的,最后只能是双方不欢而散。而真正如老子所言的"大辩",则并不靠强势的语言来胁迫对方就范,而是靠一种柔和的引导,使对方自然而然地接受你的观点。如果你一味咄咄逼人地想让对方就范,很可能适得其反。

另外,大辩不言还给我们一个启示。语言往往是苍白的,我们要学会用行动去说话,那时不用你说话,别人便会相信你所说的,这便是老子所说的"大辩"。也就是说,最高明的言辩和说服体现在行动中,体现在"不言之教"里。总之,老子的"大辩不言"的智慧便是提醒我们:不要与人争论,逞口舌之利;如果想要说服别人,拿出你的行动!

清静为天下正

前面提到的"大成若缺"、"大巧若拙"等,都是老子为使人们更具体地理解他的观点而举的例子。而"躁胜寒,静胜热,"则是对"清静为天下正"的一种补充说明。老子告诉我们,凡真正具备完满、充盈、正直等优点的事物,表面上看上去往往并不怎么起眼。这正是因为真正好的东西往往都是内敛、不事张扬的。清静才是天下的正道,清静无为的统治者才能治理好天下。

其实,老子的这种观点与其一向所坚持的一样,乃是提倡人们的行为顺应天道和自然。关于此,从"正"这个字本身我们也可以看出。

《说文解字》曰："正，是也，从止，一以止，凡正之属皆从正。"意思便是守"一"而止，而这个"一"，便是老子所说的道。道的本性便是无欲无求，无为而治。因此，一个人也只有能够做到清静无为，才符合了道，才能够成为天下的君长。具体而言，清，即是清心寡欲；静即无为、镇定。而与其相反的便是躁动，而躁动的原因便是过多的欲望。并且，老子在二十六章便曾同样指出："重为轻根，静为躁君。"意思是稳重乃是轻浮的根本，静定乃是躁动的主宰。

老子的这种思想对于中国人产生了很深的影响。历史上的统治者都喜欢在房间里挂一个大大的"静"字。之所以如此，便是因为中国人都深深地懂得，一个人只有静定才能够产生智慧，不做出莽撞之举；一个国家也最怕动乱，需要一个静定的秩序。在宗教方面，道教一向讲究打坐以达到空寂的状态；而儒家所谓的修身养性也同样强调了"静"之智慧。中国的知识分子所喜欢的围棋、钓鱼等娱乐活动，无不透露出一个"静"字。因此可以说，中国人最知道静的作用，其表面上不采取主动，无所作为，其实却是达到目的的最有效的手段。谚语"以不变应万变"讲的便是静的效用。

具体到现实中，老子的智慧给以我们两点启示：从宏观的方面来讲，想要有所成就，就必须学会收敛自己过多的欲念和过于浮躁的心理。也即是说，做事应该盯住自己的目标一心一意地去努力，不可左顾右盼，三心二意。牛顿边煮饭边思考物理学的问题，竟然将怀表放在了锅里；中国明代人徐霞客为了实现自己从小立下的遍游名山大川的梦想，放弃了科举考试，30年间游历流连于中华山水之间，最终成为一代地理学家和探险家，并留下了《徐霞客游记》这部皇皇巨著。

从微观的角度讲，老子又启发我们在现实生活中，要学会以静制动的智慧。在我们做事时，不要毛躁，而要保持一个冷静的头脑，这样才能有一个清晰的思路；而在遇到问题的时候，不要顿时慌手慌脚，失去方寸，而要镇定地想办法解决。以静制动，以静制躁，万事方能成功。

第四十六章

知足常足

天下有道,却^①走马以粪^②;天下无道,戎马^③生于郊。祸莫大于不知足,咎^④莫大于欲得。故知足之足,常足矣。

【注释】

①却:屏去,此处为退回,还给之意。
②走马:走马,即跑得快的马,战马。粪:意为耕种,治田。
③戎马:怀胎的母马。
④咎:过错。

【今译】

当天下有道,国家就会把马送回施肥了的田间去耕种。而当天下不合乎道时,就会发生战乱,连怀孕的母马也会被拉上战场,只得在荒郊野外生小马驹。人世间的祸患没有比不知足更大的了,过错也没有比欲望的不知足更大的了。因此只有懂得了知足常乐的人,才会得到永远的富足。

【解析】

知足常足

本章中老子再次强调了"知足"。老子先从反面提出了不知足、欲望的贪婪乃是最大的祸患和过错,又从正面提出一旦知足便会感到富足的正面效果,从而向人们讲述了知足的重要性。因此,知足与否会对每个人的幸福都产生至关重要的影响。另外,不仅如此,老子说:"天下有道,却走马以粪;天下无道,戎马生于郊。"这显然是在指统治者知足与否所产生的效果。为政者如果能够知足,适当收敛自己的欲望,便会天下安定,没有战争,人民安居乐业;而如果为政者不能感到知足,穷奢极欲，不能餍足，便会导致天下发生动乱，人民陷入战争之中。但这里我们重点来谈谈老子的知足常足的人生观，这才是对普通人极有价值的智慧。

老子倡导知足，并且多次强调，过多的享受会给人带来的负面影响。因此可以说，知足的智慧乃是老子十分推崇的一种人生态度。而在本章中，老子在一开始便从天下有道和无道所导致的结果说起，然后落实在对于知足的提倡上，其实便指出了知足是符合他一向提倡的道的，而不知足则不符合道。在这里，他讲出了对于知足的智慧推崇的深层原因。

在提倡知足的智慧之前，老子先是反过来说出了不知足的严重后果。老子严肃地指出，不知足便是最大祸患和过错。而这并非老子在危言耸听，看一下历史和现实，无论是有权势者还是普通百姓，最终遭致身败名裂，说到底无不是起于贪婪、不知足。有些人是因为对权力的不知足，有些人是对财富的不知足，有的则是对享受的不知足。可以说，所谓"人为财死，鸟为食亡"，便是对不知足的祸患进行的一种形象化表达。因为仅仅是为了基本的生活需求，一般来说都不会让人付出生命的代价；而那些付出了生命代价的，无不是因为自己的欲望膨胀。

接下来老子指出了知足的效用——知足常足！这是高明的智慧，是洞悉了人之本性的结果！西方哲学家叔本华曾直接指出人生就是一团永远无法满足的欲望。可见，欲望就是我们的内在特质，永远也得不到满足，如果你指望通过满足自己的欲望来得到快乐，便会如同一头驴为吃到车夫挂在其眼前的草一样，永远地往前走，却永远得不到。而老子则为我们追寻快乐提出了另一种思维，既然彼岸的快乐永远是可望不可即的，那么我们何不在此岸抓住快乐。只要能保证自己的基本的物质需求，在精神上有所依托，珍惜自己拥有的东西，爱自己的亲人和朋友，一个人不是便拥有了他需要的一切了吗？可见，不知足的话你便永远也不会感到富足，而一旦知足，瞬间便会觉得充实无比。

需要说明的是，老子所说的知足并非是一种禁欲主义，要求我们一味地委屈自己。知足强调的只是每个人应该对自己已经拥有的东西感到满足，并珍惜，不要将眼睛盯着自己不具有的东西。他提醒人们以一种更加冷静的目光去审视自己的心灵和行为，然后判断出自己的哪些行为是合理的，哪些是盲目的，从而将精力投放在最有价值的地方，追求自己真正想追求的东西。看一下历史上那些真正取得成就的人，无不是在物质方面要求极其简单，将自己的精力全都投放在了自己的事业上。爱因斯坦到美国加利福尼亚州理工学院担任教职并领到他的第一个月的薪水的时候，曾在信中对朋友感叹道："这么多的钱，我可拿它们怎么办呢？"；德国伟大哲学家康德一生几乎未曾离开过自己出生的城市葛尼斯堡，终生未娶，每天重复着极其单调的生活，沉浸在自己的哲学思考中。据说他因为几十年如一日地准时在下午一点半外出散步，以致于市民们都以他散步的时间来校对自己的手表。诸如此类的例子不胜枚举。

老子知足常足的智慧应该说对中国人产生了深刻的影响，中国人一向提倡的"乐天知命"、"知足常乐"等，便是老子这种思想的反映。时至今日，这种智慧仍可以给我们的现实人生以非常具体的指导。我们要懂得从已有的东西中获得快乐，而不要总是将快乐寄托在还未得到的东西上。要明白自己真正需要的东西，不要因为贪婪、虚荣、与人攀比而盲目追求。最后，即使是并不能做到知足常足，仍然想要得到不曾拥有的东西，那么努力去追求便是，在未曾得到的时候不必过于焦虑，或者因别人拥有而嫉妒。

第四十七章

不行而知

不出户①，知天下；不窥牖②，见天道③。其出弥④远，其知弥少。是以圣人不行而知，不见而明，不为而成。

【注释】

①户：这里指大门。
②牖：窗户。
③见：了解，懂得。天道：日月星辰运行的自然规律。
④弥：更加。

【今译】

足不出户就能够懂得天下的事理；不望窗外，就可以了解日月星辰运行的自然规律。就求道而言，走得越远，所知道的道理就越少。所以，圣人不出行却能够推知事理，不用往外看就能讲得出自然的法则，不用做许多事情便自然成了。

【解析】

用心去感受

老子认为圣人不出门便可以了解天下，是为"不行而知"；圣人不需抬头看窗户，便能够了解天道，是为"不见而明"。一般认为，老子这里谈的是一种认识论，即一个人只有通过理性才能认识世界。

我们知道，一个人行走天下，必然见多识广。通过见识获得大量的信息，通过实践获得大量的实践经验。一般而言，显然这个人会对这个社会和人性具备相当的认知，更加谙熟人情世故。但是，如果上升到对于世界的更高层次的认识，便不是如此了。因为走得远，见得多，积累起的总归只是一些感性认识，而非理性认识。而一个人认识世界最重要的方式乃是理性而非感性。因为一个人无论走多远，积累起多少见识，穷尽一生也都是极其有限的。只有通过理性，才能从宏观上、本质上把握世界，进而洞晓更深层次的真理。

如何才能提高自己的理性认识？一般而言便是要多读书籍，勤于思考。英国哲学家培根曾言："读史使人明智，读诗使人灵秀，数学使人周密，科学使人深刻，伦理学使人庄重，逻辑修辞之学使人善辩。"但读书一定要思考，不然也是没什么效果的。尤其是在网络时代，我们每天都会在电脑上获得大量的信息，如果不善于思考，便会淹没在信息的汪洋中。不仅不能提高自己，反而失去了自我。另外需要提醒的是，老子所说的不行而知，并非否认经验和实践的作用。老子的目的在于提醒人们理性思考的重要性，提醒人们如果没有理性的思考，仅仅单纯依靠感性认知的积累，是不能达到认识世界的目的的。

但说老子所提倡的"不行而知，不见而明"仅仅是一种理性思考并不确切，其实质只是老子智慧的一个方面。严格说，老子所谓的理性思考，乃是一种更为宏观和微妙的思维，是用心去感受。所谓用心，从思维上讲，包含了理性思维和直觉思维（即感性思维）两个层面；从方法上讲，便是不寄托于向外界追寻，而是向内思索，通过自身来领悟有关世界和自我的真理。老子一向认为人们只能用心才能领悟到道的存在，从而自然而然地让自己的思想和行为符合道的运行，实现自我和宇宙的统一。明朝大哲学家王阳明的"心学"，与老子所提倡的用心去领悟的方法，说的也是一回事。

不为而成

在本章中，老子以圣人为例子，将无为的效果进一步指明。老子认为圣人往往能够通过不为而将事情做成。

关于圣人不为而成的例子，老子没有具体指出，不过孔子倒是曾经谈及这个问题，不妨作为老子的观点佐证。在孔子眼中，周文王是不为而成的典型。在司马迁的《史记·周本纪》中记载了一则故事：说虞国人和芮国人因为田野的界限而发生了争执，一起到西伯侯（就是后来的周文王）那里去请西伯侯做评判。他们到了西伯侯所管辖的西岐后，发现那里普通百姓都像士大夫一样谦恭有礼；到京城，看到那里的士大夫都像三公九卿一样礼让恭敬。于是两国的人私下议论道：这里的百姓能够像士大夫一样互相尊让，这里的士大夫就像公卿一样相互谦让，这样的话，这里的君主肯定不是把天下当作私有财产而占为己有的。两国的来人再想一下自己竟然为了一点土地就赶这么远来找人理论，都感到非常羞愧，一下子都变得谦让起来。最后，还没有见到西伯侯本人，两国的人便私下将自己的问题说清楚，然后各自回国了。孔子知道这个故事后感慨道：文王之道真是太伟大！没有任何刻意的作为而使人发生了变化，没有刻意做任何事情就成功了。所以，《书》中说：惟有文王能够谨慎真诚地修养节制自己。

在《论语》中，孔子又称文王凭借仁德而"三分天下有其二"，说文王没有通过具体的军事行动，天下三分之二的人便归附了他，这同样是对周文王无为而成的赞叹。因此可以说，周文王便是老子所说的不为而成的圣人的典型。其实，圣人之所以能够不为而成，并不是偶然的，而是因为他们的行为是符合了老子所说的道的，也即天地万物运行的规律。许多时候，以我们世俗的眼光去看的话，圣人似乎什么也没有做，但实际上，正是这种看似什么也没做的行为，恰恰顺应了事物运行的规律，使得事物向好的方向发展。另外，我们还要明白，所谓的"不为而成"中的"不为"并非指消极庸碌、毫不作为，而是指不妄为，不刻意而为。圣人们之所以能够征服天下人心，并非他们刻意妄图，而是他们努力征服了自己。

第四十八章

为道日损

为学日益[①],为道日损[②],损之又损,以至于无为,无为而无不为。取天下[③]常以无事[④],及其有事[⑤],不足以取天下。

【注释】

①日益:一天天增加,一天天长进。

②日损:一天天减少。

③取天下:治理天下。

④无事:不妄为,不造事。

⑤有事:指出台很多政令,扰攘人民。

【今译】

在求学的过程中,一个人的知识会一天比一天增加;在求道的过程中,一个人的欲念则一天比一天减少。减少又减少,最后达到"无为"的境地。一旦能够做到无为,即不妄为,实际上便能做成任何事情。为政者治理国家时,要以尽量少发布政令,以不骚扰百姓为治国之本,如果经常以繁苛的政令侵扰百姓,那就不能很好地治理国家了。

【解析】

为学日益,为道日损

本章老子重点论述的是"为道"。他认为无论是为政者还是普通百姓都应该具有"无为"的态度,如此,才符合了道。而为了说明道与"无为"的关系,老子将"为道"与人们比较了解的"为学"进行了比较。这可以说是一个相当有价值的论题,实际上其论述的是知识与智慧,或者说知识与真理之间的关系。

老子所指的"为学",后人一般将其理解为泛泛的知识、学问,也有人将其理解为世人所学的政、教、礼、乐之学。而道，则是老子一向所说的宇宙万物运行的规律。显然，如我们所知，知识正是靠量的积累来进行的。一般而言，知识积累得越多，便越有学问。所谓为学日益，很大程度上便是指掌握的知识更多、更牢固了。然后，在此基础上，老子指出了为道的特点与对知识的掌握恰恰相反，不是一个一天天增加的过程，而是一个一天天减少的过程。人内心的各种欲望和外在的文饰逐渐减少，人不断除去内心的愚妄，损减外界的蒙蔽，便会越接近道。因为老子认为，人掌握的知识越多，内心的各种欲望与想法就会越多，并且外表上的文饰也会越来越多，就会变得越来越精明、礼貌、有口才。这在我们世俗人看来是一种进步，但在老子看来，则只是变得世故和心思复杂，反而失去了其纯朴的本性，因此未必是一种进步。正如他所说的："五色，令人目盲；五音，令人耳聋；五味，令人口爽……是以圣人为腹不为目，故去彼取此。"

老子的这种对于知识和智慧的关系的认知，源于他的真理观，他认为，一个人要想彻底领悟这个世界最深层的真理，通过学习知识其实是办不到的。庄子曾感慨："吾生也有涯，而知也无涯，以有涯随无涯，殆已。"意思是人生是有限的，而知识是无限的，以有限追求无限，是不可能达到目的的。老子则为我们提供了另一条思路，那便是从对外寻求转向向内寻求，即通过内心去领悟这个世界。同时，从对复杂的追求转向对简单的追求。而这也为现代科学所证明，越是高深的物理学定律，其公式便越是简单。老子提出通过内心去领悟这个世界，并对这个世界作出完整的解释。

另外，也有人认为老子所说的为学与为道说的其实是一回事，认为所谓为学一天天增加的即是真理，而为道一天天减少的即是妄念，两者是统一的。总体上，老子是在提醒人们不要一味追求知识，却忘了去领悟宇宙人生的真理。即所谓只见树木不见森林。

老子对于为学与为道的论述，不仅具有形而上的意义，其在具体的现实生活中，也能给我们一些有益的启示。首先，它提醒我们，知识并不一定等于智慧，因此在你对知识追求的过程中，不要一味贪多求全。

如果知识不能很好地转化为智慧，反而可能成为累赘。其次，它提醒我们，在我们致力于认识这个世界的同时，千万不要忘了回过头来认识一下我们自己。在学习知识，追求学问的同时，许多人往往忽略了最大的学问其实在于认识自我。许多人在狂热地追求知识的过程中，忽略了自我，最终迷失。因此，在追逐外在事物的同时，我们也应当时时将目光投注到我们自己的内心深处。这样，无论在这个世界上走多远，我们都不会迷失自己。

最后，老子还提醒我们，"为学"和"为道"是分不开的，不可能割裂开来单独去追求某一个。一个人若要真想追求学问，必然要结合自己的做人。如果离开了自己的行为本身去追求学问，必然不会有真正的成就。

取天下常以无事

老子通过"为学"与"为道"的不同之处，点出了为道的特点正是欲念逐渐减少的过程。最后落在了道在政治上的体现。他认为统治者治理天下便也应该遵循一个"少"的原则，即尽量减少政令和举措，不要过多骚扰百姓。不仅如此，他还直言，如果不能遵循这个"无事"的原则，便不能治理好国家。实际上，这乃是老子提倡的"无为而治"的政治理念的反映。

在《道德经》中，老子提出了一个最高的准则"道"，认为此是宇宙万物的本源。在此基础上，老子又进一步将其具体化，从个人行为和国家治理方面给出了具体的准则。个人方面，老子认为一个人应该清心寡欲。而政治上，则主张为政者应该推行"无为"的政治，少侵扰百姓。可以说，这两点思想始终贯穿《道德经》，并在许多章节中反复被提及。而就其政治主张而言，老子在第五十七章中，又进一步指出了"无为"之所以可以治理天下的原因："吾何以知其然哉？以此：天下多忌讳，而民弥贫；人多利器，国家滋昏；人多伎巧，奇物滋起；法令滋彰，盗贼多有。故圣人云：'我无为，而民自化；我好静，而民自正；我无事，而民自富。'"并由此得出了自己的"无为""无事"的政治主张。

　　需要指出的是，"无为而治"的政治思想并非是老子第一个提出来的。实际上在春秋时期，面对天下大乱，统治者连年征召人民进行军事战争的情况，在知识分子中间产生了一种普遍的希望统治者能减少对人民的侵扰的愿望，当时的人们都将尧舜禹时代看做是人民安定幸福的时代。当时，不仅道家，儒家也同样推崇无为而治。不过，使无为而治成为系统的政治指导思想的则是老子。老子从道中寻找到了"无为而治"的理论依据，认为治国应该效法自然，又在现实层面明确指出了统治者的妄为会直接导致国家的动乱、人民的痛苦。而"无为"则会给国家带来安定，给人民带来幸福。并且，老子还进一步指出了统治者实行无为政治的具体做法，便是本章中的"取天下常以无事"，即少颁布政策和法令，少侵扰百姓，让百姓自由发展。

第四十九章

善者吾善

圣人无常心①，以百姓之心为心。善者②，吾善之，不善者，吾亦善之，德善③；信者，吾信之，不信者，吾亦信之，德信。圣人之在天下④，歙歙⑤焉，为天下浑其心⑥。百姓皆注⑦其耳目，圣人皆孩之⑧。

【注释】

①常心：固定不变之心，即偏狭的自我之心，私心。

②善者：善良的人。

③德善：德，通"得"，德善即得到了善。下面的"德信"，用法同。

④圣人之在天下：得道的圣人治理天下。

⑤歙（xī 或 shè）：意为吸气，此处指收敛自己的欲望。

⑥浑其心：使百姓的心恢复到纯朴的状态。

⑦注：专注于。

⑧孩之：使动用法，使之恢复到婴儿般淳朴的状态。

【今译】

圣人没有自己的心，他以百姓的心为自己的心。圣人之心的特点是，对于善良的人，我善待于他；对于不善良的人，我同样善待他，这样便得到了善，进而促使人人向善。对于有信用的人，我信任他；对于没有信用的人，我同样信任他，这样便得到了诚信，从而促使人人讲诚信。有道的圣人治理天下，会收敛自己的意欲，使天下之人的心思归于浑朴。百姓都专注于自己的所见所听，而圣人则致力于掩塞他们的耳目，使他们恢复到婴儿般的淳朴状态。

【解析】

不善者，吾亦善之

本章中，老子指出圣人没有一己之心，而是以百姓的心为自己的心。既然如此，那么行为也必然是异于常人的。老子进一步解释道，圣人往往会抑制自己的意欲，淳朴得像孩子那样，而且致力于使人们放弃自己的耳聪目明，恢复到婴儿般的淳朴状态。正如我们从婴儿身上所看到的那样，善良和诚信正是淳朴的最典型的两个特征，因此圣人才致力于追求善良和诚信。其中，在对善的追求的过程中，圣人不同于我们的"善者，吾善之，不善者，吾无必要善之"，而是"善者，吾善之，不善者，吾亦善之"。这既是一种博大，也是一种智慧。

其实，圣人的"不善者，吾亦善之"是其"无常心，以百姓之心为心"的必然结果。作为普通人，我们善待别人是有条件的，也就是说，我们只会善待那些善待我们的人；而那些不能善待我们的人，我们就很难善待他们。之所以如此，原因就在于我们都有一颗私心，凡事都以自我为中心进行权衡。而圣人则因为没有私心，所以也便不会以自我为衡量的标准了。不过，对于圣人的这种"不善者，吾亦善之"的情怀，我们普通人虽然做不到，但都会在内心深处承认，这是比自己有条件的善更为伟大的善。而也正是因为这个心理基础，圣人才能够感召所有的人，和他一起向善。因此，老子所提出的这种圣人之善是伟大而有感召力的。

在现实中，像老子这样提倡"不善者吾亦善之"的绝非孤例。比如，中国古代儒家一直提倡的"以德报怨"，显然同老子所说的"不善者，吾亦善之"是一个道理。而以"无缘大慈，同体大悲"为精神的佛家则更是直言"慈悲没有敌人"，十分推崇宽恕的精神。这些思想都提倡老子的"不善者，吾亦善之"的做法，显然不是偶然。其实，宇宙整体本质上是一体的，或者说至少所有的人类是一体的，善待别人便是善待自己，伤害别人也是伤害自己。

如果说对于那种圣人的无我之善的情怀无法理解的话，我们不妨从比较现实的角度来理解一下这种善。从现实的角度来讲,"不善者,吾亦善之"也是一种智慧。因为,对于别人的不善,如果心怀愤恨,最终对自己的伤害比别人还要大。经常在影视作品中看到一些子女长大后替父母报仇的例子,这样的作品逻辑往往是小孩躲过劫难,然后拜在高人门下,苦练武功,最后在成年时武功练成,手刃往往已经老了的仇人。结尾时,复仇成功者往往表现出一副痛快淋漓的样子,而观众也会跟着复仇者感到一番快意。但是,被杀仇人固然付出了代价,有谁去想过,这个孩子的一生也因为复仇这件事给毁了。一个人从小便生活在仇恨中,生命和心灵因此而变得扭曲,错过了生命本该拥有的美好。他的损失其实要比那个被他杀掉的仇人大得多,因为仇人只是在一瞬间丢掉了性命,并且往往还是一条已经苍老的性命。而复仇者则是将自己最美好的许多年的光阴给搭进去了,并且又有更多的干脆连性命都搭上了的。因此,西方有谚语云:"为你的仇敌而怒火中烧,烧伤的是你自己。"其实,现代医学也认为,仇恨心理能造成长期性的高血压和心脏病,伴你度过痛苦的一生。

可见,因为别人不善待自己便去恨别人是不划算的。有这样一个故事令人很受启发:曾经有一个中年人,每天上班都要路过一个报摊。他因为没有看报纸的习惯,因此从来不买报纸。但是,他却每天都要微笑着跟报摊的主人打个招呼。这个报摊的主人看他从来不买报纸,便有些懒得搭理他了,于是每次对他的招呼总是爱理不理,但中年人却似乎不以为意,依旧每天微笑着和他打招呼。一次,一个朋友来看望中年人,他们好几次一起走过那个报摊。中年人同样每次都要和报摊主人打个招呼。报摊主人每次都是爱理不理的。几次之后,这个朋友便忍不住对中年人说:"你难道没看出那个人那副样子,你为什么还要跟他打招呼呢?"这个中年人却不以为意地说:"我的行为本身是好的,我为什么要根据别人的态度来调整我自己呢?"

显然,故事中的中年人便是一个懂得"不善者,吾亦善之"的智慧的人。只要你自己心怀阳光,阴霾的外在环境便伤害不到你。另外,"不善者,吾亦善之"不仅可以使你避免伤害,实际上还能够对你大有帮助。林肯参加美国总统竞选时，遭受了敌手的许多攻讦甚至诬陷，但其上台后，对于那些有能力的对手，不计前嫌，委以重任。所谓一个好汉三个帮，林肯之所以最终能够建立一个团结而有效率的政府，并取得打败南方反动势力，废除美国奴隶制的伟大成就，其原来的对手感恩戴德、死命效忠便是一个重要原因。

总之，"不善者，吾亦善之"既是一种博大的情怀，又是一种深沉的智慧，他提醒我们更好地去处理生活中的事情。当然，这并不容易做到，但你一旦做到了，受感动的可能不止是对方，还包括你自己。

不信者吾亦信之

老子提出圣人没有私心，以百姓之心为心。而其具体表现，便是做到常人难以做到的两件事：一是"不善者，吾亦善之"，另一个是"不信者，吾亦信之"。前面已经对"不善者，吾亦善之"进行了解读，下面我们再来解读一下"不信者，吾亦信之"。同"不善者，吾亦善之"一样，"不信者，吾亦信之"首先是一种博大的情怀。可以说，"不信者，吾亦信之"乃是圣人无常心的必然结果。因为一个人之所以会选择信任或是不信任别人，乃是从自己的利益出发作出的考量。信任是因为相信别人不会给自己带来损失，不信任则是担心别人的失信给自己造成损失。而圣人根本没有私心，也便无所谓自己的利益了，自然也便没必要根据对方的可信或不可信，来决定自己是否该信任他。圣人没有私心，但其确有一颗"公心"。对于整个社会来说，显然是需要诚信，一旦没有，可以说一切都会乱套。因此，拥有一颗"公心"的圣人便会为了社会整体而去维护这种诚信。而圣人之"不信者，吾亦信之"正是其维护社会整体诚信的手段。因为这种行为必然会起到一种很好的示范作用，从而维护这种整体的诚信。正如同本章所说，圣人的心正像是婴儿那样的，婴儿显然不会对别人的信与不信有所判断。别人假意递给他东西，他便会当真；别人作势打他以吓唬他，他便会哭起来。

老子所说的这种圣人情怀，对于我们普通人来说似乎是太高远了。

其实"不信者，吾亦信之"并非可望不可即，也是一种非常实用的人际关系技巧。我们知道，一个人要想做成一番事业，离不开别人的信任与支持。而要想取得别人的信任，便要首先自己做到诚信，"不信者，吾亦信之"，正是一种展示自己诚信的最有力的示范。同时，一个人要想做出一番与众不同的事业，必然得有与众不同的胆识，"不信者，吾亦信之"正是一种与众不同的胆识。让我们来看一则例子。

1900年八国联军攻占北京后，京城的许多皇亲贵族都随慈禧西逃。因为十分仓皇，这些人的金银细软都没来得及收拾，只随身携带了山西票号的银票，一入晋，就赶忙跑到票号兑换银两。但此时的大多数山西票号设在北京分号的银子被劫掠一空，甚至连账簿也被付之一炬。没有账簿，就失去了依据。并且这些达官贵人通常取银数额巨大，其人数又多，搞不好便要面临巨大损失。就当时情况而言，山西票号要求储户等总号重新清理底账之后再兑付，也在情理之中。但以日升昌为首的所有山西票号考虑到储户都身在流亡之中，急需用钱，因此并没有这么做，而是只要储户拿出存银的折子，不管数目多大，一律立刻兑现。

显然，山西票号的这种行为正是老子所说的"不信者，吾亦信之"，毋庸置疑，这样做是冒了巨大风险的。但也正是因为此，山西票号的信誉就此如日中天。随信誉而来的是巨大的回报。此后，从朝廷公侯到普通百姓，都纷纷将积蓄放心地存入山西票号，连朝廷的大笔官银都交给票号收存、汇兑。由此可见，山西票号之所以能在三百年的时间里经营起巨大的金融商业帝国，地处内陆的山西商人之所以能够在中国商界一度首屈一指，并非是偶然的。

不过，总体而言，对于这种"不信者吾亦信之"的行为，大部分人仍然是抱怀疑态度的，因为毕竟这太冒险了。但是不要忘了，人都是有尊严和良心的，当你真正以一颗坦诚的心去面对别人的时候，别人是不会无动于衷的。因为当你把你的信任给予一个本来没有信誉的人的时候，你所给予他的不仅是信任，而且还有尊严。而一个人之所以没有诚信往往恰恰是因为没有了尊严。别人既然不信任我，我也没必要讲诚信。上面所说的山西票号的消息发布出去之后，兑现了数千万两的白银，但最后等账目整理出来核对出入时，发现仅仅只有区区几百两的误差；可见也没有人趁机浑水摸鱼。只要你给了别人信任和尊严，别人往往便会珍惜这信任和尊严。

另外，"不信者，吾亦信之"还提醒我们，对于那些曾经失去过信誉的人，我们要心存宽厚，要给他们改正的机会。总之，"不信者，吾亦信之"是一种胸怀，也是一种为人做事之智慧，同时还是一种胆识。不妨在生活中适当地试一下，也许你会对其有更为清晰的认识。不过，需要指出的是，在对没有诚信的人施以信任时，你最好要向其暗示，让他知道你其实已经明白自己可能受骗，但依然愿意信任他。让他明白，你所施与他的，不仅是信任，还有尊严。这才是老子智慧的精髓所在。

第五十章

出生入死

出生入死①。生之徒②，十有三；死之徒③，十有三；人之生，动之死地，亦十有三。夫何故？以其生生之厚④。盖闻善摄生⑤者，陆行不遇兕⑥虎，入军不被甲兵。兕无所投其角，虎无所措其爪，兵无所容其刃。夫何故？以其无死地⑦。

【注释】

①出生入死：人出世为生，入地为死。

②生之徒：属于长寿的那一类人；徒，属，类。

③死之徒：属于夭折的哪一类人。

④生生之厚：前一个"生"作动词，养护，奉养之意；后一个"生"作名词，意为生命，身体；生生之厚，意为求生的欲望过于强烈了，生活过于享受了。

⑤善摄生：善于养生的人，善于掌控生命的人。

⑥兕（sì）：犀牛的一种。

⑦死地：致死的境地。

【今译】

人出现在世界上为生，最终埋入地下为死。这其中，属于长寿的人大概占十分之三；属于短命而亡的人占十分之三；本来可以活得长久些，却因为没能掌控好自己的生命而死亡的，也占十分之三。这是什么缘故呢？因为将生命看得过重，太注重享受了。据说善于掌控自己生命的人，在陆地上行走时，不会遭到犀牛和猛虎的攻击，在战争中也不会受到兵器的伤害。因为犀牛对他无法使用它的角，老虎对他无法使用它的爪，武器对他则无法施展利刃。这是什么缘故呢？因为他从不使自己置身于死亡的境地。

【解析】

以其生生之厚

老子在本章中指出，有大概十分之三的人本来是可以活得长久的，却自己因为没能掌控好自己的生命而死亡。对于这背后的原因，老子指出，便是因为"其生生之厚"，即对于生命过于在意，太注重享受优厚的生活，欲望太多。我们知道，本来生命是珍贵的，我们应该爱惜。如果不爱惜自己的生命，或者是因为贫穷的缘故而不能给生命以必要的养护，生命便可能会凋谢。但是，老子在这里又提醒我们，如果对于生命的养护过了头，也未必是好事，其结果可能反而会造成生命的夭亡。

对于生命的养护过头，从基本层面上来说，指的是一个人生活过于优裕。显然，如果一个人的生活过于艰难，食不果腹，风餐露宿，有病也没钱去医治，当然很难活得长久。但如果一个人整天大鱼大肉，花天酒地，天天去吃大量的补品，同样不一定能长寿。营养不足固然会导致各种疾病，营养过剩也同样会导致各种各样的疾病。生生厚养还有放纵自己欲望之意，而放纵情欲对人的身体也有很大的伤害。同时，整天身处富庶优裕的生活中，人的生存能力便会变弱，一旦遭遇到战争、家庭败落之类的变故，其适应能力便远远低于普通人。生于富贵之家的膏粱子弟就像是温室中的花草，被照顾得过于周到，生活过于优裕，对于疾病、灾祸等的抵抗能力便非常弱，因此在变故面前更容易被击倒。若生逢乱世，民众百姓生活于穷困艰难之中，你却生活过于优裕，便容易引起别人的嫉恨。所谓树大招风，没准就被歹人惦记。

除了上述基本意，老子所说的"其生生之厚"还有另外一层意思。指的是那种因为太重视生命的享受，欲望太多，因而对于财富、权力、名声的追求过于狂热的情况。有很多人正是在此追求的过程中搭上了性命！民谚"人为财死，鸟为食亡"说的便是这个道理。因此说，老子所说的有十分之三的人因为太注重养护自己的生命，反而导致了夭折的情况，并非是想当然地危言耸听，乃是一种客观的说法。

实际上，老子此章中的这种观点，并非突兀地突然提出的，而是符合老子的一贯思想的。老子认为，天地间最高的法则便是道，遵从道才是应该采取的人生态度。其具体的做法便是清心寡欲，与世无争。在《道德经》第四十四章中，老子便提醒人们：身重于物，必然败亡。接着他还警告："甚爱必大费，多藏必厚亡。"即认为一个人对于名利过分追求，必然要付出巨大的代价，得到的多，失去的也快。后来在第四十六章中老子还说："祸莫大于不知足，咎莫大于欲得。"并提醒人们："故知足之足，常足矣。"而老子在此提出的"以其生生之厚"的道理，便是从反面的角度再次提醒人们应该清心寡欲，知足常乐。

具体到现实中，通过老子的智慧我们应该明白，既然拥有了生命，必然想追求优裕的生活，但是应该明白，物极则反，所以一切还是应该适可而止。比如有的人过于在意自己的生命，总想活得长久一些，于是吃各种各样的补品。这样其实未必对身体有好处，清心寡欲的心态，顺其自然、与世无争的生活状态，才是一个人健康和长寿的保障。

最后最根本的，还是不要有太多的欲望。我们都知道，一个人的欲壑是难平的，如果你不能果断坚毅地控制它，你便只能成为它的奴隶，它会不断吞噬你的精力，你的快乐心境，乃至你的生命。我们应该学会收敛欲望，知足知止。

善摄生者无死地

其实，长寿和短命都是一种非人力所能改的自然现象，都不是老子所要论述的重点。老子所要论述的乃是"人之生，动之死地。"即本来可以长寿，却因为不能很好地掌握自己的生命而夭亡的人。对于这类人夭亡的缘故，老子指出是因"其生生之厚"，即对于物质生活的优裕追求得太过了，太放纵自己的欲望了。接下来，老子又指出那些善于掌控自己命运的人的情况。这些人在陆地上行走时，不会遭遇犀牛和猛虎的攻击，在战争中也不会受到兵器的伤害。因为犀牛对他无法使用角，老虎对他无法使用爪，武器对他无法施展利刃。之所以如此，并非是这种人在遭遇到这种危险时不受伤害，而是因为这些人提前便明了危险的所在，根本不使自己置身于这些危险的境地，也即善摄生者无死地。

　　关于老子的这种"善摄生者无死地"的观点，庄子曾做出过更为详细的阐述。在《庄子·秋水》中，庄子以寓言故事的形式借助北海之口说："知道大道的，必定通情达理；通情达理的，必能明白权变；明白权变的人，不会让外物来伤害自己。至德的人，火不能烧死他，水无法淹没他，寒暑也损害不了他，禽兽更伤害不了他。这并不是说靠近它们而不受伤害，而是因为他能辨别安宁和危险，安守穷困和通达，进退都非常小心，所以才没有东西能伤害他。"其实，庄子所说的懂得大道的人，与老子所说的能很好地掌控自己的生命的人是同样的人。因为能够掌控自己生命的人，必然是懂得了道，能够使自己的生命顺应道的规律。而一个人一旦能够让自己的生命顺应道的规律，也必然能够很好地掌控自己的生命。

　　老子在这里所说的犀牛、老虎、武器都只是一种比喻，多数夭折之人死于非命的原因乃是来自于本人——追逐权力，争夺财富，被人嫉妒，被人仇恨，道德、犯罪等问题。这些才是绝大多数人所普遍面临的危险。而善于或不善于掌控自己的生命的人，正是在面对这些问题时表现出分野。不善于掌控自己生命的人，对于自己过多的欲望，没有定力去控制，总想获得更多的财富、更大的权力、更奢侈的生活和更多的美色，最终死于追逐途中；而善于掌控自己命运的人则对自己能时时保持一种冷静和洞察。他非常清楚一点，那便是自己的欲望是无限的，如果任其膨胀，便永远没有餍足的时候，自己永远也得不到平静与安详。因此，当欲望蠢蠢欲动时，当诱惑在前面招手时，他会清楚地意识到与之相伴而生的危险，从而果断放弃。

　　阮籍是魏晋时期著名文学家，"竹林七贤"的代表性人物。在他所生活的那个年代，国家政治昏暗，各派政治势力争权夺势，斗争激烈。当时的各政治集团都纷纷想拉有名望的人加入自己的一伙，好壮大自己的势力。许多文人谋士，都自愿或被迫地加入了某一派，其中多有惨遭杀戮者。阮籍作为当时的名士，自然各派都想拉他入伙，但是阮籍早已看破了当时那种勾心斗角的政治现实，每天故意饮酒作乐，佯狂散放；

时而读书忘我，形同痴呆；时而隐居山林，不问世事；时而云游四海，修道问仙，不肯加入任何一派。因而在激烈的政治角逐中成为一个局外人，不被任何一派所嫉恨。曾经有一次，掌管魏国权柄的曹爽欣慕阮籍的才名，出面请阮籍做官，并许以高位。但阮籍推说有病拒绝了曹爽。没过多久，司马懿趁曹爽出城打猎发动政变，将曹爽集团歼灭。于是别人纷纷夸阮籍有远见。再后来，当权的司马昭慕阮籍的名声，又听说阮籍有一女才貌不俗，便欲派人登门为其子司马炎说亲。没想到阮籍提前得知了这一消息，开怀放饮，两个多月都是酩酊大醉。使者来了多次都无法与之说话，只有作罢。正是通过这种躲避，阮籍没有掺和到当时的政治中去，最终得以善终。凭借阮籍的出身和才华，要想谋得一个高官可以说是易如反掌，但他明白高官厚禄的背后暗藏着杀身之祸，因此即使别人将高官送到面前，他都加以拒绝。阮籍之处世，体现的正是老子所说的"善摄生者无死地"的智慧。

孙叔敖也是"善摄生者"的典型。孙叔敖本为布衣但因才能出众，被楚国贤臣虞丘子推荐给楚庄王，担任楚国宰相。在担任宰相期间，兢兢业业，身体力行，忠心辅佐楚庄王，在内政外交上采取了一系列措施，使得楚国迅速强大起来。孙叔敖虽然功勋卓著，受到楚庄王的器重和百姓的爱戴，但他却始终保持谦逊谨慎，同时廉洁奉公，不谋私利。据说他的妻子身穿粗布衣服，他临死时连棺材都买不起。因此，他虽然功劳巨大，却从来没有受到君主的猜忌，也很少有大臣攻击他。故其被司马迁列为《循吏列传》中的第一人，乃是中国著名的贤相。孙叔敖临死前曾叮咛儿子不要接受楚王的封邑，如果实在推辞不掉，就请求"寝丘"这块封地。这个地方土地贫瘠，地名又不吉利（寝丘意思是死者停放处），将来也不会有人来争抢。后来，楚国连续几代政治动乱，许多好的封邑都被抢来抢去，主人遭到杀戮，只有寝丘无人理会。其子孙安然无恙守此封邑长达十代之久。

总之，所谓善摄生者无死地，讲的便是利益和危险总是相伴而存的，善于掌控自我的人在看到利益的同时，也会看到危险的存在。

德 经

第五十一章

尊道贵德

道生之①，德畜②之，物形之，势③成之。是以万物莫不尊道而贵德。道之尊，德之贵，夫莫之命而常自然。故道生之，德畜之、长之育之、成之孰之④、养之覆⑤之。生而不有，为而不恃，长而不宰，是谓玄德。

【注释】

①之：指的是万物。

②畜：畜养，养育。

③势：万物生长的自然环境。

④成之孰之：孰，通"熟"，成熟。

⑤覆：保护。

【今译】

道生成了万事万物，德养育了万事万物。万事万物之所以展现出各种形态，便是有一种"势"的力量在其中操纵。因此，万事万物莫不以道为尊，以德为贵。但是，道虽然被尊崇，德虽然被珍视，却并不自以为尊，自以为贵。它总是任由万物顺其自然地生长，不去强制它们。因而，道生成万物，德养育万物，使万物生长发展，成熟结果，并使其受到抚养和保护。生长万物而不据为己有，抚育万物而不自恃有功，导引万物而不主宰，这就是奥妙玄远的德。

【解析】

生而不有

本章中老子指出了道和"德"对于万物的作用。具体而言，便是生成了万物却不占有它们；抚育了万物却不自恃有功；对于万物的成长只是引导却不主宰。正因为如此，道和"德"才被尊崇和珍贵。这显然是一种"玄之又玄"的大道，只有无知无欲的大自然才能做到。具体而言就是"生而不有"、"为而不恃"、"长而不宰"。这里我们先谈谈"生而不有"。

"生而不有"即虽然生成了某个东西，却不将其据为私有。道创造了世间万物，却没有将一个东西据为己有。而与之相反，我们人类却已经习惯于占有的法则。自己制造出来的东西，便理所当然地据为己有。但这事实上并不符合道的精神。换句话说，自私，乃是一种不符合道的心态。由此我们也就可以理解，为什么那些自私的人在我们看起来总是那么令人不舒服，乃至让人感到厌恶；而相反，那些能够为别人奉献的人——即使奉献的对象不是我们而是他人——总是让我们如沐春风。历史上那些曾经叱咤风云几十年的大人物，显然都是些具有强大生命力的人。但是，有些人虽然非常强大，我们却并不尊敬他，甚至还唾骂他。我们尊敬的那些人则是岳飞、谭嗣同等人。这些人同样是大人物，但其区别便是前者是为了一己私利，后者则是能更多地为他人牺牲。由此，我们便能明白一点，人类所划分出来的正义和邪恶，对与错的标准，并非是凭空创造出来的，而是以道作为其最根本的依据的。

总之，道之"生而不有"的特征，落实在人类社会中，其实便是一种不自私、为他人着想的情怀。

为而不恃

"为而不恃"是"道"、"德"的另一个特征，说的是它们虽然创造并抚育了世间万物却并不居功自傲。仔细琢磨一下，也的确是如此，我们所存在的这个世界，绚烂多姿、精彩纷呈，温暖的太阳、柔美的月亮、巍峨的山川、壮阔的大海、秀丽的花草；各色各样的生命乃至我们人类自身，显然不会是无缘无故产生的。若要追究其产生的根源，或许便是道的生发和"德"的蓄养吧。但是，我们却从来不会看到"道"、"德"以一种高调的姿态向我们强调这一点。它们从来没有咄咄逼人地要求世间万物承认它们的伟大。事实上，如果不是老子指出这一点，我们可能根本就不会意识到。而反观自身，我们总是习惯于对于自己做过的具有正面价值的事情得意洋洋。这里道再次给我们做出了榜样，告诉我们应该怎么做。在人的现实生活中，具体可分为三种情况。

其一、对人有恩不可自恃。在生活中，你和别人相处，经常会发生你帮助了别人，或是别人帮助了你的情况。对于这两种情况，我们该如何处置呢？中国古代先贤早就给出过箴言，明代的洪应明在《菜根谭》中曾言："我有恩于人不可念，而过则不可不念。"这显然是符合道的精神的。但要做到这一点并不容易，因为一个人一旦施恩于人，心里不自觉地便会产生居高临下的感觉，即使是一些十分贤能的人也难以避免。《史记·魏公子列传》记载了信陵君窃符救赵，保全了赵国，但他也因得罪魏王而不能回国。赵孝成王出于感激，想把五座城邑封赏给信陵君。信陵君听后便露出了居功自满的神色。这时门客中有人劝说道：事物有不可以忘记的，也有不可以不忘记的。别人对公子有恩德，公子不可以忘记；公子对别人有恩德，希望公子忘掉它。公子听后十分羞愧，拒绝了赵王给的封邑。像信陵君这样贤能的人，都难免会因对人有恩而飘飘然，可见有恩而不自恃很难做到。

其二、有功劳不可骄傲。我们知道，一个人立下了功劳，便难免产生骄傲情绪。翻阅一下历史会发现有大量的功臣都是因为功高而遭到杀戮的。汉高祖刘邦、明太祖朱元璋，都在开国之后杀了大批功臣。其实，那些开国功臣们即使是不骄傲自满，也时刻遭受着君王的猜忌；而表现得飞扬跋扈，则更是给君王提供了借口。汉代的张良、唐代的郭子仪等人，之所以功高而保全性命，便是因为懂得为而不恃的道理。当然，对于我们普通人而言，有没有为而不恃的智慧不会表现得这么性命攸关，但道理是相同的。在工作中，如果你出色乃至额外地完成了任务，不要骄傲，你的上司自然会看在眼里、记在心里。如果因为做出了一点点成绩便喜形于色，只能让上司觉得你难堪大任。

其三、取得成绩后只有忘掉原来的成绩，才能够取得更大的成功。因为成功容易让人形成一种思维定势，因此今天的成功往往会成为明天继续成功的障碍。实际上，关于这一点，有一个专门的理论叫做"柏林定律"，其提出者乃是法国行为科学家欧文·柏林。他的原话是："成功的最大障碍莫过于取得不断的成功。"欧文·柏林进一步的解释道：在不断成功之后，人们往往会认为自己无所不能。因此对于下一步的成功来说，上一步成功往往表现为一种惯性陷阱。可以说，"柏林定律"指出了一种很容易被人们忽略的关于成功的规律，许多成功的人或者企业难以超越原本的成就甚至一败涂地，均与此有关。

另外，不仅企业，"柏林定律"对于个人也有着非常现实的意义。许多人一旦取得成功之后，再也难以超越原来的成就，很大程度上的原因便是"陷入了成功的陷阱"。须知，取得成功固然不易，但是只有那些对于昨天的成就能够"拿得起，放得下"，永远保持前进姿态的人才会最终成为卓越之人。当然，这说起来容易，做起来很难，但如果行事上不能做到，退而求其次，至少在做人上不要使自己因为昨天的成功而成为一个骄横的人。卡夫卡在《致父亲的一封信》中，对其父亲的描述可以说是一个生动的典型。卡夫卡的父亲因为自己年轻时白手起家，成为一个小有成就的商人，因此处处表现得蛮横自得，"以为自己永远是对的"（卡夫卡语），永远是一副居高临下的姿态。事实上，在生活中，我们会发现这种"事业的成功导致了做人的失败"的事情随处可见，相信你会同意这种人是令人讨厌的。提醒自己不要成为这样的人，也可算是"柏林定律"对我们在做人方面的一点启示。

总之，"为而不恃"的智慧运用到我们的现实之中，便是提醒我们忘掉你对别人的恩情，忘掉你的功劳，忘掉你的成功。

第五十二章

天下有始

天下有始①,以为天下母。既得其母,以知其子;既知其子,复守其母,没身不殆②。塞其兑,闭其门③,终身不勤;开其兑,济其事,终身不救。见小④曰明,守柔曰强。用其光,复归其明⑤,无遗⑥身殃,是谓袭常⑦。

【注释】

①始:开始,本源,此处指道。

②没身不殆:没身,死亡;殆,危险。到死都没有危险。

③塞其兑,闭其门:兑,指口眼耳鼻等和外界相通的器官;门,门径。堵塞上与外界相通的通道和门径,引申为不放纵自己的欲望,不妄用聪明。

④小:细微。

⑤用其光,复归其明:第一个"其"指道,第二个"其"指的是人。用道的光照亮人的内在,使百姓的心恢复到纯朴的状态。

⑥遗:遭致。

⑦袭常:承袭万世不变的道。

【今译】

天地万物都有个起源,便是道,此可看做是万物之母。既然认知了万物之母的道,我们就可以认知天地万物;而认知了天地万物之后,我们再回头去秉守这个创造天地万物的道,那么我们直到死都不会遭到任何危险了。不妄视、不妄听、不妄说、不妄用自己的聪明,便可以终身都不辛劳。而如果妄视、妄听、妄说、妄用自己的聪明,那就终身都没救了。能够察见到细微的,叫做"明";能够持守柔弱的,叫做"强"。运用道的光芒照亮外在的同时,再返照自身以达到明,便不会遭致灾殃。这就是承袭万世不变的道了。

【解析】

塞其兑，闭其门

老子在本章中从正反两个方面指出了是否按他前面所说的那样做的具体表现和相应的后果，那便是"塞其兑，闭其门，终身不勤。开其兑，济其事，终身不救。"如果能够按照他所说的"既得其母，以知其子；既知其子，复守其母，没身不殆"，便会不妄视、不妄听、不妄说、不妄用自己的聪明才智。这样做的结果便是终身都不会劳苦。需要指出的是，这里所说的劳苦更多指的是一种心理上的劳苦，因为欲望得不到满足而感到痛苦，或是在追逐欲望的过程所遭受到的焦灼、忧虑、挫折乃至来自别人的攻击等。相反，如果不能这样做，结果则是终身都无可救药了。这里的终身无可救治，与前面所说的不劳苦相反，主要指的是在心灵上遭受种种苦痛，当然，身体上的劳苦乃至在追逐的过程中丢掉性命也属于此。

事实上，老子在这里所讲的依然是其一向推崇的清静无为的智慧。所谓不妄视、妄听、妄说，保持一颗清静的心，而不妄用自己的聪明才智，即是一种"无为"的态度。其实说到底，还是知足知止。老子所说的这两种正反相对的情况可以说已经被历史无数次证实了。就正面例子而言，魏晋时期名士阮籍、唐代中兴名将郭子仪、清朝剿灭太平天国运动的曾国藩，都堪称典范。但反面例子也是相当多。三国时期占据四川的刘璋的谋士张松，考虑天下形势和刘璋的暗弱，于是打起自己的小算盘，先是暗地投靠曹操，后因遭到轻视又投靠刘备，最终被刘璋杀死。不就是妄用聪明的结果吗？总之，可以说老子所说的"塞其兑，闭其门，终身不勤；开其兑，济其事，终身不救。"显然是对于现实准确而精当的概括。而用这种智慧去反观我们现代人的生活，会发现其实这种智慧对我们尤其具有现实的指导意义。

据"21世纪中国亚健康市场学术成果研讨会"提供的有关统计资料显示，在我国约有70%的人呈亚健康状态。这种亚健康，乃是一种心身共有的失常状态。经过日积月累，到一定时候，他便会导致癌症、心脏病等慢性病，甚至直接夺去人的性命。而造成亚健康的主要原因，据医学专家指出，是因为现代人生活和工作节奏的加快，竞争日趋激烈，造成人们内心越来越不能保持宁静，心理承受的压力越来越大，头脑始终处于一种紧张状态，得不到休息。古人云：万事劳其行，百忧撼其心。高度激烈的竞争、错综复杂的各种关系，使人思虑过度，素不宁心，不仅会引起睡眠不良，甚至会影响人体的内分泌调节，进而影响机体各系统的正常生理功能。这种解释大致不差。不过，如果我们用老子的智慧进一步解释的话，可能会对这个问题认识得更深刻，更全面一些。

其实所谓的生活节奏加快，竞争激烈，都只是一种外部现象，其最终要作用到人的心理上才会起作用。如果面对这些情况，一个人能够始终保持一颗平静安详的心，不去想那么多，一切顺其自然。激烈就激烈吧，我只平静地做好我的工作，只要我尽职尽责，社会上总会有我的一席之地。如此，我们还会因为整天绷紧神经，承受过重的压力而导致亚健康吗？其实，之所以我们会处于亚健康，终归是我们内心的欲望太多了，对于外界的生存、生活环境反应过于强烈，过多地去妄视、妄听、妄说。因此，凡遇事要心平气和一些，没必要让自己的心情像一个陀螺一样跟着外界事物转，那样不仅于事无补，反而会伤害自己。

另外，之所以现代人都表现得心理烦躁，精神紧张，还有一个被忽略的因素便是我们每天接受的信息量太大。现代人总是习惯于早上或晚上或早晚都看报纸，又习惯性地坐在电视机前，上班期间则更是通过网络接触大量的信息。甚至电视"追"到了公交车上，"广告"也追到了楼梯间，尤其现在的手机上网功能更是将许多人的下班时间也都耗费了。这些都被看做是现代社会的进步，因为我们随时随地都能接触到天南海北的海量信息。但许多人忽略了，正是因为这些过多的信息，让我们的大脑和精神很难有休息的时间。我们的大脑无论是在上班还是在下班，乃至在公交车上，每时每刻都在不停地运转着，对外界的信息作出着反应。如此，一个人怎么会健康呢？"闭目塞听"本来是一个贬义词，但在现代社会，我们有时候还真是需要给自己找出一些规律性的"闭目塞听"的时间呢！有空了，闭上眼睛休息一下，深呼吸，放松自我。

除了不要妄听、妄视、妄说、妄想，断绝与外界过多的信息交流，以不受过多的外界影响之外，老子还提醒我们的不要妄用自己的聪明。事实上，许多人之所以陷入不幸，不是因为自己太笨，而恰恰是因为自己太"聪明"，所谓聪明反被聪明误。美国2008年发生波及全球的金融危机，造成整个世界经济的衰退，原因乃是美国的金融从业者利用金融杠杆制造出了形形色色的金融衍生工具，这些工具本身非常巧妙，但因对中间的每个环节的依赖性太强，其中的一个环节出现了问题后，便导致整个金融系统的崩溃。可以说这是一个聪明反被聪明误的典型例子。可见，老子所说的话并非是一种形而上的玄学，而是非常现实的智慧。聪明者思之！

德 经

第五十三章

盗竽非道

使我介然有知①,行于大道,唯施是畏②。大道甚夷③,而人好径④。朝甚除⑤,田甚芜,仓甚虚。服文彩,带利剑,厌⑥饮食,财货有余,是谓盗竽⑦。非道也哉!

【注释】
①我:指有道的人。介然有知:稍微有些认识,知道些道理。
②唯施是畏:施,音同迤,此指邪行,邪径。唯施是畏,意即只害怕走上邪径。
③夷:平坦。
④径:邪径,小路。
⑤朝甚除:朝,朝廷。除,废弛。朝甚除,意即朝廷十分腐败。
⑥厌:饱足。
⑦盗竽:盗魁,强盗头子。

【今译】
假如对道稍微有些认识,就会在大道上行走,并且小心谨慎,唯恐走了邪路。大道是那么的平坦,但那些君主却喜欢走捷径。结果导致朝政腐败不堪,百姓的田地也都是一片荒芜,国家的仓库十分空虚,而那些君王却穿着漂亮的衣服来显示自己的尊贵,佩带着锋利的宝剑以夸耀自己的强悍,饱餐美味佳肴,占有富余的财货而不去接济他人,这样的君主实在就是强盗头子。这是不符合道的啊!

【解析】

统治者总爱走捷径

老子指出那些君王放着平坦的大道不走,反而喜欢走便捷的邪路。

联系老子一向的政治主张可以知道，这里的大道指的便是采用清静无为的方式治理国家，不去颁布过多的政令，不发动无谓的战争，尽量不骚扰人民。同时，统治者本人也应克制自己的欲望，不给人民增加过多的负担。如此，必然会使国家昌盛，人民安居乐业。而所谓的走上邪径，则是指统治者违背治理国家的大道，穿着漂亮的衣服来显示自己的尊贵，佩带着锋利的宝剑来夸耀自己的强悍，饱餐美味佳肴，占有富余的财货而不去接济他人，像个强盗头子那样。总之，便是不知道体恤人民，一味放纵自己的欲望。走邪路的结果便是朝政腐败不堪，百姓的田地一片荒芜，国家的仓库空虚。这里，老子的话实际上并未说尽。其隐含的意思便是：既然朝政腐败不堪，百姓的田地荒芜，国家的仓库空虚，那么统治者离灭亡也不远了。老子正是通过统治者走在大道还是小径上的对比，来论述道的重要性。而实际上，统治者仅仅是老子举出的一个例子罢了。大道和小径的差别，其实具有更为普遍的意义。不止是治理国家，无论做任何事情都存在一个走大道还是小径的差别。

在《道德经》中，老子反复告诫人们无论做人还是做事都要遵循道，也即要走在平坦的大道上。其具体的表现便是清静无为，克制自己的私欲，贵柔守雌，居下不争，做事顺应事物的本性和规律，不强行妄为。如此，便是走在了大道上；而相反，过分放纵自己的欲望，对财富、名声过分贪婪，恃强凌弱，使用机巧追逐名利，违背道德，违法犯罪，舍本逐末等等，则是走在了邪径上。

从前有个国王十分喜欢种花。后来他年纪大了，自己没有子嗣继承王位，便想出了一个主意。他在全国挑出了十名最聪明的孩子，每人发了一粒花种，然后告诉他们：把这些种子种下去，谁培育出的花朵最美丽，谁就是未来的国王。孩子们当着国王的面种下了那粒珍贵的种子，然后各自捧着花盆回家了。一年后，他们又捧着花盆重新站在了国王面前。这时，有九个孩子的花盆里都盛开着美丽的花朵，颜色艳丽，芬芳扑鼻。但是排在最末的孩子手里捧着的却是一只空花盆。他的头低着，样子显得窘迫。"孩子，你的花呢？"老国王和蔼地问道。那个孩子一下子哭了起来："陛下，我真的没有偷懒，我每天都会小心翼翼地照顾它，每隔几天就会浇一次水，晚上冷了还会把它拿到房间里去。可是不知为什么，它就是不发芽。"听到这里，老国王非常高兴地抱起了那个孩子宣布道："这位就是未来的国王了。"众人不解地问："为什么会是他？"国王答道："因为我发给孩子们的种子都是煮熟的！"那九个孩子立刻羞红了脸。

　　这个故事便体现出了大道与邪径的差别。那些小孩子正是因为不肯老实地走在大道上，想通过耍弄聪明来达到目的，结果弄巧成拙。当然，这个故事本身是杜撰的，但是故事里的逻辑是真实的。具体到我们的现实生活中，偏离大道，走上邪径的事可以说是俯拾皆是。这种行为的典型特征便是见小利而忘大事，舍本逐末。比如，一些企业在经营的过程中，不知经商的大道，为了眼前的一点利益，便舍弃自己的商业道德，在商品制作的过程中偷工减料，在销售的过程中采用欺骗的方式。结果，虽然暂时得到了一点点小利，但却毁掉了自己的商业信誉，失去了客户的信任，本来可以长远的买卖最后全都做成了一锤子买卖，最终导致企业在市场上无法做大，乃至无法立足。一些年轻人一门心思想要发财，出人头地，却不懂得一步一个脚印地去努力拼搏，而是妄图通过投机取巧来一口吃个胖子。有的在没有任何经验和调查的情况下盲目地借钱去创业，结果年纪轻轻债台高筑，多年无法翻身。还有的甚至走上了诈骗、犯罪的道路，干脆一下子将自己的未来全部赔了进去。等等这些便是现实中常见的舍本逐末导致不好的结果的现象。所谓欲速则不达，走在大道上，看上去虽然走得慢一些，但因为方向是正确的，总能走到自己要去的地方；小径看似一时抄了近路，其结果则可能是背离了正确的方向，或者干脆是条死路。

　　唐代名臣狄仁杰在武则天当政时期曾任宰相，长期受到武则天宠信，被尊称为"国老"。他之所以能够获得如此尊崇，正是因为其恪守为政的大道，廉洁奉公，以百姓之心为心。在做人上，他则恪守守柔、豁达、无争的本性。一次，狄仁杰离京到外面出差，有官员便到武则天面前说狄仁杰的坏话。狄仁杰回京后，一向宠信他的武则天告诉狄仁杰有人说他坏话，问他想不想知道详细情况。没想到狄仁杰听了哈哈一笑说道:"有人指出我的缺点,我很高兴,我很乐意知道我有哪些缺点,但是我并不想知道这个说出我缺点的人是谁。"武则天一听非常高兴。从这里我们也就不难明白狄仁杰为何能够长期受到武则天的宠信了,他靠的并不是投机钻营、逢迎拍马的手段,而是靠走在为政为人的大道上!

正如老子所说,大道是多么的平坦啊,为何偏偏要去走那些前途未卜、崎岖不平的小径、邪径呢?仔细想想,并非是他老人家故意夸张,对于看透了道的他来说,这应该是肺腑之言了!

第五十四章

善抱不脱

善建①者不拔,善抱②者不脱,子孙以祭祀不辍③。修之于身,其德乃真④;修之于家,其德乃余;修之于乡,其德乃长;修之于邦,其德乃丰;修之于天下,其德乃普⑤。故以身观身,以家观家,以乡观乡,以邦观邦,以天下观天下。吾何以知天下然哉?以此。

【注释】

①建:建立,立法,立德。

②抱:坚持,抱持。

③辍:停止。

④真:纯正,真实。

⑤普:普及,普遍存在。

【今译】

天下有形的东西容易被拔去,购置有形的物品容易被取缔。唯有善于修德持德的人,建于心,持于内,也就不容易被取缔了。如果能世世代代都遵循这个道理,那么社稷宗庙的祭祀必将能够代代不绝。将这个道理贯彻到修身上,他的德性便会是真实纯正的;把这个道理贯彻到治家,这一家人的德性便会是丰盈有余的;将这个道理贯彻到治乡,整个乡的德性都能得到增长;将这个道理贯彻到治理邦国,便能使整个邦国的德性丰盛硕大;将这个道理贯彻于治理天下,便能使德性无处不在。所以,德性既修之后,便可以自身观照别人;以自家观照别家;以我一乡观照别乡;以我的邦国观照其他邦国;以现在的天下观照未来的天下。我为什么能够了解天下的情况呢?就是凭借以上的办法和道理。

【解析】

善建者不拔，善抱者不脱

对于"善建者不拔，善抱者不脱"的解释，一般认为是天下有形的东西容易被拔去，购置有形的物品容易被取缔。唯有善于修德持德的人，建于心，持于内，也就不容易被取缔了。这句话包含的智慧大致有两点。

其一、对于可见的、张扬的东西，老子是持怀疑态度的。老子这里所说的"善建"、"善抱"指的便是建立在内心的德，正是因为建立于人的内心之中，是无形的，不事张扬的，并且这种建立于内心的德必然是主动建立，而非强加，所以很难被拔去，也很难脱落掉。而与其相对应的即是建于外的，或者说是外在强加的道德规范或社会规范，这种东西往往是社会规范所强加给个人，或者是个人为了迎合别人而去刻意表现出来的。因为不是发自内心的，便必然是很容易丧失掉的。关于这一点，庄子在《庄子·列御寇》中假借孔子之口说道："人心比山川还要险恶，比天道还难推测。天还有春、夏、秋、冬四季的变化和早晚的区别，人的内心却深藏在外貌的后面，叫人无法了解。有的人外貌谨慎，行为却傲慢无礼；有的人貌似聪明，却满肚子愚鲁；有的人形貌顺从，内心却轻佻无比。有貌似坚强，内心软弱的人；也有貌似宽静，内心急躁的人。这些人饥不择食地急急趋向仁义，又像避火一样地迅速舍弃它。因此，君子要任用某人时便要用几种办法来试探他。让他远离自己任职，以观察他们是否忠诚；亲近他，以观察他是否恭敬；让他做繁难的事，以观察他们是否有能力；突然向他提问，以观察他是否足够机智；交给他限期完成的任务，以观察他是否守信用；把财物托付给他，以观察他是否清廉；把危难告诉给他，看他会不会变节；让他酒醉，看他是否守法；让他处在人物混杂的地方，看他是否会淫乱。通过这九种试验，贤肖之徒便能够挑选出来了。"这里，庄子将老子对于外在的道德、礼制的怀疑进一步条分缕析地具体化，并且还给出了一系列检验其是否真实的办法。

其二、老子告诫要建立自己的道德和信念，具体做法便是将其根植于我们的内心深处。如此，便能做到不被外界所拔除，不会自己脱落。这里的被外界拔除，指的是迫于外界压力或者诱惑而丧失掉，自己脱落则是因为不够牢固。显然，老子所说的话乃是十分切中现实的。现实中，一个人所拥有的道德或者信念，一旦不是从自己内心里生发出来的，便很容易被外界所动摇，或者时间一长，自己便脱落了。老子在这里所告诉我们，无论是道德还是信念，只有自己内心真正认可，从而主动地建立，才会坚韧，才会对一个人形成持久的激励。

综合以上两点，"善建者不拔，善抱者不脱"所给予我们的现实启示便是要建立自己的信念。其具体做法便是一开始便要将其建立在内心深处，而不要对外张扬。因为张扬往往是出于一种迎合社会和别人的目的。而只有将信念建立在内心深处的人才会不因外界的压力和诱惑而变动，不因时间长了而淡漠乃至消失。关于此，我们肯定在生活中也有体会，一个人如果是认真地给自己定下一个信念时，必然不会是大张旗鼓地对别人宣扬，而是暗下决心。因为所谓信念，正是一种内心深处的东西。而一个人一旦大肆张扬地对人宣称自己要怎么怎么样，结果往往是哗众取宠罢了。这样的人，仔细观察的话，最后都很难兑现自己所说的话。

其实，之所以在树立信念和目标时，要不事张扬，将其刻在内心，其最终目的是使这信念和目标一旦产生，便不因环境的影响和外界诱惑而轻易变换，能够持久地激励我们。说到底，就是要立长志，而不要常立志。我们知道，一个人树立信念和目标，只有坚持不懈地朝着它前进，才有可能最终实现。如果三天打鱼两天晒网，最终很可能一事无成。追求一个目标就像挖井一样，如果在这个地方刨两下，在另一个地方刨两下，就不可能挖出水来的。做任何事，一旦缺乏恒心，便不可能成功。因为凡是大事必然都要经历一番磨难，经历时间的考验，而缺乏恒心的人必然在中途就撂挑子不干了。海尔总裁张瑞敏曾说："重复地做简单的事就不简单。"说的便是这个道理。那些做出一番事业的人往往不是最聪明的人，而是最专注的人。美国总统林肯出身寒微，在

29岁认定从政之路后，经历了九次竞选失败，最终成为美国最杰出的总统。好莱坞明星史泰龙为当演员，写好自己做主角的电影剧本，挨个拜访好莱坞的500家电影公司。一开始他相继遭到拒绝，直到第四轮的第350家电影公司，老板才破天荒答应他留下剧本先看一看。但正是这次，史泰龙实现了梦想。

总之，老子在这里所给我们的启发便是：要善于建立自己的信念。要明白，所谓成功，便是在内心深处种植下你的信念，然后矢志不移地去努力实现他。

推己及人的智慧

本章中，老子在谈到他为什么能够了解天下万事时言道："以身观身，以家观家，以乡观乡，以邦观邦，以天下观天下。"我们知道，以一个人有限的智力和精力，如何去了解纷繁芜杂的世界，应该说是每一个人都面临的难题。而老子在这里用了简简单单的一种思维方式，便解决了这个难题。这正说明了那句话——大道至简。老子在这里教给我们的，正是一种推己及人的大智慧。

实际上，对于推己及人的智慧，老子在其他章节也已经有所提及，比如前文讲过的"不见而明"，其方法便是通过自己的内心去感受道，了解了自己，再推己及人，再推及万事万物，最终达到通达。应该说，这种从自我内心向外推延，最终达到通达万事万物，是老子一向认为的人们能够获得的认知世界的方法。这种方法是简单而有效的，乃至也是唯一的。对于这一点，孔子持同样的观点。子贡请教孔子有没有哪句话可以作为终身的准则，孔子便说："己所不欲，勿施于人。"显然，这也是一种推己及人的智慧。而西方的圣人耶稣也说"爱人如己"。这些圣人不约而同地推崇这种推己及人的智慧绝非偶然。实际上，这的确是一种既高明而简单，并且人人都可以掌握的智慧。

生活中，许多时候我们会感到迷惑，有时是猜不透别人到底是如何想的，有时是拿不准到底该如何做，有时是对于某种行为的后果缺乏预见。这种时候，往往是我们不够冷静罢了，其实，如果能够冷静下来利用推己及人的智慧进行一番分析，便立刻能够感到清晰了。许多事情都是人同此心，心同此理。影响我们每个人的无非就是那些共通的人之常情，你如此想，别人也大致差不多。一般而言，每个人都会为自己的利益着想，但是，你要知道，别人也是这么想的。因此你便不能为了自己的利益而去损害别人的利益，一旦如此，别人为了维护自己的利益，必然会和你对抗。最后结果只能是两败俱伤。因此，在做出某种行为之前，你便要提前想到这一层，在考虑自我的同时，也要设身处地地为别人考虑一下。这才是一个人在这个世界上站得住脚的基本条件。

总之，无论是在事业还是在生活方面，把握推己及人的智慧，都会令我们更清晰地认识纷纭复杂的现实，都会使我们更容易找到解决问题的途径。

第五十五章

含德之厚

含德之厚,比于赤子①。毒虫不螫②,猛兽不据③,攫鸟④不搏,骨弱筋柔而握固,未知牝牡之合而朘作⑤,精之至也。终日号而不嗄⑥,和之至也。知和曰常,知常曰明,益生曰祥⑦,心使气曰强⑧。物壮则老,谓之不道,不道早已。

【注释】

①赤子:初生的婴儿。

②毒虫:指蛇、蝎、蜂之类有毒的虫子。螫(shì):毒虫用嘴咬人或用尾端刺人。

③据:兽类用爪、足攫取食物。

④攫鸟:指鹰之类的猛禽。

⑤牝牡之合:指男女的交合。朘(zuī)作:朘,男性生殖器;朘作指生殖器勃起。

⑥嗄(shà):嗓子沙哑。

⑦祥:这里指妖祥、不祥之意。

⑧强:逞强。

【今译】

含有深厚道德的人,就像初生的婴儿一样。毒虫见了他不螫他,猛兽见了他不伤害他,凶恶的鸟见了他不搏击他。他虽然筋骨柔弱,但拳头握起来却很紧。他虽然还不知道男女交合之事,但他的小生殖器却常常勃起,这是因为精气充足的缘故。他终日号哭,但嗓子却不会沙哑,这是因为元气和谐的缘故。认识和谐的道理就称为知晓真常之道,知晓真常之道就称为明智。如果不以常道养生,而是放纵自己的欲望就会遭到灾殃,欲念主使精气就叫做逞强。事物过于壮盛了就会衰老,这就叫不合于道，不遵守常道就会很快死亡。

【解析】

含德之厚，比于赤子

　　本章所论述的是"德"的强大作用。老子将含有深厚道德的人比作初生的婴儿，然后以婴儿的种种表现来描述"德"的作用。应该说这比喻是十分贴切的。可能许多人都习惯认为，所谓"德"乃是一种后天学来的东西，婴儿因为并没有多少自我意识和认知能力，因此是不具有"德"的。只有在长大之后，一个人才会在这个社会之中逐渐掌握"德"。其具体的数量则是根据这个人的认知能力和道德水准而有所区别。实际上，这种认识与实际情况恰恰相反。可以说，看似无知而弱小的婴儿，其实能给我们诸多启发，下面试说两点。

　　其一、婴儿因为没有自我意识和自己的欲望，因而他便没有大人们通常有的诸多恐惧、忧虑、敌对等情绪，周围的一切对他来说都是美好的，他对一切都是友善的，能得到所有人的喜欢。我们知道，即使是奸恶之人，看到婴儿也会滋生一丝柔情。乃至如老子所说，毒虫见了不螫他，猛兽见了不伤害他，凶恶的鸟见了不搏击他。实际上，老子在这里所说的并非是夸张。

　　我们知道，即使是大人，一般情况下，只要你不主动攻击动物，也不因为害怕夺路而逃，即使是危险的动物一般也不会攻击人。而婴儿因为没有自我意识，对他周边的事物既没有敌意，也没有恐惧。正因为此，动物往往并不攻击他。现实中，世界多个地方都曾出现过被狼养大的"狼孩"事件，还有类似的"野猪孩"、"熊孩"等。这些事例有力地证明了老子所说的话。

　　婴儿的这种无我无私的特点，可以给我们许多启发。生活中，我们对于周围的一切，往往用一种带有情绪的眼光去审视，进而将周围的人区分出朋友或者敌人。又会习惯性地按照对方的身份将人分为高低贵贱。对地位高或者有钱的人，我们在心理上不自觉便会产生一种重视；对卑贱者我们则不经意地便会有一种轻视。面对不同的场合，我们便会产生相应的情绪。比如在一些稍微隆重的场合，我们可能便会感到一种紧张；遇到危险的情况，我们又会产生恐惧。之所以如此，便是因为我们总是带着一种强烈的自我意识去打量这个世界，因此，一切以对我们是有利还是有害为判断的标准，从而得出结论。如此，我们便失去了那种与世界一体的情怀，失去了那种打量世界的平和眼光。而如果我们能够跳出自我意识的狭隘格局，试着像我们婴儿时期那样去打量这个世界，那么我们便会总是友好和善的，也不会根据别人的身份地位，或者是根据是否对自己有利而下意识地将人分作等级、敌友，因此我们也必然能收获更多的友善。同时，一旦没有那么强烈的自我意识，便不会总是被外界环境所左右，因外界环境而产生恐惧、紧张等情绪。

其二、老子说婴儿虽然筋骨柔弱，但拳头握起来却很紧；他虽然还不知道男女的交合之事，但小生殖器却常常勃起，这是因为精气充足的缘故；他终日号哭，但嗓子却不会沙哑，这是因为元气和谐的缘故。婴儿之所以精气不外泄，同时元气和谐，是因为他对于自我和这个世界都还是懵懂的，也就不会为无论是内在的自我还是外在的世界去费神。他的内心世界和脑子中是异常简单而平静的一个世界，他不会为因得到什么而过分地高兴，也不会因失去什么而过分地悲伤；不会因自己独有什么而骄傲，也不会去嫉妒别人的什么；他不会伤感，不会忧虑，不会烦恼，不会仇恨；更重要的是，他不会因为放纵欲望而耗费精神。总之，他就是一个简简单单的存在，他的精气神不会耗费在那些无谓的地方。自然，在他身上也便不会产生因某种情绪过分而产生的元气不和谐的情况。

和婴儿相反，成年人则往往是将自己的精气神无限地分散在了没完没了的思虑和情绪中，时而为自己拥有什么而高兴得不得了，时而又为自己失去了什么而伤感不已；时而羡慕别人，时而又暗自庆幸；时而为一件过去的事儿恼怒不已，时而又为将来可能会发生的事儿万分忧虑。而这些情绪和思虑都会交替着不断严重耗损我们精气，某种过分的情绪又会破坏我们元气的和谐。正是因为此，我们成年人总是感觉处于一种精神疲惫之中，甚至许多人都处于医学上所说的亚健康状态。其实，精神上的思虑本身是耗费精气的。我们可以分析一下我们现代人每天的生活，就现在来说，我们每天的营养条件应该是很好的了，每天其实并没有做什么过重的体力劳动。之所以感到累，原因就在于我们过重的思虑。另外，可能许多人都有体会，小时候我们都不喜欢午休，因为没有感到累。但长大后，许多人中午不午休便难受得要命。原因便在于思虑的过重。而一旦某种性质的情绪过分突出，我们的身体便会出现不和谐。因此，在这个方面，婴儿所能给我们的启示便是要学会化繁为简，将复杂的世界变得简单。

其实，因为每个人都是从婴儿成长起来的，因此所谓向婴儿学习的智慧，实质上是捡起我们本来就已经拥有后来却丢失了的德性，乃是一种向人本性的回归。

第五十六章

知者不言

知者不言,言者不知。塞其兑,闭其门①;挫其锐②,解其纷;和其光,同其尘,是谓玄同③。故不可得而亲,不可得而疏;不可得而利,不可得而害;不可得而贵,不可得而贱,故为天下贵④。

【注释】

①塞其兑,闭其门:兑,指口眼耳鼻等和外界相通的器官;门,门径;堵塞上与外界相通的通道和门径。

②锐:锐气。

③玄同:玄妙的"同一"境界,即道的境界。

④贵:尊贵。

【今译】

真正领悟了道的人只是心里知道,却很难用语言表达出来。而那些夸夸其谈热衷于炫耀的人其实是不知道的人。领悟了道的人必然会塞堵住嗜欲的孔窍,关闭住嗜欲的门径。不露锋芒,消解纷争,挫去人们的锋芒,解脱他们的纷争,收敛他们的光芒,混同于尘世之间,这就是深奥玄妙的"同一"的境界。达到"同一"境界的人,你不能够亲近他,也不能够疏远他;不能够让他尊贵,也不能够让他卑贱,因为他已经超脱亲疏、利害、贵贱的世俗范围,所以也就是天下最尊贵的人。

【解析】

知者不言,言者不知

本章中,老子提出"知者不言,言者不知。"实际上,这种观点是老子一贯的宇宙人生观点的反映,是老子在《道德经》第一章中便说出的"道可道,非常道;名可名,非常名"观点的进一步延伸。真正懂得的人往往是不去言说的，而反过来，去言说的往往并不懂得。关于此，庄子也持相同的看法。

在《庄子·天道》中庄子说："世人所珍视的大道，是文字的记载；文字的记载不外乎语言。但有的意义可以用语言来表达，而有的用语言无法表达。以语言文字流传下来的东西往往并无多大价值。我之所以不珍视，是因为他们所看重的东西，并不是世界上最珍贵的东西，那些真正珍贵的东西往往是只可意会不可言传的。眼睛看得见的是形体和颜色，耳朵听得到的是声音，人们竟然试图通过这些媒介来了解大道，那是做不到的。因为那些形、色、声、名根本无助于人们了解真正的大道。"

不过也有认为可直接解释为"智者不言，言者不智"。即认为真正有智慧的人往往是少说话的，而只有没有智慧的人才往往自以为知道很多而夸夸其谈。不过，这里的"知"无论是解释为"知道的人"还是"有智慧的人"其差别不大，总归所要告诉我们的就是不要说那么多话。

首先，如上所言，宇宙间真正高深的道理不是语言所能表达的，因此即使有人感悟到了，也无法用语言传递给别人。因此现实中那些夸夸其谈，坐而论道的人，所讲的肯定不是真正的道。曾经有人说过一个形象的比喻，说每个人的知识都是一个圆圈，圆圈外面的部分乃是每个人的未知部分。因此，一个人的知识越多，其圆圈的周长就越大，同时，其所接触的未知世界就越大，也就更感觉到自己的无知。这就是为什么越是有学问的人越是谦卑和沉默的缘故。相反，那些一知半解的人，总是急于表现自己的"学问"，民谚"一瓶子不满，半瓶子晃荡"说的就是这种道理。

其次要许多东西语言是表达不出来的，只能是靠不言之教来表达。关于此，《庄子·逍遥游》中有形象的说明。

列子是战国时期一个传奇人物，据说他能乘风而行。于是有不少人便想拜其为师，但是却从来没有人学会过。有一位叫尹生的人听说列子有乘风之术，就带上干粮找到了列子。尹生每天和列子住在一起，帮列子打柴做饭，一连几个月，为的是抽空向列子请教乘风的技艺。但尹生向列子探问过十次,列子总不开口。尹生很生气,认为列子心胸狭窄,不愿传授给他人,便告别列子回家去了。列子也没有一句挽留的话。

尹生回来后觉得不对头。因为他早在见到列子之前,就已经听说了他的事迹,据说饥者求食,他将仅有的一碗饭分与一半;寒者求衣,他将身上的夹层衣剥下一层;别人丢东西怀疑他,他也并不怨恨。由此可见列子不是个心胸狭窄之人,乘风之术他绝不会密不传人。对于自己的求问不作回答,必有他的道理。想到这里,尹生便后悔自己太轻率了,于是他又重整行装,二次拜见列子。

列子见尹生又回来了,便奇怪地问:"你走了才几天,怎么又回来了?"尹生跪拜说:"学生先前怨恨先生不肯教授我乘风之术,所以才离去。但后来一想,先生不授肯定自有道理,此次消除了怨恨之心,特地向先生请罪,望先生能再次接纳。"列子长叹一声道:"你在这里呆了几个月,我每天都向你传授。你要回去,我以为你已经领会了大道的奥妙。没想到你不但没有领会,而且还没入门,实在令人遗憾!"尹生感到十分迷惑:"先生几个月都未发一言,怎么说天天向我传授?"列子说道:"乘风之术本来就无法用语言来传授。用语言传授,表面上似乎说得很清楚,实际上却离道会越来越远,只有默默不语才能慢慢领会它。当初我跟随老商先生学习乘风之术,三年时间里,老商先生没说过一句话。我虚心静气,安养精神,三年后能做到心不敢念是非、口不敢言利害的境界,直到这时老商先生才斜眼看了我一次。我又修炼了两年,达到了心敢念是非、口敢言利害的境界,这时老商先生才破例向我微笑了一次。我又修养了两年,能够做能随心所欲而心中无是非、随口所言而言中无利害,这时老商先生才让我与他并肩而坐。我又修养了两年,能够放纵心思,任其驰骋,放纵口舌,任其闭张,而对于所思所言的内容我则浑然不知。既不清楚我的是非利害是什么,也不清楚别人的是非利害是什么。不知道究竟老商先生是我的老师,还是我是老商先生的老师。甚至我的体内身外都好似没有区别了。感觉眼睛像是鼻子,鼻子又像是嘴,心凝结在了一起,骨肉都消融了。不知道我的身体倚靠着何物,也不知道自己站立在何处,只觉得自己在随风飘荡,或东或西;

好像是没有知觉的树叶一样，弄不清楚到底是我乘风飘荡还是风乘我飘荡。

"而你，在我门下学艺不过几个月就有这么多的怨愤，这怎么行呢？怨愤是由彼此之间的界线产生的。之所以有怨愤，乃是因为觉得别人对不起自己，这样就在自己和别人之间划出了一条界线。怨愤越大，这种界线也就越深。界线越深，自己和他物就越难以融合。难以融合则气不能容纳你的身体，地不能托载你的双足，要乘风而行也就无从谈起了。"

总之，"知者不言，言者不知"给我们的启迪，首先是真正高深的道理，往往是语言难以表达的，只能通过内心去领悟。其次，许多东西知道了便可以了，不必非要说出来，一旦说出来，往往只能说明你的不智。最后，便是要想让别人听从自己，最好的方法就是通过默默的行动去影响别人。

第五十七章

以正治国

以正①治国,以奇②用兵,以无事取天下。吾何以知其然哉?以此:天下多忌讳③,而民弥贫;民多利器④,国家滋昏;人多伎巧,奇物滋⑤起;法令滋彰⑥,盗贼多有。故圣人云:"我无为,而民自化⑦;我好静,而民自正;我无事⑧,而民自富;我无欲,而民自朴。"

【注释】

①正:简单平易的方法,即"清静无为"之道。
②奇:出奇诡秘的计谋。
③忌讳:禁忌,限令,法令。
④利器:权谋。
⑤伎(jì)巧:技巧智慧。奇物:邪恶之事。滋:越,更加。
⑥彰:明白,彰显。
⑦自化:自我演变,自然变得顺化。
⑧无事:即不去用政令、战争骚扰百姓。

【今译】

治理国家要用简单平易的办法,只有在用兵时才用奇巧诡诈的办法,治理天下应该尽量不去骚扰百姓。我为什么知道这些呢?根据以下这些情形:天下的禁忌越多,百姓动辄得咎,无所适从,便不能安心干活,生活便会贫困;朝廷中大人物的权谋越多,为政者勾心斗角,国家便会混乱;人的智诈机巧越多,邪恶的事就会层出不穷;法令过于严苛森严,束缚人们的生活自由,盗贼就会越来越多。因此,圣人有鉴于此而说道:"我无为而治,人民便自然变得顺化;我喜欢清静,人民自然会端正思想和道德;我不去用政令和战争骚扰人民,人民便自然会幸福安康;我不放纵自己的欲望,人民便自然朴实淳厚"。

【解析】

以正治国，以奇用兵

一般认为，自本章始，老子开始频繁论述自己的政治观。本章开篇的"以正治国，以奇用兵，以无事取天下"，可说是老子的政治观点的总纲。对于"正"，老子从正反两面进行了阐释。老子先是指出，天下的禁忌越多，百姓动辄得咎，无所适从，便不能安心干活，生活便会贫困；为政者勾心斗角，国家便会混乱；人们的智诈机巧越多，邪恶的事就会层出不穷；法令过于严苛，盗贼反而会越来越多。而接下来，老子又借圣人之口论述了好的政治是怎样的：无为而治，人民便自然变得顺化；喜欢清静，人民自然会端正思想和道德；不去用政令和战争骚扰人民，人民便自然会幸福安康；不放纵自己的欲望，人民便自然朴实淳厚。

老子经常用到这个"正"字，比如在第三十七章中有"不欲，以静，天下将自正（有版本作'定'）。"在第四十五章中有"清静为天下正（有版本作'定'）"。对于正的解释不止一种，不过这里我们不作过多的文字分析，姑且就以"清静无为"的执政策略为其本意。总之，老子强调的是无为而治。

接下来让我们看一下"以奇用兵"。我们知道，老子是一个反战主义者；但是同时我们也知道，老子所生活的是一个天下失道，群雄逐鹿的时代。在政治上，周王室大权旁落，群雄争霸，连年战争，大国不断蚕食小国。由于卿大夫势力强大，各国内部动乱也时有发生，权力更替频繁，弑君现象屡见不鲜。据史书所载，春秋时代的242年间，有43名君主被臣下或敌国杀死，52个诸侯国被灭，有大小战事480多起，诸侯的朝聘和盟会则达450余次。期间，先后出现齐桓公、晋文公、宋襄公、秦穆公、楚庄王五个霸主，史称"春秋五霸"。到春秋末期，经连年吞并，140多个诸侯只剩下了20多个。可以想见，这完全可以称得上是一个弱肉强食的黑暗时代。在这样的时代背景下，老子虽然反战，主张清静无为，但那只能是他的一种政治理想。面对这样一个残酷的现实,老子对战争还是有所关注的。比如《道德经》第三十一章里有:"兵者,不祥之器,非君子之器,不得已而用之。"可以说,这句话总体上概括了老子的战争观,并非盲目反对,而是认为不得已不用罢了。并且,在《道德经》中,老子多次直接对用兵的策略进行了探讨。而本章中老子所言的"以奇用兵"则可算是老子对于用兵的一种总括性思想。

所谓"奇",意思与"正"相反,乃是复杂,诡诈之意。老子的这种军事思想实际上在《孙子兵法》中也有体现,即"以正合,以奇胜"。另外,不仅在此章中,在后面的章节中,老子对于自己的军事思想还有一些更为具体的论述,阐述了用兵的五个原则:一、"夫慈,以战则胜,以守则固。天将救之,以慈卫之。"(六十七章)。二、"善为士者不武。善战者不怒。善胜敌者不与。善用人者,为之下。是谓不争之德,是谓用人之力,是谓配天,古之极。"(六十八章)。三、"吾不敢为主,而为客,不敢进寸,而退尺。"、"是谓行无行,攘无臂,扔无敌,执无兵。"(六十九章)。四、"祸莫大于轻敌,轻敌者几丧吾宝。"(六十九章)。五、"抗兵相加,哀者胜矣。"(六十九章)。由此可以看出,老子虽然反战,但是其对于军事战争的策略还是相当有研究的。

而在这里,老子将其治国思想与用兵思想放在一起论述,也可说是一种不得已而为之。因为无为而治,乃是一种对于国内百姓的治理,但是,如果其他国家发动战争侵略本国,无为而治显然不够了。这时候便需要以军事行动来对抗。对此,老子又提出了以奇谋战胜对手的总体军事策略,意即尽量以最小的代价获得胜利,以便尽量少地影响百姓的生活。因此,"以正治国,以奇用兵"可以说是老子对于自己的"无为而治"思想的进一步补充。

老子一向崇尚大道至简,无论是为政,还是做人,老子都提倡清静无为。但是谈到军事战争时,他的态度便不一样了,他主张的不是简单,而是诡诈、复杂。这便提示我们在思考问题时,不可僵化,要根据事物的性质来决定我们的思维方法。既不要一味地将问题考虑复杂,也不要一味地将其简单化。而是要具体问题具体分析。

第五十八章

福祸相倚

其政闷闷,其民淳淳①;其政察察,其民缺缺②。祸兮,福之所倚;福兮,祸之所伏。孰知其极?其无正③也,正复为奇,善复为妖④。人之迷,其日固久。是以圣人方而不割⑤,廉而不刿⑥,直而不肆⑦,光而不耀⑧。

【注释】

①闷闷:昏昏昧昧的样子,这里指政治宽松。淳淳:淳朴。
②察察:法律严酷,严密。缺缺:狡诈、怨恨。
③正:固定的标准。下一个"正"则为正直之意。
④妖:邪恶。
⑤方:方正。割:用刀刃伤害人,这里指迂腐。
⑥廉:锐利,犀利。刿(guì):戳伤。
⑦直:直率。肆:放肆。
⑧光而不耀:光,光亮;耀,炫耀。

【今译】

治国者施政宽松朴质,人民生活安定,自然会淳朴。治国者施政严苛,人民自然会变得狡诈。灾祸里未必不隐藏着幸福;而幸福里则可能隐藏着灾祸。这种祸福交互存在的循环,是没有一定准则的,谁知道它究竟是什么呢?正直随时可能变作虚假;善良突然间变作了邪恶。对此,人们已经迷惑了很久。而圣人则因为已经明白这个道理,所以才会表现得方正但不迂腐,锐利但不伤人,直率但不放肆,光亮而不炫耀。

【解析】

祸福相依

许多事情看上去是好事情,其实未必是好事;有些事看上去是坏事,其实也未必是坏事。这便是老子所说的"祸福相依"。显然,这是一种大智慧。

实际上,老子的这种观点乃是老子辩证法观点的一个侧面,在第二章中老子曾言:"故有无相生,难易相成,长短相较,高下相倾,音声相和,前后相随。"他把事物看成彼此对立的两个方面,而这两个方面又互相联系、互相依存。并且,他还进一步提出一切事物都会向它的反面转化的观点,如"曲则全,枉则直"、"物壮则老"等。而"福"和"祸"这一对相反的命题,两者同样是相反相成,相互依存。得到福的同时,也可能埋下了祸患的种子;而遭遇祸患的同时,未必没有埋下福德的种子。

春秋时期,鲁国的阳虎专权作乱,鲁国国君一次突然发难,命令国人紧闭城门捉拿他。声称抓到他者得重赏,胆敢私下放走他者杀无赦。于是各个城门被人把守起来,阳虎东窜西逃,当来到最后一个城门前,发现仍没有办法逃出去。阳虎绝望,便拔出剑来准备自刎。守门人看到了他的举动,便制止了他,对他说:"何必如此灰心呢,人生的路还有很长啊,我放你出去吧!"阳虎这才得以逃出了城。就在他出城后,却回身刺伤了这个守门人。守门人愤怒地说:"我本来和你非亲非故,只是因为同情你才放了你,为此我已经犯了死罪。你不但不感激我,反而刺伤我,这真是天降灾祸于我啊!"鲁国国君断言阳虎是从哪个城门跑的,于是下令,凡是未受伤的守门人全都抓起来治罪,而受伤的则给以重赏。结果,这个放走阳虎的守门人因为身上负伤而得到了重赏。

这则故事便形象地说明了祸福相依的道理。无论是灾祸还是好事,都并非如看上去的那样。好事的背后可能隐藏着祸事,祸事背后可能隐藏着好事。实际上,这绝非仅仅存在于那些看似有些偶然性的故事中,可以说,任何事情都是如此。总之,老子是想告诉我们,在遇到事情的时候，无论是好事还是坏事，都不要以短视去对待。要学会用一种更为全面、动态的目光去看问题，看到事情表面背后隐藏的趋势或者苗头。

方而不割，廉而不刿

　　老子在本章中指出，好事和坏事会相互依存，正直和虚假会彼此转化，善良和邪恶也会相互易位，并没有一定的标准存在。而世人却看不透这一点，只是执着于自己的理解和标准，结果陷入混乱之中无法自拔。而圣人却因为看透了这个道理，所以能够做到"方而不割，廉而不刿，直而不肆，光而不耀"。应该说，这四条准则对于我们为人处世具有重要的指导意义。而在这四个准则中的"方而不割，廉而不刿"侧重于理解别人，而"直而不肆，光而不耀"则侧重于强调的是克制自己。因此，我们将其分开论述，这里先论述"方而不割，廉而不刿"。

　　对"方而不割，廉而不刿"的解释不止一种，除了上面所说的方正但不迂腐，锐利但不伤害别人外，还有人认为其可解释为方正但不生硬，廉洁但又不疾恶太严、苛刻太甚。不过，这些解释本质上差别不大，总的意思便是说一个人可以要求自己在内心坚持原则，但在具体运用时要圆融，不要苛责。

　　我们知道，每一个人出生和成长的环境是不一样的，所受的教育也是不一样的，因此看待事物的方式和衡量行为的标准肯定有所不同。同时，每个人的智慧高低也是有差别的，因此对于一个事物的认识也会有智愚之别。有时候智慧的人看到的东西，别人未必能够看出来。这时候，我们便不能以自己的标准去苛责别人。孔子曾言自己每天都反思自己今天有没有做不符合仁义的事情，却从来没有说要积极去衡量别人有没有符合仁义。美国著名小说家菲茨杰拉德在自己的小说中曾经说过一句话："当你想要批评他人时，你要记住，这世上可不是任何人都能拥有你拥有的这些优越条件。"这便提示我们，对待自己不妨严格一些，而对待别人，则以宽厚为好。每当你要苛责别人的时候，要明白什么事情都没有绝对的标准，你认为对的未必就真的那么对。用一种并不绝对的准则去衡量别人，只能是一种自以为是，结果显得自己苛刻、狭隘，乃至愚蠢。

　　正如老子所说，世间的许多东西都是不一定的，大家都有一个自己的标准。你的标准其实不一定比别人的高明。另外，即使是你是正确别人是错误的，也要站在他的立场设身处地想想。总之，凡事多一份宽容和理解。我们看一下历史上那些因道德被大家敬仰的人，就会发现，他们在严格要求自己的同时，对别人则总是相当宽容。事实上古人对此有一个专门的词"外圆内方"。"内方"，即是人格独立，灵魂正直，胸怀大义，坚持真理；而"外圆"则是指对待对朋友、同事、左邻右舍要宽容、温和、平易近人，和气共事，不要得理不饶人。曾国藩在写给自己的弟弟的信中告诫弟弟："立者，发奋自强，站得住也；达者，办事圆润，行得通也。"现代著名教育家黄炎培还将"外圆内方"的智慧送给将要出国读书的儿子。他在给儿子写的座右铭中就有这样的话："和若春风，肃若秋霜，取象于钱，外圆内方"。

　　另外，如果你对别人过于苛责，大家必然都不愿与你亲近，所谓水至清则无鱼，人至察则无徒。如此，没有一个很好的人际关系，你做事便会缺少帮助。我们知道孔子肯定算是一个有原则的人了，但是在那个交通不便、文化落后的时代，他的学生竟然能够达到三千人。设想一下，如果他总是用自己的标准去要求学生，可能没有几个人能够令他满意。他秉承"有教无类"的教育理念，给他们以指导。也正是因为此，才成就了孔子的伟大。

第五十九章

治人尚啬

治人事天①,莫若啬②。夫唯啬,是谓早服③。早服谓之重积德;重积德,则无不克④;无不克,则莫知其极;莫知其极,可以有国⑤。有国之母⑥,可以长久。是谓深根固柢⑦,长生久视⑧之道。

【注释】

①事天:侍奉上天或者天地。
②啬(sè):吝啬,节俭,这里指爱惜。
③早服:早做准备。
④克:战胜,胜任。
⑤有国:即治理国家。
⑥有国之母:母,根本,指"道"。
⑦深根固柢:根柢,树根向四面伸的叫做根,向下扎的叫做柢。
⑧长生久视:即长久存在。

【今译】

治理国家和侍奉天地,最好的方法莫过于爱惜精神。因为只有爱惜精神,才能做到早作准备;早作准备,就是不断地积"德";能够不断积"德",就没有什么不能担当的;没有什么不能担当,就无法估量他的力量;具备了这种无法估量的力量,就可以担负治理国家的重任。掌握了治理国家的原则和道理,国家就可以长久安定。这就是根深蒂固、长久存在的道理。

【解析】

治人事天,莫若啬

"啬"的本意是将农作物放进仓库收藏起来。后来引申为节约、节用。《韩非子·解老篇》言:"少费谓之啬。"苏辙说:"啬者,有而不用,至于没身而终不试。"可见,所谓"啬",并非是因为匮乏而不用,而是虽然拥有,却主动克制自己的欲望,不奢侈。因此,"啬"包含了老子一向所推崇的"俭"的精神。在第六十七章中老子曾言:"我有三宝,持而保之:一曰慈,二曰俭,三曰不敢为天下先。"这里的"啬"便指的是三宝之一的"俭"。

我们知道,人和动物的一个最大的区别,便是动物的欲望是有限的,而人的欲望是无限的。一头牛一旦吃饱了便躺下来心满意足地反刍;狮子饱餐后便会安闲地躺下来晒太阳;鸟儿只要搭起一个简陋的窝巢便很知足地每天以此为家;老鼠仅仅在潮湿的地下打个洞便觉得是天堂了。可以说,在吃、住、性这些基本的生存需求方面,动物大多都只求最基本的满足。但是人类却不同,人类不仅要吃饱,还要吃好,讲究"食不厌精",对食品的味道要求越来越高,要变着花样去吃,甚至要吃濒临灭绝的各种珍稀动物,去吃需要别人冒着生命风险去悬崖上摘来的"燕窝"等营养品。在住的方面,不仅要求房子安全、冬暖夏凉,而且还要大,要比别人的气派。并且,人类还有与生存无关的许多需求,比如总想拥有尊贵的地位、想要和有名望的人结交、占有稀有而珍贵的艺术品等等。总之,人类的欲望可说是无止境的。不然也不会有那么多的身处高位,已经拥有花不完的财富的人还因为争权夺利而丢掉性命。老子清醒地看到欲望的无止境,通过满足欲望的方式去追求幸福永远不可抵达,于是提醒人们反向而为,节制自己的欲望,在物质上崇尚节俭,知足常乐,认为这样反而能够得到幸福。

老子的观点是深刻的,但也并非是孤立的。因为节俭不仅是钱财的问题,而是追求个人修为的基本路径。我们知道,一个人要想追求真理,最基本的一点便是要内心平静,所谓静生定,定生慧。而要做到静,首先便要摆脱欲望的纠缠。内心有欲,便会蠢蠢欲动,浮躁不安,自然无法进行修行。正因此,老子提出首先要节俭。

对于治理国家的统治者来说,节俭与否就不止是他个人的事情了。如果他个人欲望膨胀,想要过更为奢华的生活,住更华丽的宫殿,占有更多的美女，那便会对人民征收更多的税收，要人民服更多的徭役。如此，人民必然生活艰难，怨声载道，国家必然不能安定。更进一步，有的统治者在对内横征暴敛的同时仍不满足，还想占有别国的珍宝、美女、土地，那么，战争便来了。相反，如果统治者能够克制自己的欲望，崇尚节俭，那么国家对人民的征敛必然比较少，对人民的骚扰也会比较少。如此，人民生活便会安定幸福，国家自然便治理好了。正是因为这个机理，老子认为治理好国家，就要克制欲望；治国，最关键的地方也在这里。

具体到我们个人，老子的这种"啬"的智慧对我们是具有非常现实的意义的。先不说追求人生大道，就比较现实的层面而言，"啬"的智慧对解决我们现代人过于焦虑的状况是很有帮助的。过多的劳作消耗了我们的体力，过多的追求分散了我们的精神；过多的娱乐消解了我们的意志，过多的言说耗散了我们的心气，过多的欲望戕害了我们的身心。而所有这一切，都是我们的身体之宝、精神之宝、幸福之宝，这些元素的过度消耗会使我们心浮气躁，内心焦虑不安，最终导致体质下降，精神不济，道德损伤。唯有节制自己，守护精气神，才能长保健康。

第六十章

以道治国

治大国若烹小鲜①。以道莅②天下，其鬼不神③。非④其鬼不神，其神⑤不伤人。非其神不伤人，圣人亦不伤人。夫两不相伤，故德交归⑥焉。

【注释】

①治：治理百姓，治理国家。
②莅（lì）：走到近处察看，也指治理，通知，管理。
③神：通"伸"，意为发挥作用、作祟。
④非：非但。
⑤神：神灵。后面的"神"字同此意。
⑥德交归：德复归于他们。

【今译】

治理大国就好像煎烹小鱼，常常翻动，小鱼就会破碎；因此不可朝令夕改，过于多事，否则人民就会不堪其扰，国家便会乱。不过，只有有道的人才能做到如此。用道治理天下，鬼神便会各归其位。因此鬼不再出来作祟；非但鬼不再作祟，神也不伤害人；非但神不伤害人，圣人也不必伤害百姓。鬼神和圣人都不伤害人，这就是天下德性感交的时候，也好像天下之人都回归到本来天真与纯朴的世界那样的祥和与清静。

【解析】

治大国若烹小鲜

"治大国若烹小鲜"是老子流传最广、影响最大的几句话之一。不仅被中国两千多年来的历代君王引为治国箴言，甚至曾在1987年被美国政府写入国情咨文中。这句话之所以受到如此推崇，是因为老子以一个传神的比喻，形象而准确地道出了治理国家的关键所在。老子用煎烹小鱼来比喻治理国家，两件事本来看似不可同日而语，但两者内在的规律却非常相像。煎烹过小鱼的人都知道，要想煎好，首先火不能太猛，所谓"猛火煎蛋，慢火煎鱼"；其次，则是切忌频频翻动，否则小鱼就会散架破碎，不成形。这也恰恰是治国的关键。治理一个国家不能一味任性，不尊重客观事实和规律，使用过于刚猛的政策。并且，也非常忌讳朝令夕改，令百姓无所适从。这便是老子所言的"治大国若烹小鲜"的基本含义。

我们知道，老子曾多次谈及他的政治主张，总体上便是无为而治。即反对统治者过多地使用智力，制定繁琐严密的法令约束百姓、侵扰、折腾百姓。因此，"治大国若烹小鲜"以一种更为形象的方式表达了老子的无为而治的政治主张。本章后面的"以道莅天下"是老子对"治大国若烹小鲜"的补充。

为了进一步理解老子的这种治国策略，我们不妨以另一位和他持同样观点的政治人物的治国策略为例，来更真切地感受老子的这种政治主张，这个政治人物便是商朝名相伊尹。实际上，老子的"治大国若烹小鲜"虽然以比喻精妙流传广远，但他并非是第一个将治国比作烹饪的人，第一个乃是伊尹。伊尹是辅佐商汤打败夏桀建立商朝的第一谋臣，是中国历史上第一个贤能相国，因为比孔子要早一千三百多年，因此被称作元圣人。传说伊尹的父亲是个厨艺高明的奴隶厨师，因此他自小便学会了一手高超的烹饪技术。但在学习烹饪的同时，伊尹勤学上进，喜欢思考，深谙治理国家之道。后来商族首领汤知道了他的才能，便将他请到自己身边当谋臣。据说一次，商汤向其请教治国之道，伊尹便借用自己擅长的烹饪来打比方，他说道：做菜既不能太咸，也不能太淡，要调好佐料才行；治国恰恰如同做菜，既不能操之过急，也不能松弛懈怠，只有恰到好处，才能把事情办好。

伊尹所言正是老子"治大国若烹小鲜"的观点。违反这一治国之道，往往会导致国家倾覆的危险后果。历史上不乏其例。秦始皇兼并六国，建立起了一个强大的统一帝国。这个帝国建立后在政治、经济、文化上取得一系列成就。但因维持庞大的官僚机构和庞大的军队，并进行多次大规模战争、修筑万里长城与阿房宫等大型工程，秦朝对人民征敛过重；过于严酷的法律和对知识分子的残忍打击，使人民"苦秦久矣"，最终引发大规模农民起义。加上六国贵族的响应，便二世而亡了。另一个典型例子是隋朝。我们知道，隋朝同样非常短命。但是这个短命王朝相当伟大。因为，往前算的话，可以说自东汉末年至南北朝，中国便一直未曾出现过一个强有力的稳定的统一政权，尤其自"五胡"入华以来，中国在长达两百多年的历史里处于分裂状态。隋朝建立之后，其强盛在中国乃至世界历史上都空前绝后。隋朝不但疆域辽阔、经济繁荣、文化昌盛，而且甲兵强锐，为后来唐朝的强大兴盛奠定了基础。但是，正是因为这些赫赫功绩，统治者忘乎所以，对百姓役使过分，导致民怨沸腾，最终亡国。总结秦朝和隋朝这两个例子可以看出，治理国家时统治者不能凭借自己的主观愿望任意而行，哪怕你的政令不是出于自己的享乐，而是有利于国家的强盛，只要你的政令不遵循客观规律，过分骚扰人民，便可能有亡国的危险。这正像是用过于猛烈的火去煎鱼，最终只能是将鱼煎糊。

老子的"治大国若烹小鲜"其实不仅可以应用于治国，也可以作为一种普遍的管理学智慧。可以说，任何一个团队，包括一个协会、一个学校、一个企业，都可以利用这种"烹小鲜"的智慧。作为一个团队的首领，对于一个团队的管理，首先应该做到顺应规律，不强求，不妄为；其次，则是不能反复无常。拿一个企业来说，如果领导者急功近利，不管市场和生产规律，强行制定不现实、冒进的生产和销售目标，结果便只能导致企业的挫败。或者在制定公司的战略时，对产品缺乏定位，今天要走高端路线，明天又要多管齐下，抓住中低端消费群，最后只能导致什么路线也没走成。因此，一个企业大的原则和定位轻易是不能变的，只能因时间推移、市场演变和外界环境的变化而作出相应的"小调整"和"小改变"。企业只要抓住了大的原则，制定了大的、基本的规章制度，使企业有了一个正确的、基本的运行轨道，在通常情况下，就应当坚持"以不变应万变"。

更进一步，无论是顺应规律，还是不来回折腾，其背后深层次的道理便是要保持冷静，不急不躁，便是老子所说的"静为躁君"的道理。一个人只有保持冷静，才能够清晰地看到宏观的局面，看到事情的规律，并判断出自己该走的路线，才能够静下来关注事情的细节。说到细节，我们知道，其实"烹小鲜"除了火不能太猛，不能翻动太多，还有重要的一点便是要在细节上下功夫。同样，在管理的过程中，能够沉静下来在细节上下功夫也是至关重要的。关于这一点，丰田汽车公司的社长丰田英二的一句话颇为典型，他说：丰田汽车最为艰巨的工作，不是汽车的研发与技术创新，而是生产流程中技术工人对每一根绳索不高不矮、不偏不倚、没有任何偏差的摆放和操作。

第六十一章

大者宜下

大邦者下流①，天下之交②，天下之牝③。牝常以静胜牡，以静为下。故大邦以下小邦，则取小邦；小邦以下大邦，则取大邦。故或下以取，或下而取。大邦不过欲兼畜人④，小邦不过欲入事人⑤。夫两者各得其所欲，大者宜为下。

【注释】

①下流：江河下游，低处。

②天下之交：是天下河流交集的地方。

③牝：这里泛指阴性事物，与后面的"牡"相对应。

④兼畜人：把人聚集在一起加以养护。这里指大国收服小国。

⑤入事人：侍奉别人，这里指小国事奉大国。

【今译】

大国要像大海居于江河下游那样，使天下百川河流交汇在这里，处在天下雌柔的位置。雌往往能够以安静守定而胜过雄，这是因为它安静且能处下的缘故。因此大国如能对小国谦下忍让，就可以取得小国的信任，并使其甘心归附；小国若能对大国谦下有礼，就可以见容于大国。所以，或者大国对小国谦让而取得小国的信服，或者小国对大国谦让而见容于大国。而无论是大国谦下以求得小国的信服，还是小国谦下以求得大国的见容，两者都不外乎见容或求容于对方。故而为了达到目的，两国都应该谦下忍让。但是这其中的关键，还是大国首先应该谦下忍让。

【解析】

大者宜为下

"大者宜为下"是老子对于统治者提出的一种处理国际关系的期望，即希望大国能够不自恃其大，而是主动表示出谦下忍让。如此，小国自然更会表现得谦卑忍让。如此一来，天下自然就太平了。当然，这毕竟只是老子提出的一种政治主张而已。

虽然老子的"大者宜为下"的政治见解并未成为春秋战国时期的主流政治哲学，但其高超的政治智慧依旧是不可否认的。可以说，老子的这种见解，抓住了两个国家之间保持和平共处的关键。即使是到现代，两个国家之间能够保持和平，其关键也在于大国能够首先保持一种谦下忍让的风范。

事实上，在春秋战国时期，如同孔子的仁政不可能得到统治者的青睐一样，老子的这种"大者宜为下"的国际关系主张也不可能得到实施。因为在那样一个失去秩序、弱肉强食的时代，众多诸侯国彼此虎视眈眈，即便没有伤人之心，也不可能没有防人之心。在这样一种彼此间充满怀疑和不信任的整体氛围中，拥有强大的实力才是生存的最可靠保障，将别人消灭了自己才会真正安全。所以，管仲、商鞅、李斯这样的法家人物，苏秦、张仪这样的纵横家，白起、廉颇、孙膑这样的军事家才是最受欢迎的。但是，一旦这样的乱世结束，一种稳定的秩序建立之后，彼此之间有了基本的信任后，"大者宜为下"的主张应该说还是具有相当实用的价值，不失为处理国家关系的一种高超的政治智慧。

而且，"大者宜为下"实际上是老子一向强调的"守柔"、"处下"观点的反映。关于这一点，老子进行过多次强调。第六十六章："江海之所以能为百谷王为者，以其善下之，故能为百谷王。是以欲上民，必以言下之。"第七十六章："坚强处下，柔弱处上。"应该说，老子的这种观点得到了中国人的普遍认同。并且不止是中国人，国外的不同文化背景下的伟大人物，同样也不约而同地表现出了一种"处下"的风范。我们来看一个与大科学家爱因斯坦有关的故事。

晚年的爱因斯坦已经功成名就，他的邻居中有个十一二岁的小女孩，常常到他家里去。女孩的母亲对女儿的行踪感到奇怪，询问之下，孩子告诉她："别人告诉我说那里住着一位非常有名的数学家，所以我在做数学作业遇到困难时就去请教他。他也很乐意帮助我。他对所有的问题都解释得很清楚，还说有什么困难问题都可以去找他。"孩子母亲感到女儿的这种冒失不妥，连忙去向爱因斯坦道歉。爱因斯坦却真诚地说："事实上，我很希望您的女儿能够常来，因为我在谈话中，我从这她身上学到的，比她从我这儿学到的还要多！"

可以说古今中外的那些伟大的人物身上，都表现出了一种令人感动的谦卑、"处下"的风范。而这也恰恰成就了他们的事业，因为这种"处下"的做人格调，使得他们具有包容一切的胸怀，能够吸纳一切对自己有益的力量，从而推动自己的事业。正如老子所说，大海居于最低的地方，故能成其大。伟人自甘居于低位，反而成就其在人们内心的高度。相反，那些将自己看得很高的人，则往往遭到人们的鄙视。古往今来的多少自视伟大，将自己看做大众救星的人，最终都成为了历史的笑柄。

具体到我们普通人，虽然我们未必是"大者"，但是学会"处下"的智慧，对于我们为人处事肯定也有十分现实的意义。结合你自己的体会，自负而咄咄逼人的人，你会喜欢他吗？人同此心，因此，做人低调、谦卑一些，必然会使你赢得更多的赞许和信赖，前进的路上获得更多的支持。

第六十二章

万物之奥

道者，万物之奥①，善人之宝，不善人之所保。美言②可以市尊③，美行④可以加人⑤。人之不善，何弃之有？故立天子，置三公⑥。虽有拱璧⑦以先驷马⑧，不如坐进此道。古之所以贵此道者何？不曰求以得，有罪以免邪！故为天下贵。

【注释】

①奥：深藏，庇护之意。

②美言：合乎道的语言。

③市尊：换得尊重。

④美行：合乎道的行为。

⑤加人：加于人，凌驾于别人之上，即受人尊崇，居于统领的地位。

⑥三公：古代中央政府中最高三个官职，一般一个执掌行政大权，一个负责军事，一个负责监督政府，各代名称不一，这里泛指百官。

⑦拱璧：指双手捧着贵重的宝玉。

⑧驷马：四匹马拉的车。古代献礼，轻物在先，重物在后。

【今译】

道是无所不包的，可以庇荫万物，不仅善良的人将他视为修身养命的宝贝，就连不善的人也经常依靠它来保护自己。所以有时候只要你说出一句话合乎道的至善至美，就可以获得人们的尊敬，只要你的某个行为合乎大道，比较高尚，你便在此时得到人们的看重。即使是恶人，只要你因为明白了大道，真心悔过，道怎么会弃你于不顾呢！所以即使你登上了至高无上的王位，设置了文武百官前呼后拥，拥有稀世珍宝的美玉，乘坐富丽堂皇的马车，这样的尊贵也不如获得道来得可贵。古人为何要如此重视道呢？还不是因为有道可以立身，有求就能得到，有罪就能免除吗？所以道可以说是天下最尊贵的了。

【解析】

美言可以市尊

本章老子仍意在论述道的可贵之处，不过，其着眼在"善人之宝，不善人之所保"上。在老子看来，道乃是"万物之奥"，可以庇荫万物，其不仅是善良之人的珍宝，即使是不善的人，也可以借助道来保护自己。可以说，道是公平无私的，并不刻意区分好人还是坏人，只要所说的话是符合了道的，便可以凭此赢得人们的尊重；只要一个人的行为是符合了道的美行，便能够被人们所看重。其中，"美言可以市尊"，可以说对人们颇有启发意义。

现在"美言"这个词的意思和老子所说的意思已经不一样了。现在我们所说的"美言"意思是好听的话，所谓"请您多多美言"。这种"美言"与是否符合事实、符合道不相干。事实上，我们也知道，人们都是有辨别能力的，好听的话未必能够获得别人的认可，而真正能够得到人们尊敬的话，则是符合道的话。所谓符合道的话，具体起来便是诚实、正直、客观、有见地的话，简单说，便是高明的真话。我们知道，真话往往是不那么好听的，所谓良药苦口，忠言逆耳。老子在八十一章中直言："信言不美，美言不信。"尽管真话听起来不是那么美妙，会暂时让人不舒服，但只要是有智慧的人终归会认同，进而尊重说真话者。而那些虚饰的逢迎拍马、阿谀奉承之言，虽然暂时听起来美妙，可能会讨得听话者欢心，但最终会遭到鄙视。

北宋王安石在他主持变法时期，有一个叫吴孝宗的官员依附保守势力，极力诋毁新法。可过了一段时间，他和保守派产生矛盾了，便转而支持变法。为讨好王安石，他写了《巷议》十篇呈送，说街巷之间的百姓都在议论新法的好处，其实内容全是他编造的。王安石一看便明白了他的用心，十分鄙视，对他更加疏远。还有一位名叫郭祥正的官员，当时是邵阳（今湖南邵阳市）武冈县令。为了升官，他向神宗皇帝上奏章，对王安石大加颂扬，极尽溜须拍马之能事。一天，宋神宗问王安石："你认识郭祥正吗？这个人才似乎不错。"王安石说："我在江东时认识他，这个人口才像纵横家，而行为轻浮浅薄，是个不可委以重任的人。"王安石接着问神宗，"皇上，是不是有人举荐他？"神宗拿出郭祥正的奏章给王安石看，王安石看后摇摇头笑了，他认为被这样阿谀奉承的人所颂扬，实在是莫大的耻辱。他态度坚决地向宋神宗表明像郭祥正这样的人万不可重用。

上面的例子可以看出，一个人说话能否取得别人的尊敬，绝不在于是否将话说得好听，而在于你说话是否客观、公正。只要你说话能够做到问心无愧，公正客观，哪怕是听起来让人不舒服，也往往能赢得别人内心深处的尊敬。如果你说话只是一味地投其所好，表面上听起来是好话，其实却是违心的奉承之言，也往往不能获得有智慧的人的感激，反而会遭到轻视。

老子所说的"美言可以市尊"的道理在现实中也可以给我们以有益的启示。在平时说话时，我们便要符合大道。凡说话力求客观公正，不偏不倚，根据自己内心的真正想法发表见解，如此，我们才能获得别人的尊敬。相反，如果怀有私心，出于某种目的去说一些空话、假话、套话，只会让人觉得你这个人是个没有个性、没有思想的庸人，没有人会真正地尊敬你。另外，它还提醒我们，在和朋友交往的过程中，要勇于客观公正地指出朋友的不足不妥之处。虽然这样做可能一时会令他不快，但时间长了，他便会感受到你的良苦用心，会真正地把你当有益的朋友。古人云："道吾好者是吾贼，道吾恶者是吾师。"说的便是这个道理。

美行可以加人

与"美言可以市尊"相同，"美行可以加人"乃是老子证明道的巨大功用的又一角度。所谓美行，并非指行为本身是否在表面上令人感到舒畅，而是指其深层次上是否符合道。具体来讲，指行为本身是否是善意的、正义的、刚直的。善意地对待别人，是一种博大的关怀，是对人的信任、鼓励和帮助，能让人感到温暖亲切。这样的行为让人感动，必然会得到被帮助者的感激和回报，也必然会得到世人的尊重和敬仰。

东汉初期有一个著名的明德马皇后，被历代史家所颂扬。马皇后是名将马援的小女儿，父母在她很小的时候就去世了。因为马援死后被奸臣诬陷，马家的日子一直很不好过，所以马皇后只好进宫侍奉太子。她脾气很好，人又聪明，很得太子的宠爱和阴后的喜欢。太子登基不久，有关官员请皇帝立皇后，皇帝还没说话，阴太后就提议立马皇后，这事就这么定了下来。马皇后喜欢读书，不喜欢奢侈的东西，虽然贵为皇后，还是经常穿粗布衣服，也不在衣服上加花边。有人劝她稍微奢华点也没关系，但马皇后拒绝了。汉明帝喜欢到园林里游玩，马皇后担心他耽于游乐而误了国事，所以经常劝诫，话说得情深意切又很周到，一般都会被汉明帝接受。当时朝中如果有什么争议较大的事难以决断，明帝一般都会来问马皇后的看法，而皇后一般都能找出问题的实质，分析得头头是道，经常对政事的不足提出弥补的意见。但她从来没有让自己家的私事去干扰皇帝，所以汉明帝一直都非常尊敬和宠爱她。

明帝死后，章帝即位。章帝很想给马太后的兄弟们封爵位，但她一直反对。后来朝中上下都赞成封马家兄弟爵位，太后用前朝外戚干政的典故来教育章帝，坚决不同意封他们为侯。汉章帝虽然不是马太后亲生，但是马太后从小带大，章帝对马太后感情很深，他觉得不封舅舅们为侯心里实在过意不去，但不得不尊重马太后的意见。马太后对自己娘家人要求很严格，如果谁勤俭朴素，她会很高兴地表扬嘉奖；而那些追求奢华的亲戚，她就打发他们回老家。后来天下太平，章帝决定封舅舅们为列侯，他们也都纷纷推辞。马太后鼓励了他们的这种行为，但圣旨已下，他们便在接受了封爵后辞官回乡。

马皇后没做什么惊天动地的大事，她身处后宫贵为皇后，以至孝侍奉太后，以宽容和善良对待嫔妃宫女，以自己的才能和智慧帮助皇帝，匡正时弊。当她成为皇太后，权高威重，并为朝廷尊崇敬仰时，她重大局公正无私，并时刻保持一种低调和谦和，为天下做出表率和榜样，促进了朝廷的和谐和政治的清明。正是这种美德善行，她才被奉为历代后宫佐治的典范，被永远传颂。

　　当然，不是说一个人的行为自始至终都要合乎道才算是美行。这样的人就是圣人了，古今中外找不出几个。实际上，老子所说的合乎道的美行，乃是有一件算一件，并不因为一个人是坏人，便没有美行了。因为老子明确讲了："人之不善，何弃之有？"具体到现实生活中，我们应该明白，要想为人所看重，一切全在于自己。不要在乎你的行为在细节上如何，表面上如何，而要明白你的行为是否是真正符合道。这一点，从长远来说，既骗不了别人，更骗不了自己。一切都是种瓜得瓜，种豆得豆。并且，在做一件事情的时候，不要考虑其他的事情自己是如何做的。这件事合乎道了，在这件事上便会得到人们看重；那件事不合乎道，便会在那件事上遭到人们的鄙视。

第六十三章

能成其大

为无为，事无事①，味无味②。大小多少，（报怨以德。）图难③于其易，为大于其细。天下难事，必作于易；天下大事，必作于细④。是以圣人终不为大，故能成其大。夫轻诺必寡信，多易必多难。是以圣人犹难之，故终无难矣。

【注释】

①事无事：做事没有特别的目的。第一个"事"为动词，从事，做事的意思。无事，即没有特别的目的。

②味无味：将没有味道当做唯一的味道，恬淡无欲之意。

③图难：图谋难的事情。

④细：小事，细节。

［注］括号内的内容与上下文不符，应该属于第七十九章。

【今译】

人们往往是抱着有所为的态度而为，而圣人则是抱着无所为的态度而为；人们往往是抱着一定的目的行事，圣人做事则没有固定的目的；人们往往是为了满足贪欲而品味，圣人则并不为贪欲而去品味。人们是以大为大，以小为小，以多为多，以少为少，而圣人则是以小为大，以少为多。（人们通常恩怨分明，以德报德，以怨报怨，圣人则是以德报怨。）天下的难事，必定是从容易的地方开始着手；天下的大事，必定是从小的地方做起。所以圣人不肯舍弃小事而总想一下子做成大事，所以他才能够最终做成大事。一个人一旦轻易许诺，那么肯定无法守信；一个人将事情看得过于简单则必然会遇到许多困难。因此，圣人总是从一开始就将事情看得很难，时时戒慎、反省自己，结果反而根本不会遇到难事了。

【解析】

图难于其易，为大于其细

"图难于其易，为大于其细"是老子的一个具有方法论意义的智慧。这个智慧不同于"天道"那么宏观而形而上，而是对于人们的行为具有很具体的指导意义，因此历来受到人们的推崇。

正如老子所言，"天下难事，必作于易；天下大事，必作于细。"所有的看上去了不起的大事业，必然是从小的地方着手，一步步自小而大积累而成的；看上去十分难的事情，必然是从简单的地方开始，将困难一点点地解决掉，最终完成的。下面这个寓言便很形象地说明了这一点。

一只新制造出来的小钟被放在了货架上，在它的旁边是两只旧钟。两只旧钟"滴答、滴答"一分一秒地走着。小钟有些不知所措。其中的一只旧钟便友好地对小钟说："来吧，你也该工作了。"停顿了一下后又接着说："不过，我有点儿担心，你走完3200万次以后，恐怕会有些吃不消。""天哪！3200万次。"小钟吓了一大跳，"要我做这么大的事？我肯定做不到！还是算了！"这时另一只旧钟开口了："别听他胡说八道。不用害怕，其实很简单的，你只要每秒'滴答'摆一下就行了。""哦，事情这么简单"小钟有些半信半疑，"如果这样，我就试试吧。"于是小钟很轻松地每秒钟"滴答"一下，不知不觉中，一年过去了，它摆了3200万次。

其实许多所谓的大事正是如此。看上去老虎吃天，无从下口，那是因为你心浮气躁，只看到了结果，而忽视了过程。实际上，如果你能够静下心来，将大的事情分拆成一个一个的步骤，然后一步一步地去做，在完成这些小的步骤时，其实并不难。只要你坚持不懈，持之以恒地去做这些简单的步骤，时间到了，你会发现自己不知不觉间已经接近甚至做成那个当初看来可望不可及的大事情。

洗洗擦擦、装装卸卸、摆摆放放之类的工作，并不需要多少技巧和技能，只要认真坚持下去。可坚持下去却也不是太容易的事。在有人看来，这类小事也太不起眼、太微不足道了，因而就不愿意去做。他们一心想着做大事，取得大的成功，想一举成名，认为干这类小事不会有出息。殊不知，任何大事业总是由一件件小事串成的，不严肃认真做好每一件小事，所谓大事也就是一句空话。"天下难事，必做于易，天下大事，必做于细。"坚持并认真地做好琐碎的小事，干好别人不愿干的工作，是成就事业必备的品质。如果平常拒绝坚持做小事，想要在关键时刻创造辉煌，那是不可能的。事实上，我们在自己所做的每一件工作上都签下了自己的名字，事做得有多漂亮，我们的名字就有多响亮。一心渴望成就伟大的事业，却不甘于平淡，伟大的事业必定了无踪影；认真做好每个细节，伟大的事业就会不自觉来到你的面前。已故的美国西尔斯公司董事长裘利亚斯·罗山在世时，有人问他是如何取得事业的成功的，他的回答是："如果我只有一个柠檬，那么我就只想着如何做成柠檬水。"只要我们具备了这样认真的态度，脚踏实地做好每一件小事，干好每一件不起眼的工作，我们就会取得自己想要的成功。

但在当今的社会中，有不少人也知道小事重要，开始时也能充满热情地去做，但时间一长，锐气消磨，热情减退。再加之有时看不到希望，于是便懈怠了，敷衍了。这种人多半因为不理解小事的价值，也不明白自己的目标，半途而废，终无所成。而对于目标明确的敬业者来说，工作无小事，每天兢兢业业地把所在岗位的每一件事做好、做到位，并坚持下去，就不简单了。海尔最与众不同的地方就是能够把看起来不起眼的小事坚持做到底，公司总裁张瑞敏说："把每一件简单的事做好就是不简单，把每一件平凡的事做好就是不平凡。"做小事很容易，但要坚持做到底就不容易了。

"海不择细流，故能成其大；山不拒细壤，故能就其高。"只要把不起眼的小事坚持到底，终究能成就伟大的事业。有位哲人曾说过，看似最为平常、最容易做的事，也是最难做的事；谁做好了最为平常、最容易做的事，谁就会取得非凡的成就。把不起眼的小事能做到位，把不起眼的小事能坚持做到底，小事也能成为大的事业。

另外，不仅是大的事业是从小地方着手，难的事情是从简单的地方做起，那些不可挽回的不好的事情，也往往不是突然爆发的，而是有一个过程。如果能够在细节上、在简单的地方及早注意，防微杜渐，也是可以遏止的。这同样是一种"图难于其易，为大于其细"的智慧。

其实，说到底，"图难于其易，为大于其细"便是一个把握哲学上的量变和质变之间的关系，并将其运用到自己的行事中去的智慧。我们知道，不管是好事还是坏事，都有一个从量变到质变的过程。难以做到的事，一旦将其拆分为若干步骤，要做这些步骤往往是简单的。要阻止不可挽回的坏事的发生，事到临头，往往是难以做到的；但提前防患于未然，在细节上未雨绸缪，则是容易的。总之，要做大事情，既不要好高骛远，也不要被其困难所吓住，要先从小事情干起。清人彭端淑的《为学》中曾讲了一个故事，说四川的边境上有两个和尚，其中的一个贫穷，另一个富有。一天，穷和尚对富和尚说："我想去南海，你觉得怎么样？"富和尚问："您靠什么去呢？"穷和尚说："我靠着一个水瓶、一个饭钵就足够了。"富和尚说："我几年来一直都在想雇船而往下游走，还没有能够去成，你靠这个就想去？"到了第二年，穷和尚从南海回来了，并告诉富和尚此事，富和尚显出了惭愧的神色。这里，这个富和尚之所以失败，便是因为将困难想得过大，不敢着手去做。而穷和尚之所以成功，便是因为不畏困难，身体力行，逐渐接近并最终到达自己的目的地。实际上，所有的所谓大事，不都是这样做成的吗？

轻诺必寡信

老子指出："轻诺必寡信，多易必多难"。

"轻诺必寡信"、"多易必多难"有相通之处，但也有各自独特的含义。我们将其分开单独讲述，这里先说"轻诺必寡信"。

"轻诺寡信"之所以会成为一种普遍现象，有其深刻的根源。按照老子的说法："天下难事，必作于易；天下大事，必作于细。""多易必多难"，也就是说，天下的事情，特别是好事大事，要想做成做好，是很困难的。它不仅需要漫长的时间，而且要克服数不清的困难。这就要求做事者既要有足够的耐心,又要有坚定的意志和充分的自信心。但是,那些"轻诺"之人,往往把事情看得太容易,对困难估计不足,所以做起来就会大出意外,要么半途而废,要么功亏一篑。到时候,即便他不想失信,也没办法兑现"诺言"。况且,这些轻诺之人,往往是没有耐心的浮躁之徒,许多事情只是随口说说而已,并未认真思考事情能否办成。所以一遇困难便会轻易放弃,最终成为"寡信"之人。历史上,这样"轻诺寡信"的例子比比皆是。

在我们现实的生活中,在我们自己身边,"轻诺必寡信"的事也不少见。当你请求别人帮忙时,许多人往往都会满口应承,让你回头等消息,但是,时间一天天过去了,那个消息却永远也没有到来;个别商家在电视、报纸或是当面做出的各种"包修包换包退"信誓旦旦的承诺,你相信了。但当你掏出你的钱将产品购买回去之后,一旦出现问题,再回来找商家要求兑现承诺时,你才会发现自己当初相信这样的承诺是多么的天真。总之,当别人轻易地说出自己的承诺时,你最好站在他的角度想一想:我要是他,会兑现吗?鲁迅先生在遗嘱中专门告诫妻儿:不要轻信别人的诺言。

除了不要轻信别人的承诺之外,"轻诺必寡信"的智慧重在提醒我们自己不要轻易做出承诺,以免不能兑现,成了一个没有信誉的人。"轻诺必寡信"在商业领域中比较常见。例如现许多商业公司为了拉住客户,在一开始对于客户的要求总是满口应承,而不管自己能不能兑现。一旦不能兑现,就失去了客户的信任,人家再也不愿与你合作了,可以说是丢了芝麻捡西瓜。许多公司之所以不能长期经营,就是因为这个原因。与此相反,香港最成功的商人李嘉诚为我们做出了榜样。李嘉诚凭借其商业帝国成为香港首富,关于其成功之道,已有许多书籍做过探究,其最后都基本没有绕开一个字——"诚",也即信誉。他的成功与他在创业之初便不肯为了眼前利益而"轻诺寡信"有着很大关系。

最后,还有一种情况值得一提。不仅不要对别人轻诺,对于自己也不要轻诺。许多人在决定减肥、戒烟、早起晨练时,往往会给自己制定现实可行的计划。但许多人往往一开始便制定出很苛刻的计划,坚持一段时间后便懈怠了。如此一来，便对自己失去了信心，觉得自己不可能做到，最后干脆放弃。与其如此，不如制定一个稍微宽松的计划，以使自己能够长期坚持。比如，只规定自己少吃肉而不是完全不吃肉；戒烟不是一下子戒掉，而是规定每天少抽半包甚至几支；早起的时间不定得那么早等等。如此，降低难度，使自己容易长期坚持，自己便能够兑现自己的计划，便会越来越有信心了。

多易必多难

"轻诺必寡信"强调"信用"；"多易必多难"则强调一个人对于所遇困难的预见性。总体而言，"轻诺必寡信"偏重于对我们如何做人给出指导，而"多易必多难"则偏重于对我们如何做事给出指导，因此可以说，"多易必多难"是教导我们如何成功的智慧。

"多易必多难"的意思很简单，就是说一个人如果在做一件事之前将事情想得越简单，在以后遇到的难题就会越多。自然，反过来，一个人如果能够在做事前更多地预测可能遇到的困难，并制定出周密的计划；即使不能预测，也要保持谨慎小心的态度，随时准备应对困难，那么，在实际做事情时遇到的困难则会少。应该说，这是一句经历了无数实践证明的智慧，可能每个人都深有体会。

有这么一位青年，有一天一拍脑袋，准备开一个饭馆。这人做事也真够麻利，很快就在街道上找到了一个门面。这门面原本是卖服装的，他找了一帮朋友胡乱一倒腾，将其隔成一大一小两间；大的作门面，小的作厨房。然后将煤气、锅灶、锅碗瓢勺之类一一凑齐，牌子一挂就算开张了，整个算下来不到一个月的功夫。但直到来了第一个客人，他才想到：哎呀，我也不会做饭呀，得招个厨师才对！于是，赶紧将招聘广告贴出去。结果，效果倒也不错，第二天就来了个应聘的十六七岁的小伙，声称自己在其他饭店干过，最擅长做拉面。这位朋友没多想，给小伙子一个白大褂，便让他走马上任了。并且这时才想起来给饭馆取个名字，既然专卖拉面，就叫"好味拉面馆"好了，专卖拉面，这下算是正式开张了！没想到第一天便出了状况，客人刚吃了一口那小伙儿做的拉面，便大喊一声："这是什么味啊！"那小子倒也机灵，看到这种情况一声不吭溜了。这下，这次开业又没弄好，开业第一天厨师跑掉了。于是，继续招聘，这次招来的厨师稍有改善了，虽然来吃过的客人都不再来了，但至少没人询问"这是什么味啊"了。不过，这样整天做一锤子买卖，一段时期后，就很难见到客人了。最终，这个青年认定，是这个位置不好，应该再找个风水宝地，肯定生意兴隆。又是很快，他便在另一个人流量比较多的街道口找到一家门店。这次，他不卖拉面了，决定卖炒菜，觉得这才能赚大钱。但来的人还是很少。原来，这条街虽然人流量大，但因为都是自住户，一般都在自己家里做饭。结果，饭店还是天天赔，熬了一个多月，关门大吉。

几个月下来，这位青年搭上房租、厨师工资、面粉、水电费用等，算下来亏了将近两万。问他怎么突然想到要去开饭馆，他说是因为一句谚语：生意做遍，不如卖饭。这句谚语使他以为只要开饭店，就不会赔。另外，他也冷不丁地听人说过开饭馆就没有赔钱的之类的话。脑袋一拍，在没有具体了解开饭馆究竟利润如何、在什么地方开客人比较多，甚至还没有决定自己究竟开什么类型的饭馆的情况下，便行动起来。这位青年的行为，就如同谚语说的"盲人骑瞎马，夜半临深渊"。他看别人开饭馆很轻松，便将开饭馆看得太简单了，结果却遭遇惨败。这正是符合老子所说的"多易必多难"的道理。

事实上，不仅是开饭馆，甚至是更小的事情，如果一开始将其看得简单，没有制定切实可行的计划，都很可能遇到意想不到的困难，最终放弃。更为复杂的事情，就不用说了。因此，无论做什么事，必须有充分的准备，才更可能取得成功。而把事情看得简单势必会带来更多的困难。总体而言，越是复杂、风险大的事情，"多易必多难"的道理便越体现得明显。事实上，因为个人生活领域的状况不会那么复杂，因此"多易必多难"的道理在个人生活领域体现得不是那么明显。但是，在工作中，或者在商业领域，抑或是军事战争中，"多易必多难"的道理体现得就尤其明显了，因为在这些事情中，一旦对事情估计不足，缺乏必要准备，损失的就是大笔的金钱和数万士兵的性命。

总之可以看出，不管哪种类型的事情，不管其大小，其成功或失败带给人们的收获或损失的程度虽然不同，但是"多易必多难"的道理却是丝毫不爽地存在于其中。因此，无论做什么事情，都要提醒自己，记住"多易必多难"这个道理。

第六十四章

无为无败

其安易持,其未兆易谋,其脆易泮①,其微易散。为之于未有②,治之于未乱。合抱之木,生于毫末③;九层之台,起于累土④;千里之行,始于足下。(为者败之,执者失之。是以圣人无为,故无败,无执,故无失。)民之从事,常于几成而败之。慎终如始,则无败事。(是以圣人欲不欲,不贵难得之货;学不学,复众人之所过。以辅万物之自然,而不敢为。)

【注释】

①泮:散开,消解。

②未有:未曾发生。

③毫末:细小的萌芽。

④累土:累,土笼,盛土的框子。累土,即一筐一筐的土。一说累乃堆积之意。

[注] 括号里的内容与上下文不太相符,疑似措置。

【今译】

国家安定的时候,为政的人容易保持对国家的治理。因为一切纷乱的事情还没发生的时候,如果有违反常规的事情刚要发生,便能一目了然,并能很快找出解决掉。事情还未见端倪时,总是容易图谋的。这就像是脆弱的东西容易分化,微小的东西容易散失。因此,做事情要在它尚未发生以前就处理妥当,在祸乱还没有发生之前就做准备。合抱的大树,是从细小的萌芽生长起来的;九层的高台,是由一筐一筐的泥土堆积起来的;千里的远行,是从脚下的第一步开始的。(违反以上的规律,试图有所作为,固执任性的人必然会失败。因此,圣人总是不妄为所以不会失败,无所执著所以不会遭受损害。)普通人做事情,往往会在快要成功的时候遭遇失败,因为不能始终如一。所以在事情快要完成的时候,也要像开始时那样慎重,这样就不会有失败的事情了。(圣人深知此理,所以他所追求的东西都是别人并不想要的,而众人所稀罕的难得的财货,他却并不稀罕;他所学习的知识也不是众人所喜爱的那些可以用来卖弄的知识,排除众人所有后天的妄见妄知。总之,他确守无为的道体,辅助万物自然发展,而不敢有所作为。)

【解析】

为之于未有,治之于未乱

"为之于未有,治之于未乱"——凡事要未雨绸缪,防患于未然。如果说在前一章中老子所教导我们"图难于其易,为大于其细"是一种如何去做成一件正面的事情的话,"为之于未有,治之于未乱"则是教导我们如何去避免负面的事情发生。这里,老子告诉我们,防范祸患发生的关键便在于能够提前有所预测,根据一些微小的征兆而预测到祸事的发生,在事情还未发生或者还没有形成不可挽回的态势之前采取措施,杜绝其继续发展。下面这个故事便形象地体现了"为之于未有,治之于未乱"。

古时候,一户人家刚盖成了新房子。这房子其他地方都好,只是相比于别人家弯曲的烟囱,他家的烟囱建得有些直了。但主人也没多想,只是胡乱地将一垛柴草堆放在烟囱旁,准备等烟囱一干,投入使用。一天,一个木匠出身的客人到这家闲坐,参观了他的新房后对主人说:"这房子建得挺不错的,不过这烟囱建得太直,容易发生火灾,你应该将它改造得弯曲一些。另外,这柴草也离烟囱太近了,最好搬远一些。"主人听了笑了笑,不以为然,不久也就把这事忘到了脑后。后来,这家果然失了火。幸亏发现及时,左邻右舍又热心帮忙,火很快被灭掉了。只是厨房内的用具烧掉了一些,没有酿成大祸。为了酬谢大家的帮忙,主人办了酒席。席间,主人热情地请被烧伤的人坐上席,其余的人也根据出力大小依次入座。但那个当初曾建议主人改造烟囱、搬远柴草的人却并没有在席。

大家正高高兴兴地吃着，忽然有人提醒主人说："要是你当初听从了那位木匠客人的劝告，把烟囱改弯，将柴草搬远点，就不会有今天的祸事了，也用不着破费来酬谢大家了。现在，您论功请客，怎么可以忘了那位事先劝告您的客人呢？难道提前劝您防火的没有功劳，只有救火的人才有功劳吗？我看，您应该把他请来作为上宾才对呀！"

主人听了，这才想起当初的事情来，赶紧去将那位客人请来坐在上席，对他说了许多感激的话。最后，主人说幸亏现在还不晚，他将按照他的建议重新改建烟囱，并将柴草堆放到安全的地方。众人都拍手称好。事后，主人果然照做了，再也没有出现火灾。

这个故事便告诉我们，凡事要有预见性，在祸事还没到来之前，便应该根据征兆有所预测，从而防患于未然。其实，从哲学上讲，任何事物都处于一定的因果链条中，因果律是除了时间、空间之外另一个任何事物都无法摆脱的先验法则。所有的坏事都不是突然发生的，而是在早期便有一定的征兆。如果早早发现，便能够及时避免。比如生活中一个烟瘾大的人，如果得肺癌，肯定所有人都不会觉得诧异；一个酗酒的人得肝癌，大概也不会有人想不通；一个人做人不讲信用，经常出尔反尔，借钱不还，到他真正遇到难事需要用钱时，没有人肯帮忙，大概他也不必抱怨人家绝情；为什么？原因便在于在这些人身上，很早就出现了倒霉的苗头，但他们却不去采取措施消除，自然也就没有抱怨的权利了。

除了在个人领域，"为之于未有，治之于未乱"在商业领域中也具有现实的意义。英特尔公司预见危机的例子便是对"为之于未有，治之于未乱"智慧的成功运用的典型。

1994年，一个数学教授指出装有英特尔芯片的机器上出现了一个算法错误。英特尔对此并未在意。但后来随着媒体对这件事的广泛关注，IBM宣布装有英特尔奔腾芯片的计算机停止出厂。面对质疑，英特尔随即意识到这个看上去很小的问题已经超越了问题本身，它涉及到了人们对于英特尔本身的信心。立即改变原来的策略，免费为所有用户更换所有问题芯片。事后，英特尔方面对这件事进行了分析，最后英特尔总裁格鲁夫得出了一个令他"出了一身冷汗"的结论。那就是这个小小事件的出现并非是偶然的,而是预示了英特尔正在面临着一场异乎寻常的转折。人们已经习惯性地认为只有装了英特尔处理器的计算机才是最先进的计算机,因此芯片出了问题之后,客户们不是去质疑电脑商,而是直接对英特尔提出质疑。这说明电脑领域的游戏规则已经改变,英特尔不再是一个"芯片制造商",而是一个消费品牌。一旦出现哪怕多么小的问题,整个品牌都将遭受巨大损害。正是这种预见,使英特尔及早在新的游戏规则中找到了自己的位置,进而避免了被扫地出局的命运。

　　事实上,成功的商人不仅能够尽可能对前景进行预测,以防范祸患,甚至许多企业还会主动预设现在还并无端倪的危机。一个众所周知的危机感很强的人便是比尔·盖茨了。当微软的利润超过20%的时候,他便提醒同事们由于软件市场竞争的日趋激烈,这个利润很可能维持不了多久;后来利润上升到了22%,他仍旧强调这很可能只是一时的;到了今天,微软的利润已经超过了60%,比尔盖茨依旧这么说。表面上看似乎比尔·盖茨有些过于紧张了,但是谁也不敢说,如果之前没有这种危机感,微软会依然是今天的微软。微软能够长期占据计算机行业的领袖地位,或许其秘密很大程度上便藏于比尔·盖茨提出的那句"微软离破产永远只有18个月"的著名口号。

　　在全球化、信息化和网络化的今天,世界的商业模式已经发生了巨大变动,企业不得不在一个蕴含更多不确定性和突变性的危机中打拼。突如其来的危机,往往以迅雷不及掩耳之势,打乱企业的正常秩序,甚至让企业陷入困顿或绝境。危机一旦形成,化解的难度之大、代价之高,使人不寒而栗。然而,危机的出现,并不是横空出世。危机的前导诱因和问题,其实已经积累了很长时间,各种矛盾和问题,从来就没有停止过生发和酝酿,它们不断滋长,日积月累,小患终成大疾。只有不断在细微之处发现、化解危机,才是企业保持卓越的长久之道。

慎终如始，则无败事

"慎终如始，则无败事"是老子给我们留下的又一至理名言。两千年来一直受到人们的推崇。的确，人们做事情在开始时很容易保持旺盛的斗志和冷静的头脑，但在快要接近成功时，会因为前面的顺利而形成骄傲心理；同时也会因为接近成功而头脑兴奋，失去冷静，进而丧失谨慎的态度和应有的沉着，功败垂成。对于这种现象，其实不仅老子，很多中国古人都看得很透彻，并提出了谆谆告诫。比如《诗经·大雅·荡》中便有言："靡不有初，鲜克有终。"《论语》中记载孔子对曾参说："参乎！吾道一以贯之。"一以贯之，说的便是一种持之以恒，善始善终的做事态度，与老子所说的"慎终如始"应该是一个意思。人们之所以会如此多地强调这种"慎终如始"的智慧，正是因为如老子所说："民之从事，常于几成而败之。"功亏一篑的现象，在中国历史上的例子可谓不胜枚举。

我们知道，三国时期的刘备，乃是三国创业者中基础条件最差的。但他之所以能够成就一番事业，与他的隐忍低调、谦虚谨慎、从善如流的做人品质密不可分。这一点从他礼贤徐庶、三顾茅庐等事中得以充分体现。另外，从他对儿子刘禅"勿以善小而不为，勿以恶小而为之"的告诫中，也可体会出他谨慎克己的做人信条。正是凭借这种对己严格、对贤能之士尊重的做人风范，他才得以立足荆州和川蜀，创建蜀汉，与占据了"天时"的曹操和占据了"地利"的孙权鼎足而立。但是，在西川称帝后，刘备便逐渐失去了其早期谦虚谨慎的作风，甚至对于前来投奔他的士人也不那么礼遇了。实际上，早在据有荆州之后，刘备的作风便有所改变。当初庞统前来投奔于他，他看人家其貌不扬，便将其冷落，只是给了他一个小官便打发掉。在称帝之后，他开始变得刚愎自用，听不进别人意见。当关羽被东吴杀害之后，刘备怒发冲冠，不顾包括诸葛亮在内的大部分人的劝阻，执意兴兵讨伐东吴。而这便破坏了自己联吴抗魏的立国之策，是十分不理智的。结果，他的一意孤行导致了后来的夷陵之败，蜀汉元气大伤，他自己也抑郁而终。后来，诸葛亮多次北伐都没能成功，也与此有关。

另外一个例子是唐末农民起义领袖黄巢。唐朝末年，黄巢率军转战南北，因为起义军作战勇敢，又得民心，一路上队伍不断壮大。黄巢率领起义军攻下东都洛阳后，没有就此懈怠，仅在洛阳停留了十几天，便向长安进发。因唐王朝人心离散，起义军很快便攻下了长安，唐僖宗率众逃亡四川。起义军刚进入长安时，黄巢张贴布告晓谕市人："黄王起兵，本为百姓，非如李氏不爱汝曹，汝曹但安居无恐。"其果然军纪严明，并向贫民散发财物，百姓热烈欢迎。得到民心的黄巢很快称帝，建立大齐政权。但是，黄巢称帝后，便开始失去了原本的进取精神。当时，唐僖宗仍在四川，是个隐患，同时，起义军只是占领了长安城，而在长安周围还驻扎有不少唐朝军队，随时可能反扑长安。但是，志得意满的黄巢既没有派人入川追杀唐僖宗，也没有派兵攻打长安周围的唐军，而是在长安安稳地当起了皇帝，过起了奢侈糜费的帝王生活。所谓上行下效，起义军将士面对富庶的长安，失去了原本严明的军纪，开始烧杀劫掠，哄抢财物。起义军失去了民心，而唐王朝经过一番喘息后，调动长安周围的军队反扑长安，将起义军赶出了长安。黄巢率人逃窜，最终兵败被杀。

实际上，这样的例子还有许多，这些人都是在基本上已经获得成功的时候放松了自己的意志，最终功亏一篑。这正是因为没能像老子所说的"慎终如始"的必然结果。西方有一位数学家，毕生从事圆周率的计算。他花了半生的心血把圆周率推算到了小数点后的七百多位，他也因此受到人们的尊崇。但后来人们发现他在小数点后的二百多位数那里就出错了，这意味着他后面的努力全是无用功。真可谓"一着不慎，满盘皆输"，令人惋惜。可以想象，在一开始时，他肯定清楚地知道从事圆周率计算这样精密的计算工作，是不能出一点岔子的。因此在开始时他肯定是一万分谨慎地进行他的工作的，甚至都可以想象他肯定是做出了反复的验证的。但可能是前面的验证没有出现过错误，在后面便开始放松警惕，结果导致了这个令人遗憾的结果。

"慎终如始"的智慧，对应的是人们常犯的错误。早期靠"守道"获得成功，而后期因"失道"导致失败。这类人，其前期靠虚怀若谷，励精图治，戒惧谨慎，创立了了不起的功业，但是，巨大的成功也改变了他的心态和人格，使这些取得了一定成就的人走向反面，最终因得意忘形、懒惰懈怠、贪图安逸而溃败。"慎终如始"可以说是我们做任何事情，都必须要遵循的一个道理，历史上那些取得成功的人物，无不是深深地懂得这个道理，并以此要求自己，最终才获得了成功，这样的例子同样有许多。

戡平太平天国的曾国藩，军事才能并不高明，他的对手石达开曾评价说："谓曾国藩虽不以善战名，而能识拔贤将，规画精严，无间可寻，大帅如此，实起事以来所未觏也。"实际上，即使是打了胜仗之后，曾国藩往往还在夜间亲自训营，检查漏洞，正是靠这种始终如一的谨慎，他取得了最后的胜利。不仅在军事上如此，在政治上，清廷对于位高权重的曾国藩也一直十分提防，害怕其拥兵自立。而实际上，他也的确有这个实力。但最终，他选择了交出兵权，并一直谨言慎行，戒骄戒躁，时时刻刻小心行事，自称"战战兢兢，如履薄冰"，最后得以善终。并成为了中国历史上最后一位集立德、立功、立言于一身的完人。

总之，正反两面的无数事例已经反复证明了老子所说的"慎终如始，则无败事"的正确性。这句话告诫我们，想要做成一番事业，保持一颗进取心和一颗冷静的头脑，同时保有一种坚忍不拔的意志是必要的。但这还不够，最关键的还是要将这些东西保持到完全胜利的那一刻。古人讲："行百里者半九十。"说一百里的路程走了九十里，便和走了五十里没区别，因为同样是没有达到目的地。

德 经

第六十五章

善为道者

古之善为道者，非以明民①，将以愚之②。民之难治，以其智③多。故以智治国，国之贼④；不以智治国，国之福。知此两者亦稽式⑤。常知稽式，是谓玄德。玄德深矣远矣，与物反矣，然后乃至大顺⑥。

【注释】

①明民：使动用法，使民明。明，学会巧诈。
②愚之：使之愚。愚，非愚蠢之意，而是自然淳朴之意。
③智：并非智慧之意，而是智巧诡诈。
④贼：灾祸。
⑤稽（jī）式：法式，模式。
⑥大顺：返璞归真，顺应自然。

【今译】

古代善于用道治理国家的人，不教人民以斗智机巧，而是教人民淳朴敦厚。国家之所以难以治理，就是因为人民智谋太多。所以用智巧心机去治理国家，就等于是教人民相互斗智，君臣相欺，国家必然遭受危害。倘若为政者不以智巧治国，人民必然自然纯朴，则国家上下相安无事，这才是国家的福祉。"以智治国"和"不以智治国"是古今治乱兴衰的标准界限。若能常怀这种标准在心，不以智治国，就是有玄妙德性的人，这种玄妙德性既深又远，与万物一起复归道的质朴，从而完全顺乎自然。

【解析】

以智治国，国之贼

本章老子所重点阐述的还是他的政治观点。不过在本章中，这种观点则更具体化了，老子明确指出："以智治国，国之贼；不以智治国，国之福。"所谓"不智"，结合老子在前面所说的"古之善为道者，非以明民，将以愚之。民之难治，以其智多"，其实就是"愚"的意思。由此可见，老子所提倡的便是一种"以愚治国"。可以看出，这里的"有为"和"无为"有别于先前所说的，老子从"智"与"愚"的角度探讨了治国的策略。

先说"智"。我们知道，虽然世人都崇尚智巧，但老子却一直反对崇尚智巧。如在第十九章中，老子声称："绝圣弃智，民利百倍"、"绝巧弃利，盗贼无有"。之所以抱持这种观点，是因为对于个人来说，智巧往往会使人鬼迷心窍，忘记了大道，丢掉了自己的本性。正是因为世人都丢弃了自己顺应自然的本性，自恃聪明想方设法去强争妄为，就必然导致人与人之间尔虞我诈，到头来谁也得不到好处。而对于一个治国者来说，统治者总是靠弄智巧、耍权术去治理人民，则人民为了避免受到其智巧权谋的伤害，也会采取相应的措施来应对。如此，必然导致全国上下都充满着欺诈，丧失了诚实、公正，那么国家便乱了。

对于老子的这种观点，继承了老子主要思想的庄子在《庄子·胠箧》中作了进一步的阐述。庄子明确指出，断绝圣人摒弃智慧，大盗就能停下来；弃掷玉器毁坏珠宝，小的盗贼就会消失；焚烧符记破毁玺印，百姓就会朴实浑厚；打破斗斛折断秤杆，百姓就会没有争斗；尽毁天下的圣人之法，百姓才可以谈论是非和曲直；搅乱六律，毁折各种乐器，并且堵住师旷的耳朵，天下人方能保全他们原本的听觉；消除纹饰，离散五彩，粘住离朱的眼睛，天下人才能保全他们原本的视觉；毁坏钩弧和墨线，抛弃圆规和角尺弄断工的手指，天下人才能保有他们原本的智巧。因此说他说摒弃仁义，天下人的德行方才能混同而齐一；那曾参、史、杨朱、墨翟、师旷、工和离朱，都外露并炫耀自己的德行，而且用来迷乱天下之人，这就是圣治之法没有用处的原因。庄子打了个比方，说弓、箭、戈等东西一多，飞鸟就遭殃；钓、饵、网等东西一多，水中的鱼便混乱；栅、网、陷阱等东西一多，林中的鸟兽便慌张；懂得欺诈、狡猾、奸佞的知识越多，世人就越来越迷惑。如此，世人便只知道追求外在的知识，而忽略了保守已具有的天性；只知道批评别人的过错，不知省察自己。正是通过这种机理，聪明引起了天下的大乱。

在否定了"以智治国"之后，老子提出了自己的见解，那便是以"愚"治国。在他眼中，"愚"是比"智"高明的，所谓"大智若愚"。这里，谈到"愚"在治国过程中的作用，我们首先要对"愚"的意思做一番辨析。

我们知道，"愚"在现在的意思往往是和"蠢"联系在一起，是笨人，干傻事，可笑事的代表。谁被冠以此称呼，便是遭到了别人的侮辱、蔑视。但其实现在的这种意思是后来延伸出来的。在早期，"愚"的本意是心在一定范围内，意识守中，不跑太远，其实便是纯朴自然之意。另外，"愚"又引申为本分、本职之意。由此可见，老子所说以"愚"治国，并不是要人们愚蠢，而是要人们不要想太多，过多耗费精神，同时每个人都安守自己的本分。一个国家如果能够每个人都纯朴自然，不去胡思乱想，安于自己的本分，国君安于职守，治理国家；官员爱惜民众，秉公执法；商人诚实无欺，安分经商；农民不违农时，勤奋种田；士兵努力守卫国家。如此，一个国家怎会不安定，人民怎会不幸福呢？显然，这才是老子所说的"不以智治国，国之福"的真实含义。

第六十六章

莫能与争

江海之所以能为百谷王①者,以其善下之,故能为百谷王。是以圣人欲上民②,必以言下之;欲先民,必以身后之。是以圣人处上而民不重③,处前而民不害④。是以天下乐推而不厌。以其不争,故天下莫能与之争。

【注释】

①百谷王:百谷,即百川,众多的河流;王,河流所归往的地方。
②上民:即统治人民。
③不重:不感到重,不感到压迫。
④不害:不感到受伤害,不以为害。

【今译】

江海之所以能够成为百川汇流的地方,乃是因为它处在低下的位置。同样的道理,圣人要想统治百姓,就需要与民谦和,自以为下;要想居于万民之先,必须主动靠后,把自己的利益放在所有人的后面。正是因为圣人懂得这些道理,所以他虽然身处上位,却不威迫凌人,不使人们感到有压力;虽然他居于人民之前,人民并没有感觉受伤害。正是因为此,天下的人民都乐意拥戴他而永不厌弃。因为他不和任何人相争,所以天下没有任何人能够争得过他。

【解析】

以其善下之,故能为百谷王

本章老子再次强调了"处下"的智慧。我们在前面的一些章节中已经阐述过,"处下"和"无为"、"不争"、"守柔"等思想一起,乃是老子的重要观点。比如在第三十九章中老子便言:"故贵以贱为本,高以下为基。"在第六十一章中，老子则强调："大者宜为下。"而在此章中，老子则进一步说明了"处下"所带来的效果，那就是"处下"能够使自己居于万民之上；进一步延伸，把自己的利益放在所有人的后面，自己则可以成为万民之先。同时，"天下莫能与之争"。

我们知道，中国最大的圣人孔子便是一个十分谦卑的人。其本人学富五车，广收天下门徒；其中有颜渊、曾参、子游、子夏这样的大学问家，有冉有、子路这样的达官贵人；也有子贡这样的外交家和商人。应该说，孔子本人虽然在仕途上一直不得志，但他自身的价值在当时已经体现出来了。虽然他完全可以表现得张扬一些，但他非但没有一丝一毫的张扬，反而始终表现得比任何人都谦虚，甚至说出"三人行，必有我师焉"这样谦卑的话。并且他不仅是说说而已，在现实中也是这么做的。虽然许多人都千里迢迢地来向他求教学问，但他自己还经常不远千里去拜访有名望的人请教问题。据说有一次，他竟然向一个小孩子请教，学生们觉得不解并有些羞耻。孔子却说：不懂就问，这有什么耻辱的呢？可见他是发自内心的谦卑。他本来自甘处于所有人之下，结果，后世所有的人都将其摆放在高高的位置上顶礼膜拜，就连帝王在他的塑像前也得行三跪九拜之大礼，丝毫不敢怠慢。这正如老子所说的"圣人欲上民，必以言下之"。

不仅中国的圣人如此，西方的圣人同样如此。苏格拉底便是例子。我们知道，苏格拉底是西方著名的思想家、哲学家，被认为是西方哲学的奠基者，和柏拉图及亚里士多德被并称为"古希腊三贤"。但是，苏格拉底本人却是非常的谦卑。凯勒丰是苏格拉底的老朋友。有一天，他特意跑到特尔斐神庙向神请教世上到底还有谁比苏格拉底更聪明？神谕显示：没有谁比苏格拉底更聪明。凯勒丰于是很高兴地告诉苏格拉底这件事。可他从苏格拉底脸上看到的不是欣喜若狂，而是茫然和不安。苏格拉底不认为自己是最聪明最有智慧的人。于是，一向爱好用事实求证的苏格拉底决定寻找一位智慧声望超过自己的人，以反证神谕的不成立。他首先找到一位政治家。这位政治家一向自以为知识渊博，便和苏格拉底侃侃而谈。交谈之下，苏格拉底看清了政治家自以为是而其实无知的真面孔。他想，这个人虽然不知道善与美，却自以为无所不知。而我却认识到自己的无知，看来我似乎比他聪明一点。苏格拉底又找到一位诗人，发现诗人出于天赋的确能够吟出一些诗句，但是他同时发现这个诗人却因此目空一切。苏格拉底觉得这个人只看到自己的才能，却看不到自己的无知，并不比自己聪明。接下来苏格拉底又向一位技巧纯熟远近闻名的工匠讨教，想不到工匠自恃名声在外，便像诗人一样十分地狂妄，这种狂妄同样消弭了他的智慧。到最后，失望而归的苏格拉底最终悟出了神谕：神之所以说他最聪明，不是因为他的脑袋比别人聪明，知道的比别人多；而仅仅是因为他知道自己的无知。

总之，古今中外那些受到人们尊崇，被人们摆放在高高的位置并顶礼膜拜的圣人，恰恰是将自己放在低于所有人的位置上，将自己的利益放在所有人的后面。不过，我们虽然达不到圣人那样的境界，但是至少可以藉此得知言行的标准应该是谦卑而不是张扬，考虑自己利益的时候也该想一想其他人。

以其不争，故天下莫能与之争

老子对于"不争"的强调可谓十分频繁了。在第二十二章老子说："夫唯不争，故天下莫能与之争。"在第六十八章老子则言："是为不争之德。"而且，在《道德经》最后一章的最后一句话，老子所说的仍是："天之道，利而不害；圣人之道，为而不争。"由此，我们不难看出老子对"不争"思想的重视。之所以如此，是因为老子认为，天地间的道是清静无为，一切顺其自然。人要顺应道，便同样应该清静无为，顺其自然。如此，该属于你的自然会得到，而不该属于你的你去争，便违反了道，其结果往往是徒劳。不仅如此，强争还可能给自己带来灾祸。

汉高祖刘邦死后，吕后掌权。为了掌控汉家江山，她先是对刘姓皇族大开杀戒，接着大肆分封娘家人为王。但是她的努力是徒劳的。在她死后，刘姓宗室集团和功臣集团结成联盟，共同诛灭诸吕。齐王刘襄发难于外，周勃夺取北军于内，杀尽诸吕的所有男女成员，史称"周勃安刘"。诸吕被灭以后，这些元老功臣们开始讨论让谁继承帝位。在经过一番争论后，代王刘恒被选中。之所以选他，一方面是因为刘邦仅剩的三个儿子中，齐王刘襄母舅势力过大，功臣们担心起再来个吕氏专权；而淮南王刘长则"家母恶"，因此两人被否决。另一方面，便是因为代王刘恒从小就没有荒淫之举、骄矜之态，以"仁孝宽厚"名显于世。于是，代王继承皇位，是为汉文帝。

从这里我们可以看出，诸吕处心积虑争夺皇位，结果不但没有争到，反而搭上了自己和全家老小的性命。而代王刘恒并没有争夺皇位，却因为"仁孝宽厚"而被拥立为皇帝。这个故事很典型地证明了老子所说的"以其不争，故天下莫能与之争"的深刻道理。

老子在这里所说的"争"，事实上是指的一种条件不具备的情况下的妄为。比如，国家的实力并不强大，而君主则强出头想当霸主，不论是外交的纵横捭阖还是战争的四处征伐，必然会严重损耗国家的力量。如此，一旦强敌压境，或者其他力量联合起来，就有可能招致国破身亡的悲剧。春秋历史的宋襄公、现代史上发动一战二战的德国、还有当代侵吞科威特的伊拉克都是如此。国家如此，企业也是如此，在实力不济的情况下，与对手打价格战，或者进行疯狂的广告宣传，希图霸占市场，通常都会耗尽企业财力，以失败或破产告终。

需要说明的是，所谓不争，并不是拒绝，而是一切顺其自然，做自己该做的事情，不去过多地考虑得失，不处心积虑地去争夺。如此，该做的事你做好了，结果自然是好的；而该做的事没有做好，却妄图得到好的结果，只会失望。老子认为，人类痛苦和纷争的病根就在刚强过了分，争夺过了头。低调、谦和、处下、柔弱才是大道。

第六十七章

我有之宝

（天下皆谓我道大，似不肖①。夫唯大，故似不肖。若肖，久矣其细也夫！）我有三宝，持而保之：一曰慈②，二曰俭③，三曰不敢为天下先。慈，故能勇，俭，故能广④；不敢为天下先，故能成器长⑤。今舍慈且勇⑥，舍俭且广，舍后且先，死矣。夫慈，以战则胜，以守则固。天将救之，以慈卫之。

【注释】

①似不肖：肖，即相像之意。似不肖，意思是不像任何具体的事物，即已大到无形。

②慈：慈爱。

③俭：这里指俭啬，即节约精神，爱惜精力。

④广：宽广，生命能够更宏阔，做出更大的事业。

⑤器长：万物的首领。器，指物；长，首领。

⑥舍慈且勇：舍弃慈爱而妄逞勇武。且，选取。

［注］括号内内容与上下文不符，疑似错置。应该移到第三十四章尾。

【今译】

（天下人都说我的道大，看上去和任何具体的事物都不像。正因为它很大，所以才不像任何具体的事物。如果它像某一样具体的事物，那么它也就变成了微不足道、不值一提的东西了。）我认为，有三件宝贝是应当永远保持的：第一件叫做慈爱，第二件叫做俭啬，还有一件是不敢居于天下人的前面。慈爱则视民如赤子而尽力卫护，所以能产生勇气；俭啬则能蓄精积德，应用无穷，所以使生命活得更为宽广；不敢居天下人前面乃是一种谦卑，这样便能够受到人们的尊敬和拥护，成为人们的首领。如果舍弃慈爱而妄逞勇武，舍弃俭啬而贪图功名，舍弃退让而争先，那是走向死亡的道路。在这三个宝贝之中，慈爱最重要。以慈爱之心用于战争就会取得胜利，用来防守就能巩固。能够发挥慈爱之心的人，天也会来救助他，卫护他。

【解析】

慈爱的力量

本章中，老子论述的重点在于"三宝"，分别是"慈"、"俭"、"不敢为天下先"。我们一般将其理解为慈爱、蓄精积德和谦卑不争。在这三宝之中，"俭"和"不敢为天下先"在其他章节我们都已经有所论述，这里不做重复；而关于"慈"，则需要着重论述一下。

"慈"老子在《道德经》也有几处提及。比如十八章中："六亲不和，有孝慈。"但是，在那些地方，老子并没有对于"慈"做着重论述，而只是顺带提及。并且，第十八章中所提及的"孝慈"指的是被儒家礼仪化了的东西，与老子在本章所说的人们天性的慈爱并非一回事，而且老子对儒家所说的孝慈持否定态度。本章老子则给予了慈爱以很高的地位，将其列为其"三宝"之首。而对于慈爱的作用，老子则从"慈故能勇"的角度进行了论述。并且，其能够"以战则胜，以守则固"。可以看出，老子认为，慈爱是能够产生力量的。

我们知道，一个人做一件事必然是有动机的。或者是为欲望所驱使，或者是为利益所吸引，或者是被胁迫不得已而为之。但能带给人力量和韧性的，便是出于爱的动机。在欲望、利益、胁迫等动机下所作出的行为，说到底都是一种权衡利弊后所作的理性判断。一旦代价过大，行为便失去了动力。而因慈爱去做一件事，则本身并不考虑得失，自然也不太顾及代价。如此，一个人必然是充满了力量，其往往具有令人意想不到的作用，甚至能够创造出奇迹。最常见的便是母爱所激发出的强大力量。我们知道，母鸡能为了保护小鸡而与力量悬殊的老鹰进行殊死搏斗；而女子虽然柔弱，但在身为母亲时，则会突然变得坚强。

在20世纪70年代的美国，曾有一位母亲将睡着的幼年孩子留在四楼的家里自己到商场买东西。但当她从商场返回时，在离自己楼的入口还有大约几十米时，她看到自己的孩子竟然趴在窗台上。突然间，她条件反射性地意识到将要发生什么。她丢掉手中的东西，飞快奔向自己的窗台下。正如她所料，孩子从阳台上掉落下来。就在孩子落到地面的一瞬间，她伸出双臂接住了孩子，孩子得救了。但在这件事情发生后，有人计算了孩子坠落到地面的时间和她当时离自己窗下的距离，人们震惊了：即使是一位最优秀的百米运动员，也不可能在这么短的时间里赶到窗台下。人们只好认为是伟大的母爱，给予了这个母亲以惊人的力量，并创造了奇迹。

　　实际上，不仅是人类的爱能够给人以意想不到的力量，动物的爱也同样如此。20世纪90年代，美国的一个公园着火了，整个公园的树木都烧成了一片火海。救火队员根本无法靠近树林，只能在大火熄灭之后查看是否有人受伤。在搜救过程中，一位救火队员在树下惊奇地发现一只被烧焦的鸟直直站在那里。他感到很好奇，这只鸟怎么会站着死去？于是，他捡起一根木棍轻轻地拨了拨那只鸟，奇迹发生了：几只小鸟从这只死去的鸟的翅膀下飞了出来。

　　在树林里的大火烧起来之后，鸟妈妈本来可以展翅飞走。但母爱使她忘记了对大火的恐惧，本能地知道有毒的浓烟会向高处升腾，为了保护自己的孩子，她带着小鸟飞到大树底下，然后展开翅膀为小鸟建成了一个天然的保护伞。直到被烤死她都一直保持原有的姿势保护翅膀底下的孩子们。

　　这些活生生的例子生动地说明了慈爱给人以巨大的力量，并产生令人意想不到的效果，有力地支持了老子的观点。可以说，爱可以战胜怯懦、战胜自卑、战胜一切困难。只要拥有爱，付出爱，天地之间没有办不成的事情。这应该是老子给予我们的主要启示。不过，反过来老子也启示了我们什么才是真正的勇敢。显然，老子认为只有爱所激发出来的勇敢才是真正的勇敢，也即只有在自己所爱的人面临威胁时，出于自卫的目的而表现出的勇敢才是必要的勇敢。实际上，老子在本章中已经明确指出："舍慈且勇……死矣。"即不是出于爱的勇敢，只是一种逞勇斗狠，并不可取。扩而广之，这里也反映了老子的战争观。我们知道，老子一向是反对战争的；但是对于出于慈爱，为保护自己所爱的人所进行的战争，老子是支持的。并且，老子认为这种战争也是必定胜利的，所谓"夫慈，以战则胜，以守则固。"

具体到我们的现实中，老子所给我们的启发便是在我们感到精神空虚、方向迷失时，要善于从爱中去找到自我，寻找力量。同时，要明白，如非为了你所爱的人，便没必要表现得勇敢，没有爱的勇敢要么是逞强，要么是不必要的冒险。

第六十八章

不争之德

善为士者不武①；善战者不怒；善胜敌者不与②；善用人者为之下。是谓不争之德，是谓用人之力，是谓配天，古之极③。

【注释】

①士：勇士，也指领兵打仗的将帅。不武：不崇尚武力，不逞其勇武。

②不与：不争，不与人正面冲突。

③配天：符合天道。古之极：自古以来的准则。

【今译】

真正的勇士不会逞其勇武，显出凶狠的样子；真正善于作战的战士，不会轻易就暴躁发怒；善于打胜仗的将帅，不和敌人正面交锋；善于用人的人，反处于众人之下。这就是不与人相争的德行，就是善于利用别人的力量。能够做到不争和处下，就是合乎道的极致了。

【解析】

善为士者不武

在《道德经》的这几章中，老子频繁地讲述了自己对战争、武力的观点。在上一章老子提出"慈故能勇"、"夫慈，以战则胜，以守则固"的观点，而在本章中，老子既谈论了自己对于武力的态度，即"善为士者不武"；又论及了武力制胜的具体策略，即"善战者不怒，善胜敌者不与"。其中"善为士者不武"可以说总领老子这几章的观点，体现了老子对于武力的一种终极态度。

对于"善为士者不武"的意思的解释有两种：一种认为是善于为将帅的人不轻易发动战争；另一种则认为真正的勇士轻易不动武。其实这两种解释是相通的,两者分别是从群体角度和个体角度阐明了对于武力的态度,即只有在迫不得已时动用武力才是正确的。这样的战争方是正确的战争,这样的个人行为才是真正的勇敢。而老子在上一章中所言的出于慈爱而动用武力,便是其中的情况之一。

我们知道,所谓勇敢,其第一层意思便是去做一件有一定风险的事情时,能克服恐惧。但不畏惧便是勇敢吗?未必,我们知道,一个小偷在漆黑的夜里,翻越别人家的高墙撬门入室显然是需要胆量的,但这样便是勇敢吗?黑社会里的亡命之徒,每天提着自己的脑袋打打杀杀,一不小心便被其他的团伙所杀死或者被警察所击毙,可谓在刀口上过日子,这是勇敢吗?一个人在饭馆里吃了饭,然后强横地大摇大摆地起身就走,对于前来要饭钱的店员张口就骂,甚至出手伤人,这是勇敢吗?恐怕大家都不这么认为。因为这些人虽然有足够的胆量去冒险,但是他们的行为却违背道义。因此,勇敢的定义不仅是敢于冒险,而且要符合道义,也即要是正义的。关于这个问题,孔子也曾经谈到过一次。一向比较勇敢的子路请教孔子:"君子尚勇乎?"孔子的回答是:"君子义以为上。君子有勇而无义为乱,小人有勇而无义为盗。"意思是说,君子应该崇尚勇敢,但这种勇敢是有制约的,前提就是"义"。有了义字当先的勇敢才是真正的勇敢。否则,一个君子会以勇犯乱,一个小人会因为勇敢而做盗贼。

除了应该符合道义之外,勇敢还应该理性,即不应该是鲁莽的。有个故事说的是古时候有两个壮士在一起喝酒。刚开始,他们用的是酒杯,一个壮士为了显示自己的"勇敢"就说:大丈夫喝酒怎么能用酒杯呢?于是两个人就抱着酒坛子喝。过了一会儿酒菜没有了。店主要再给他们加一些酒菜。这时,另一个壮士为了表示自己更加勇敢,就说身上带着酒菜,何必还要去拿?于是,他就从自己身上割下一块肉来切一切吃了。后来,两个人开始较上劲,不断地从各自身上割肉。结果两人都一命呜呼!这两个人可谓胆量过人,勇气非凡了,但这是勇敢吗?同样不是,勇敢不是毫无目的的炫耀、毫无意义的牺牲,而应该是理性的冒险,必要的牺牲。

传说英国首相丘吉尔在担任海军大臣时，一次到一艘军舰上视察。为了检阅士兵，他让舰长从士兵中挑选出一位最勇敢的士兵。舰长将所有人都集合在一起，说要考验他们的勇敢。他指着波涛汹涌的大海对一名士兵说："你敢跳下去吗？"这名士兵看了一眼大海，眉头没有皱一下便跳了下去。结果转眼便在海里消失了。接着，舰长又走到另一名士兵面前对他说："他很勇敢，你能够证明自己比他更勇敢吗？"这名士兵三下五除二爬到桅杆上，然后从上面跳到了大海里，结果又不见了踪影。舰长又走到一个士兵面前说："你能证明比他更勇敢吗？"这名士兵朝他大声吼道："我才不会做这种傻事呢！"这时，丘吉尔走过来对这个士兵说："好了，你就是这艘舰艇上最勇敢的人了！"这个故事说明勇敢不仅仅意味着有胆量，而且还要有头脑，能够对自己的行为作出价值判断，敢于拒绝荒唐的命令。勇敢不是莽撞、冒险蛮干和心血来潮，不是为了毫无价值的事情去做无谓的牺牲。没有智慧的勇敢只是蛮干，蛮干者并没有证明勇敢，只证明了自己的愚蠢和虚荣。真正勇敢的人，是有胆有识有爱的人，是在有必要显示出勇敢时才挺身而出的人。

事实上，除了道义和理性之外，勇敢还有一层内在的属性，即真正的勇敢不是从外在的行为表现出来的，而是内心所具有的临危不惧、从容不迫的心态。孔子在回答子路关于"勇"的问题时还说道："君子泰而不骄，小人骄而不泰。"君子因为有心态的平和、安定和勇敢，他的安详舒泰是由内而外的自然流露；小人表现出来的则是故作姿态，骄矜傲人，因为他内心多的是一股躁气，气度上便少了一份安闲。

在日本江户时期，有一个著名的茶师，这个茶师跟随着一个显赫的主人。有一天，主人要去京城办事，因为喜欢茶师的茶，便要他跟自己一起去。这个茶师却很害怕，对主人说："您看我又没有武艺，万一路上遇到点事可怎么办？"主人说："你就带上一把剑，扮成武士的样子。"茶师无奈，只好换上武士的衣服，跟着主人去了京城。到京城后，主人出去办事，茶师一个人在外面逛。这时迎面走来一个浪人，向茶师挑衅说："你也是武士，那咱俩比比剑吧。"茶师老实说："我不懂武功，只是个茶师。"浪人说："你不是武士却穿着武士的衣服，简直是侮辱武士，我看你更应该死在我的剑下！"茶师心想看来是躲不过去了，就说："你容我几小时，等我把主人交办的事做完，下午我们在池塘边见。"浪人同意了。

分手后，茶师直奔京城里最著名的大武馆。他看到武馆外聚集着成群结队前来学武的人。茶师直接来到大武师面前对他说："求您教给我一种作为武士的最体面的死法吧！"大武师很吃惊，他说："来我这儿的人都是为了求生，你是第一个求死的。这是为什么？"茶师把与浪人相遇的情形复述了一遍，然后说："我只会泡茶，但是今天不得不跟人家决斗了。求您教我一个办法，我只想死得有尊严一点。"大武师想了一下说："那好吧，你就为我泡一遍茶，我再告诉你办法。"茶师很是伤感，他心想：这可能是我在这个世界上泡的最后一遍茶了。于是他做得很用心。从容地看着山泉水在小炉上烧开，然后把茶叶放进去，洗茶、滤茶，再细心地把茶倒出来捧给大武师。大武师看着他泡茶的整个过程，品了一口茶说："这是我有生以来喝到的最好的茶了，我可以告诉你，你已经不必死了。"茶师说："您要教给我武功吗？"大武师说："我不用教你，你只要记住用泡茶的心去面对那个浪人就行了。"

这个茶师听后就去赴约了。浪人已经在那儿等他，见到茶师，立刻拔出剑来说："你既然来了，那我们开始比武吧！"茶师一直想着大武师的话，就以泡茶的心面对这个浪人。只见他笑着看定对方，然后从容地把帽子取下来，端端正正放在旁边；解开宽松的外衣，一点一点叠好，压在帽子下面；再拿出绑带，把里面的衣服袖口扎紧；然后把裤腿扎紧……他从头到脚不慌不忙地装束自己，一直气定神闲。

对面这个浪人越看越紧张，越看越恍惚，因为他猜不出对手的武功究竟有多深。对方的眼神和笑容让他越来越心虚。等到装束停当，茶师最后一个动作就是拔出剑来，把剑挥向半空，然后停在那里。因为他根本不知道再往下该怎么用。此时浪人却扑通跪下了说："您是我这辈子见过的武功最高的人。"

这个故事真假难以考究，但是其中的逻辑绝对是说得通的。一个人内心所表现出来的从容、笃定的气势，的确是足以震慑住一个人的。正如《史记·刺客列传》中所记载的田光在评价荆轲时所说的:"血勇之人,怒而面赤;脉勇之人,怒而面青;骨勇之人,怒而面白。荆轲,神勇之人,怒而色不变。"一个人一旦面对危险表现得气定神闲,才是最勇敢的人。那个浪人正是被茶师这种发自内心的勇敢震住了。

总之,真正的勇敢不是邪恶的,而是正义的;真正的勇敢不是盲目的,而是理性的;真正的勇敢不是表面,而是发自心灵深处。因此,具体到我们身上,真正的勇敢举动,不是表现给别人看的,而是自己理性思考后,觉得有必要做出的举动。这种举动不一定是惊心动魄的,而是面对生活中突如其来的变故,能坚强面对;向别人承认自己的错误;放弃安逸的生活,追求自己的梦想,都是真正的勇敢。

善战者不怒

《道德经》论及战争的地方不少,但论及具体军事战略战术的地方就很少。"善战者不怒"是其中一处。

楚汉相争到了第四个年头,项羽在成皋与驻军黄河北岸的刘邦对峙,双方相持不下。这时,刘邦派遣卢绾、刘贾率领两万多人渡过白马津协助建成侯彭越袭击楚军的后方梁地,攻下十多座城池。梁地连接楚腹地与楚军前线,一旦被攻下,楚军的补给线将被切断,因此项羽被迫率军队东进攻彭越。临走前,项羽委任一向忠诚持重的曹咎守成皋。项羽对曹咎再三强调:"你的任务就是守住成皋,不让他们东进就行了。汉军如果前来挑战,一定不要出城迎战,我十五日必击败彭越,平定梁地,务必等我回来再战。"曹咎向项羽保证一定坚守不出战。项羽走后,刘邦多次派人前来城下挑衅,曹咎坚守不出。刘邦下令在成皋城边设台,每日在台上骂喊羞辱楚军。前几天曹咎都忍住了,汉军骂到第六天,曹咎怒了,于是率军出战,被汉军打得大败,曹咎和司马欣自刎而死。成皋失陷后,战略意义重大的荥阳便危险了,项羽赶紧回师反扑,东线的作战任务便搁置了。东边的韩信在潍水之战中大败齐楚联军,尽占齐地,旋即派灌婴领兵深入彭城附近。项羽见楚军腹背受敌,又无外援，被迫与汉议和，以鸿沟为界，中分天下。而在项羽引兵东归之际，刘邦听从张良、陈平的建议，撕毁协议，回马追击项羽，最后和韩信等人合围项羽于垓下，项羽兵败自杀。由此可见，曹咎的怒而出战乃是导致楚汉之争中项羽失败的关键一环。

实际上，这样的军事案例还有许多。之所以如此，正如孙子所言："兵者，诡道也。"即是说，打仗，乃是一个玩弄智谋的事情，而非单单凭靠武力。虽然老子说过"两兵相抗，哀者胜矣"的话，但那主要指的是士兵。怀着一股怒气的士兵，往往会将生死置之度外，作战更加勇敢。但作为一个主将，却是不能轻易动怒。一旦动怒，便失去了理性的判断，不能冷静客观地分析敌我形势，给自己带来灾难性的后果。这便是"善战者不怒"的含义。

不仅是打仗，无论做任何事情都忌讳发怒。发怒是一种很不好的心境，发怒时人往往会被过激的情绪所控制，失去了理性思考的能力，往往将事情办砸。不仅如此，许多时候，发怒还往往会使人情不自禁伤害别人。当然，发怒也伤害自己的身体。当年英姿飒爽的周瑜不就是因为发怒而将自己给气死的吗？实际上，许多当时感到愤怒的事情，事后一想，并没有那么严重。因此将事情搞砸了或者伤害了别人，往往会在事后后悔。对这一点，许多伟人都十分清晰，因此会尽力避免这种事情的发生，林肯便是一个典型。据说有一天，陆军部长斯坦顿来到总统林肯那里，气呼呼对他说一位少将用侮辱的话指责他偏袒一些人。林肯于是建议斯坦顿写一封内容尖刻的信回敬那家伙。"可以狠狠地骂他一顿。"林肯补充说。斯坦顿于是立刻写了一封措辞激烈的信，然后拿给林肯看。"很好，很好。"林肯边看边称赞，"就是这个效果！好好训他一顿，写得太好了，斯坦顿！"但当斯坦顿把信叠好装进信封里时，林肯却叫住他，问道："你干什么？""寄出去呀！"斯坦顿有些摸不着头脑了。"不要胡闹了，"林肯认真说，"这封信不能发，快把它扔到炉子里去。凡是生气时写的信，我都是这么处理的。这封信写得好，写的时候你已经解了气，现在感觉好多了吧，那么就请你把它烧掉，再写第二封信吧。"

林肯的办法显然是理智的。试想，这样的信一旦发出去，自己的气是解了，却将气转移到了另一个人那里，必将导致事态进一步扩大，到时自己可能会后悔莫及。而将生气时的决定"投入火炉"，等冷静下来再重新做决定，显然是明智之举。

　　实际上，许多人都是如此，明知发怒不好，但在当时就是控制不住自己。这样的话，不妨借用林肯的办法，将怒气发出来，但不让他产生实际的负面作用。要记住："冲动是魔鬼。"还有一句："上帝欲使人灭亡，必先使人发狂。"

第六十九章

哀者胜矣

用兵有言:"吾不敢为主①,而为客②;不敢进寸,而退尺。"是谓行无行③,攘无臂④,仍无敌⑤,执无兵⑥。祸莫大于轻敌,轻敌几丧吾宝⑦。故抗兵相若⑧,哀者胜矣。

【注释】

①主:主动发动战争冒犯别人,即发动非正义的战争。

②客:指对别人的军事进犯的被动应战。

③行无行:欲摆开阵势就像没有阵势一样。第一个"行"是动词,为摆开阵势之意。第二个"行"为名词,为阵势,行列之意。

④攘无臂:要挥举手臂又像没有手臂一样。攘,举起手臂之意。

⑤仍无敌:面对敌人就像没有敌人一样。仍,面临,面对。

⑥执无兵:拿着兵器就像没有兵器一样。兵,指兵器。

⑦吾宝:老子曾称自己有三宝,慈、俭、不为天下先,因此对此的解释有两种,一种认为此处指的是这三种宝,另一种解释认为此处指的是三宝中被老子排在第一的"慈",即慈爱、悲悯之心。

⑧抗兵相若:两军势均力敌。

【今译】

兵家曾说:"我不敢主动发起进攻,只愿意采取守势;只有在不得已时才会与敌人作战,不敢逞强冒进,宁愿退避三舍。"这就叫做:欲摆开阵势,却像没有阵势一样;虽然要奋臂,却好像没有臂膀可举一样;虽然拿有兵器,却好像没有兵器可以持一样;虽然面对敌人,却好像对面没有敌人一样。因此常能致敌于先。但是,切莫看轻了敌人的力量,以致于遭到毁灭的祸患。因为轻敌违反了悲悯之道。所以说两支实力相当的军队遭遇,受到侵略一方因为心怀悲愤所以能得胜。

【解析】

祸莫大于轻敌

本章中老子重述自己对战争的总体观点："吾不敢为主，而为客。"即反对主动的侵略性的战争，认为只有在迫不得已时自卫反击的战争才是正义的。接下来，老子具体给出了一条具体战略，即"祸莫大于轻敌"。并提出"不敢进寸，而退尺"的具体做法。这是老子在之前的章节论述的"慈故能勇"、"善战者不怒"、"善胜敌者不与"等策略的进一步阐述。在《孙子兵法》中同样严肃提出"不轻寡"的告诫，即不轻视兵力少的敌人。这条看似已经说得很滥的警告之所以被惜字如金的老子和孙子都加以强调，是因为虽然理论上人们都懂得这一点，但在具体的战争中，一旦自己具有优势，往往不由自主产生轻敌的情绪，进而遭致失败，这样的战例数不胜数。

秦朝末年，陈胜、吴广起义爆发，但很快被镇压。但同时，天下各地起义已成燎原之势。其中，势力最为强大的是楚国名将项燕的后代项梁。项梁听从范增的建议，寻找到流落民间的楚怀王后代将其立为楚王，藉此项梁为自己树立了一面具有号召力的大旗。之后，项梁出江东，面对强大的秦军，没有丝毫的怯弱和退缩，取得了一系列的胜利。他先是派军攻下襄城（今河南襄城县），然后与齐军在东阿（今山东东阿县阿城镇）大破秦军。之后，项梁派刘邦与项羽攻拔城阳（今山东鄄城县东南）。这支部队在濮阳东击败秦军，攻定陶不下后绕道雍丘（今河南杞县）大破秦军，斩杀李斯之子秦三川郡守李由，取得了重大的胜利。项梁自东阿赶至定陶，再破秦军。由于取得连续的胜利，项梁产生了轻敌骄傲的情绪，觉得秦朝军队不堪一击。对于项梁的骄傲轻敌，谋士宋义规劝道："打了胜仗，将领就骄傲，士卒就怠惰，这样的军队一定要吃败仗。如今士卒有点怠惰了，而秦兵在一天天地增加，我替您担心啊！"项梁根本听不进去，为图耳根清净，干脆派他出使齐国。宋义在路上遇见了齐国使者，他就问："你是要去见武信君吧？""是的。"宋义说："依我看，武信君的军队必定要失败。您要是慢点儿走可以免于身死，如果走快了就会赶上灾难。"果然如宋义所言，秦朝出动大量精锐增援秦将章邯，在定陶大败楚军，项梁战死。不过有意思的是，章邯在击杀项梁后，自己也产生了骄傲情绪，认为楚国起义军不会有大的气候，没有对项羽、刘邦等人进一步打击，而是率军北上进攻赵国的起义军。结果，项羽率领楚军北上在巨鹿"破釜沉舟"击败章邯。

老子说"祸莫大于轻敌"不仅适合于战争，在商业、体育比赛等竞争性领域，这都是一条值得牢记的箴言。许多强大的商业公司最后之所以遭致失败，一个普遍的原因便是自恃强大，不再将对手放在眼里。比如20世纪初期，占据汽车行业老大地位的通用汽车公司便是因为轻视后起的福特汽车公司，其行业老大的地位福特汽车公司抢走。而后来，福特汽车公司也犯了同样的错误，通用汽车公司则重新夺回老大地位。此外，20世纪末，强大的IBM公司同样是因为傲慢轻敌，没有将微软公司这个小弟放在眼里，甚至还对其提供了帮助，结果被微软公司打了个措手不及。

第七十章

被褐怀玉

吾言甚①易知，甚易行。天下莫能知，莫能行。言有宗②，事有君③。夫唯无知④，是以不我知。知我者希⑤，则我⑥者贵。是以圣人被褐⑦怀玉。

【注释】

①甚：非常，十分。

②宗：宗旨、根本，指道。

③君：原则，同样指道。

④无知：不知道这一点，即不知道我的言行都是以道为依据的。

⑤希：同"稀"，稀少。

⑥则：法则，此处活用作动词，效法。

⑦被褐：被，同"披"，穿着。褐，粗布衣服，为穷人所穿。

【今译】

我所说的话很容易理解，也很容易施行。可天下的人却无法明白，又不肯依照着去做。事实上，我的言论有它的宗旨，行为有他的原则，那便是遵循大道。人们没有掌握这一点，所以不能理解我。理解我的人少，效法我的人就更难得了。因此圣人就像身披旧衣服，怀中却藏着宝玉，但别人很难发现。

【解析】

圣人被褐怀玉

"圣人被褐怀玉"实际上比喻的意思是得道的圣人往往不被人理解，他虽然没有显赫的名声，但却具有宝贵的品质。老子的这个观点可以分作两个层面来进行解读，一个层是人们对自我的心态，另一个层则是一个人该如何看待别人。

从第一个层面来说,"圣人被褐怀玉"为我们提供了一种对待自我的智慧,即我们应该采取一种低调、不争、朴实、追求内在精神的态度去做人。这其实又可分为两个层面,即首先我们应该不去追求外在的华丽,而应追求怀中有宝。也即不追求外在显赫的地位和名声,而追求内在精神的纯朴宁静。其次,在我们怀中有宝的时候,我们不应该在乎披在身上的衣服。也即只要具有了内在的高贵精神,不被人理解和重视也无所谓。实际上,这也是老子一向提倡的态度,比如,"知其雄,守其雌……知其白,守其黑……知其荣,守其辱"、"大丈夫处其厚,不居其薄;处其实,不居其华"所提倡的便同样是这样一种不争、处下、谦卑的处世观。对于老子的这种观点,继承了其思想的庄子也有所探讨。在《庄子·让王》中有这么一段故事:"曾子居卫,三日不举火,十年不制衣,正冠而绝缨,捉襟而肘见,纳屦而踵决。"意思是孔子的弟子曾子居住在卫国的时候,生活十分困顿,有时连续三天不生火,十年没做新衣服。正一正帽子,帽上的缨绳就断;拉下衣襟,胳膊肘就露出来了;提一提鞋,脚后跟露了出来。但是他依然拖着破鞋唱《商颂》,声音充塞天地之间,像金石一样悦耳。另外《庄子·山木》中记载:庄子穿着一件粗布衣,而且上面打着补丁;鞋上的系袢没有了,用根麻绳绑着。他就这样去见魏王。魏王说:"何先生之惫邪?"庄子反驳道:"贫也,非惫也。士有道德不能行,惫也;衣敝履穿,贫也,非惫也。此所谓非遭时也。"说明衣服破只是贫穷,并不是精神困顿萎靡,也就是说,圣人有德,不在衣饰如何。这两个故事都是庄子对老子的"圣人被褐怀玉"的形象化阐释。

事实上孔子也是"被褐怀玉"的典型。当年孔子为实现自己的政治主张,带着一干人等辗转流离于卫、曹、宋、郑、陈、蔡、叶、楚诸国。这一路上,君主们虽然大都很热情,却只是仰慕孔子的名声,而对他的"仁"政主张兴趣不大。因此孔子没能实现自己的政治抱负,甚至有几次差点把命搭进去。尽管如此,在陈、蔡之间被围困,几天没有粮食差点饿死的时候,孔子还依旧弹琴自娱。当然,老子和孔子具体所怀之"玉"是有所不同的，老子所指乃是天地大道，孔子所指乃是"仁"、"义"、"礼"、"智"、"信"，但他们对于"宝"的基本态度是一致的，即应该追求内在的"宝"，而不要为外在的物质、名声所羁绊。事实上，无论是老子的通达大道还是孔子的"仁"的境界，我们常人都是很难做到的。我们所能学习的应该是这种不看重外在的虚华，而注重自我内在价值的做人心态。

从第二个层面讲，"圣人被褐怀玉"则是提醒我们在看待别人时，不要只注重外在的东西，而更应该注重内在精神。我们知道，许多人在看待别人时，习惯于通过外在的东西去下结论。比如，看到一个人地位高，便认为这个人有才能；看到一个人夸夸其谈，便认为这个人知识广博；看到一个人口碑好，便认为这个人一定是个好人。其实这些都是不一定的。地位高的，可能是善于钻营；夸夸其谈的，往往没有真才实学；口碑好的，没准是个善于作秀的沽名钓誉之辈。根据老子的"圣人被褐怀玉"智慧，我们知道，那些真正有才能的人通常不让人们知道他的才能，给人一种没有什么才干的表象；那些真正有才学的，恰恰三缄其口，很少展露；那些具有良好品德的人，做好事总是故意不让人知道，所以默默无闻。总之，正像老子所说的"物极必反"，一个东西达到了极点之后，看上去往往像是其反面。此外，更通俗地讲，"圣人被褐怀玉"所包含的一层意思便是那句老话："人不可貌相"。即不可从表面上去判断一个人。

19世纪80年代的一天，一对老夫妇来到了哈佛大学的校长接待室，想要见哈佛校长。校长秘书看这对夫妇老太婆身上穿着褪色的棉布衣服，老头则穿一套价格便宜的旧西装，便对他们爱理不理。这位先生礼貌地表明来意，声称想见哈佛校长。秘书因为校长提前交代过不要让不重要的人随便打搅，因此不太耐烦地告诉他们校长很忙，意思是没时间接待他们这样的小人物。没想到他们却不知趣地表示他们可以等，并且真的坐了下来耐心地等待。秘书没说什么，一直不理睬他们，希望他们知难而退。没想到他们就这么一直等了两个小时，秘书无奈只好通知校长，校长有些不太高兴地同意了。

校长在办公室很事务性地接待了这对不起眼的夫妇，希望他们能尽快离开。这对夫妇告诉校长，自己有一个儿子曾经在这个学校读了一年大学，但在到欧洲去旅行时出了事故死去了。他们知道儿子在哈佛的一年过得很开心，因此想在校园里为自己的儿子建造一个纪念物。校长想也没想就回绝道："如果每个在哈佛读过书的学生在死后都要在校园里留下个纪念物，哈佛校园看上去不就像个墓园了吗！"女士一听赶紧纠正说："我们不是要为儿子建造一座纪念碑，而是要建造一栋大楼。"校长看了一眼这对夫妇身上穿的衣服，然后说："你们知不知道建造一栋大楼要花多少钱吗？我们学校里的建筑物造价最低的都在100万以上。"这位女士沉默了一会儿后对丈夫说："建造一栋楼才花费100万元？我们有一亿，何不干脆建造一所大学来纪念我们的儿子呢？"丈夫点头表示同意，于是他们建设了另外一所大学——斯坦福大学。而这对其貌不扬的夫妇便是美国加州的铁路大王老里兰德·斯坦福及其夫人。

第七十一章

以其病病

知不知,尚①矣;不知知,病②矣。圣人不病,以其病病③。夫唯病病,是以不病。

【注释】
①尚:上等,最好。
②病:毛病,缺点。
③病病:第一个"病"是动词,意即把病当做病。

【今译】
知道自己不知道,这很好;不知道,却自以为知道,这便是缺点了。圣人之所以不存在这个缺点,是因为圣人把这个缺点当做缺点。正是因为把缺点当做了缺点,所以才没有了缺点。

【解析】

"知不知"与"不知知"

本章中,老子讨论"知"与"不知"的辩证关系。事实上,这是一直以来都困惑着人们的命题。老子指出,知道自己不知道最好了;而不知道却以为自己知道便是缺点。这是老子的基本观点。事实上,老子的这种观点具有永恒的真理性。

孔子在《论语》中曾言:"知之为知之,不知为不知,是知也。"意思是知道就是知道,不知道就是不知道。孔子不仅如此说,他还是这么做的。据《列子·汤问》记载:孔子到东方游学,一天看到两个小孩争辩不已,便问是什么原因。一个小孩说:"我认为太阳刚出来时离人近一些,中午时离人远一些。"另一个小孩却认为太阳刚升起来时离人远,而中午时要近些。一个小孩说:"太阳刚出来时像车盖一样大,到了中午却像个盘子,这不是远的时候看起来小而近的时候看起来大的道理吗?"另一个小孩则说:"太阳刚出来时有清凉的感觉,到了中午却像把手伸进热水里一样,这不是近的时候感觉热而远的时候感觉凉的道理吗?"对此孔子难以做出判断。最后两个小孩笑着说:"看来你的知识并不渊博。"在此孔子没有"强不知以为知"。

而庄子则走得更远。他在《庄子·齐物论》中讲了一则寓言。啮缺问王倪:"万物是否有共同的标准?"王倪回答说:"我哪知道。"啮缺又问了一些问题,王倪始终都是这句话,最后啮缺问:"那你知道自己不知道吗?"没想到王倪依旧回答:"我也不知道。"这里,庄子显然陷入到了一种认知的相对论里,成了一个怀疑主义者。但总体上,他的观点和老子、孔子的观点是相同的,即知道自己的无知才是明智的。让我们再来看看西方的智者们是怎么看待这个问题的。古希腊哲学家苏格拉底被德尔斐神庙预言为雅典城中最有智慧的人,可他用来形容自己的那句家喻户晓的名言却是:"我只知道到一件事,那便是我一无所知。"法国大思想家蒙田有句名言"我知道什么呢?"20世纪最伟大的科学家爱因斯坦则说自己"真像小孩一样的幼稚"。可以看到,古今中外的智者对于知与不知的命题,最终强调的都是"不知"。事实上凡是智者,都不约而同承认自己的认知能力是有限的,一些东西是自己不能够认识的。德国哲学家康德在他的传世之作《纯粹理性批判》中,通过举世无双的论证告诉了在启蒙理性之光中欣欣然的人们,你们认识到的,只是你们能够认识的东西;除此之外还有一个不为人知的彼岸世界。显然,知道自己的无知是所有知识中最难能可贵的。对此,古希腊哲学家芝诺有个著名的比喻。一次,一位学生问芝诺:"老师,您的知识比我的知识多许多倍,您对问题的回答又十分正确,可是您为什么总是对自己的解答有疑问呢?"芝诺顺手在桌上画了一大一小两个圆圈,并指着这两个圆圈说:"大圆圈的面积是我的知识,小圆圈的面积是你们的知识。我的知识比你们多。这两个圆圈的外面就是你们和我无知的部分。大圆圈的周长比小圆圈长,因此,我接触的无知的范围也比你们多。这就是我为什么常常怀疑自己的原因。"在这个故事中,芝诺把知识比作圆圈,生动地揭示了有知与无知的辩证关系。

从这些智者的态度可以看出,"知"是相对的,"不知"是绝对的。而具体到现实中,我们便应该明白自己认识的局限性,不可盲目自大。正如芝诺所比喻的,我们有了一定的知识,接触和思考的问题越多,就越觉得有许多问题不明白,因而就越感到自己知识的贫乏;相反,如果我们感到自己知识充足,就不会更加主动地学习思考,如此则会造成我们认识浅薄,发现和思考问题的能力低下。而越是如此,我们反而不会意识到自己的无知。

有这样一个笑话生动地说明了"不知知"的害处。说有个人开典当铺却不识货,但自己却不承认这一点。有客人拿了一面单皮鼓来当,铺主吆喝道:"皮盆子一个,当银五分!"有人拿笙来当,铺主又吆喝:"斑竹酒壶一把,当银三分!"有人来当笛子,他又吆喝:"火筒一根,当银一分!"后来有人把擦屁股的帕子拿来当,他吆喝道:"虎狸斑汗巾一条,当银二分!"小伙计实在忍不住了,对他说:"这东西要它有什么用?"他却答道:"若他不来赎,留下来擦擦嘴也好!"事实上,许多时候"强不知以为知"的人都会遭到别人或明或暗的嘲笑。相反,保持一种谦卑的姿态,不知道就坦白承认不知道,不仅不会遭到别人的嘲笑,反而能获得别人的尊重。

总之,老子的"知不知"与"不知知"的智慧提醒我们做人要谦卑;另外,要明白每个人本质上都是无知的,因此可以坦然明白自己的无知,这正是走向相对的"知"的第一步。

夫唯病病,是以不病

"夫唯病病,是以不病"应该说是一个听上去很简单的道理,但实际上却有着很重要的意义。因为这看似简单的道理,实际上很少人能够做到。在说出这个道理之前,老子先是以圣人作为具体的例子,提出之所以"圣人不病",原因在于"以其病病"。需要指出的是,这里的"病"所包含的不仅是缺点,也可以指一个人所犯的错误。总之,对于需要改正的东西，只有当你认识并承认它的存在，才具有了改正它的基本可能。正如老子所说，圣人之所以看上去没有缺点，不犯错误，乃是因为他正视自己的缺点和错误的缘故，而非其生来如此。关于此，圣人孔子便是典型的例证。

　　孔子师徒周游列国时，一次在陈国和蔡国之间被人误以为是强盗团伙堵截了起来，粮食也没有了，师徒一直饿了好几天。后来颜回出去讨了一些米回来，然后开始煮饭。饭煮好后，颜回看到锅里有一些脏东西，于是便用勺子将带有脏东西的那团米饭给捞了出来。因为当时粮食紧张，颜回不舍得将其扔掉，便将这团饭给吃了。孔子看到了颜回的举动，以为他是因为饿便偷吃，于是便上前指出颜回这样是不对的。颜回解释了缘由，孔子马上向颜回道歉，称自己不该在没搞清楚情况的时候便贸然下结论。并且，他还在后来专门给学生们讲了这件事，并从中引申道："人可信的是眼睛，而眼睛也有不可信的时候；可依靠的是心，但心也有不足依靠的时候。弟子们要记住，知人真是一件不容易的事呀！"

　　此事告诉我们，孔子对自己的过错是从不掩饰和回避的。在自己所熟悉的弟子面前，他并不因为自己身为师长便羞于对颜回认错，或者是蛮横地狡辩。不仅如此，他还将这件事讲给其他的弟子，并借题发挥，告诉大家一定的道理。人们对于自己的缺点或者过错，总是有意无意地回避，不愿意直面。之所以如此，有的人是因为自我感觉良好，对自己的错误和缺点视而不见；有的人则是出于傲慢，采取一种"不屑一顾"的态度；还有的人则是出于自尊，担心承认错误和缺点会使得自己没有面子，于是死不承认。这几种态度显然都是不可取的，如此一来，这种缺点便会附着在身上，永远都无法摆脱；而犯了一次的错误因为没能从中吸取教训，也很可能还要再继续犯下去。不仅如此，错误和缺点还有可能会持续变大，给我们造成更大的麻烦甚至不可挽回的灾祸。

　　我们知道，是人便难免要犯错误。人说："人非圣贤，孰能无过？"其实即使是圣贤也要犯错误，正像上面所举的孔子的例子，只是圣贤能够正视错误并改正错误。因此，有过失和缺点并不是问题，问题是能否改正。而改正的第一步便是承认过失和缺点的存在，即"病病"。把"病"当做"病"，不讳疾忌医，不文过饰非，不给自己找借口开脱，只有这样才会不断取得进步，最终成为真正的强者。

台湾作家刘墉说自己二十多年前在当记者时有一次要去韩国采访一个影展。为了办理赴韩国的手续，他费了很大的劲才将各类文件准备齐全，然后送到电影协会去，交给了一位工作人员。可是刚回到公司他就接到电话，对方说他少了一份文件。"我刚刚才放在一个信封里交给您的啊！"刘墉说道。"没有！我没看到！"对方斩钉截铁地回答。没办法，刘墉只好立刻赶回影协的办公室，并当面告诉那位工作人员自己确实已经细细地点过后，装在牛皮纸信封里交给了他，文件肯定是齐全的。对方干脆举起刘墉的信封抖了抖说："没有！""我以人格担保，我将文件装进了信封里！"刘墉有些气愤地说。"我也以人格担保，我没收到！"对方也针锋相对。"你找找看，一定掉在了什么地方！"刘墉说。"我找了，我没那么糊涂，你一定没给我。"对方毫不示弱。影展时间马上就要到了，刘墉只好气呼呼地离开，然后重新去办。然而就在快要办成的时候，他突然接到了那个影协工作人员的电话。对方在电话里说道："对不起先生，是我不对，我不小心夹在别人的文件里了。我真不是人、真不是人、真不是人……"对方在电话里不停地道歉，并骂自己。

刘墉对此说当时自己愣住了。这件事是对方的错，但在那一刻他并未因此怪罪对方，反而觉得对方很伟大。要知道，当时在办公室里他是多么理直气壮地和自己争论啊，换作有的人，即使是后来发现是自己错了，也很难有勇气去向对方承认。但是他现在却主动向自己承认错误，如果此时遭到对方谩骂，恐怕也无话可说。他十分佩服这个工作人员，觉得他是一个勇者。

其实许多时候都是如此，在浅层次上丢了面子，往往在深层次上赢得了尊重；在小的地方占了小便宜，在大的地方却造成了大损失。对于自己的过失和缺点，应该采取的便是从大处着眼，从长远考虑的态度。而正确的做法便是正视过失和缺点，以"病"为"病"。

第七十二章

自爱不贵

民不畏威①,则大威②至矣。无狎③其所居,无厌④其所生。夫唯不厌,是以不厌⑤。是以圣人自知不自见⑥,自爱不自贵⑦。故去彼取此。

【注释】

①威:威吓,指统治者的暴力镇压和威慑。

②大威:巨大的威胁、祸乱。

③狎:通狭,意为压迫、逼迫。无狎,即不要逼迫。

④厌:厌,即压,压迫。无厌,即不要压制人民谋生的道路。

⑤不厌:即不厌恶。前一个不厌,是不压迫,是针对统治者而言;后一个不厌,是针对人民而言。

⑥自见:见通"现",自见,即自我表现。

⑦自贵:自以为高贵,自显高贵。

【今译】

人民一旦不害怕统治者的威势,则可怕的祸乱就会随之而来。因此,执政的人不要逼迫人民,使他们不得安居;不要压榨人民,使他们无法安身。只有不压迫人民,人民才不会厌恶统治者,才不会带来祸乱。所以圣人总是有自知之明,却不自我表现;有自爱之心,却不自显高贵。因此我们应该舍弃后者(自见、自贵)而保持前者(自知、自爱)。

【解析】

自知不自见

本章中,老子先是从反面告诫统治者以武力去镇压和威慑百姓,结果只会导致百姓更强烈的反抗。然后老子又从正面建议统治者不要去逼迫、压榨百姓，如此，便不会遭到百姓的厌恶和反抗，国家便安定了。接下来老子又指出："自知不自见，自爱不自贵"。老子之所以这么说，乃是因为"自见"和"自贵"正是统治者逼迫百姓、压榨百姓的原因。因为想要"自我表现"，所以才会骄傲放纵，残暴妄为，乃至发动战争；因为自以为高高在上，比所有人都要尊贵，所以才会穷奢极欲，恣意靡费，进而横征暴敛，掠夺人民财货。老子指出正确的态度应该是"自知不自见"、"自爱不自贵"，即有自知之明，明白自己作为一个君王的能力所及和限制，知道自己的职责所在，而不去刻意彰显君王的权力和奢华；爱惜自己应该真正爱惜的东西，比如自己的生命价值、在臣民中的威信等等，而不自视过高。这里，老子主要还是表达他的一种政治观点。不过除此之外，"自知不自见"、"自爱不自贵"其实还具有一种更为普遍的意义，对普通人来说，这两句话也一样具有非常实用的行为指导意义。我们先来看看"自知不自见"。

我们知道，进一步分析"自知不自见"会发现，这句话包含了两层意思，一层是"自知"，即了解自己，说的是自己与自己的关系问题；而另一层则是"不自见"，即不刻意对别人表现自己，说的是自己跟别人的关系。两层意思合起来，便是说我们应该对自己有个清晰的认识，知道自己的优缺点所在，知道自己言行的意义所在。同时我们不必在意别人的眼光，不必刻意去以一些言行博取别人的认可或者理解。显然这是非常明智的。一个人以此作为自己的行为准则，便会更好地把握自己，也会更好地处理自己与外部世界的关系。在为人处事上都会比较从容。并且，会更清楚自己真正想要做的事情，进而坚韧地去追求，因此也就更可能获得成功。

那个韩信"胯下之辱"的故事应该是对此最生动的注解。我们知道，韩信是真正的勇士。但韩信竟然当着众多父老乡亲的面，从那少年裆下钻过。韩信忍受常人难以忍受的屈辱，并非是因为胆小，而是因为心中怀有大志，不想因小事而丧失做大事的机会。可以说，当时在他身上所体现的正是老子所说的"自知不自见"。他心里清晰地明白自己并非怯弱之人，但为了成就一番大事业，没必要和这种小混混较劲。同时，他也明白自己的"屈辱"举动会引来别人的嘲笑，但他并不因此便去迎合别人的好恶，向人证明自己的勇武。

英国大作家狄更斯从小流浪，没有接受过正规的教育。但他坚信自己可以在文学上做出一番事业，便在做学徒时不管别人异样的目光，坚持阅读写作。同时十分留心收集人们的日常语言，进行小说创作。很长一段时间，其小说都得不到承认，遭到无数次退稿，但最终等来了成功。另外，还有发明蒸汽机船的美国发明家富尔顿、发明电灯的爱迪生等等，这些人在追求成功的道路上无不遭受重重挫折和别人的不理解乃至嘲笑，但他们却一直在内心深处清晰地知道自己想要做什么，并不刻意去迎合别人的目光，他们最终都取得了成功。

除了上面所说的不要让别人目光决定自己的行为之外，"自知不自见"还可以就我们在现实中经常遇到的情形给出一些具体的启发：

在我们取得成功时，不要因为别人投来的赞赏、敬佩的目光而飘飘然，而要明白自己之所以取得成功的关键在哪里，自己有哪些经验教训可以总结；自己目前所取得的成功是自己最终的目标吗？也许在别人看来的所谓成功，在我们原本的计划里仅仅是我们的一个步骤而已。还要思考，自己下一步该如何做。这些，才是我们应该拨开别人的赞赏目光之后所应该认真思考的。有的时候，我们难免在生活或工作中遭到别人的误解。当然，有的时候，解释一下是必要的。但是有的误解，则是不需要解释的，或者说是解释不清楚的。

第七十三章

天网恢恢

勇于敢①则杀,勇于不敢②则活。此两者,或利或害。天之所恶,孰知其故?(是以圣人犹难之。)天之道③,不争而善胜,不言而善应,不召而自来,繟然④而善谋。天网恢恢⑤,疏⑥而不失。

【注释】

①勇于敢:性格刚强,胆大妄为。

②不敢:柔弱,不逞强。

③天之道:即自然的规律。

④繟(chǎn)然:宽绰、坦然、舒缓。

⑤恢恢:广大无边的样子。

⑥疏:稀疏。

[注]括号里的在第六十三章里出现过,疑似重复。

【今译】

性格刚强胆大妄为的人必不得善终;善于表现柔弱的人,则能保全自己。这两者中勇于刚强是有害的,善于柔弱则会得到益处。天道为什么厌恶勇于刚强的人呢?谁又能知道缘故呢!(所以即使是圣人,要想理解天意也是很难的,何况一般人呢。)自然的规律是,不斗争而善于取胜,不言语而善于回应,不召唤万物而万物自动到来,坦然而善于筹划安排。这就好像是一面广大无边的天网一样,它虽然是稀疏的,却没有任何东西能从中漏掉。

【解析】

勇于敢则杀，勇于不敢则活

"勇于敢则杀，勇于不敢则活"，说的仍旧是刚强与柔弱的关系。不过与前些章节中老子直言的"柔弱胜刚强"不同，老子在这里将刚强与柔弱的阐释放在了我们现实生活更为直观的"勇"字上。老子指出，"勇于敢"往往遭致杀身之祸，而"勇于不敢"则能够保全性命。根据老子一向的观点，老子并不排斥"勇"，而是对"勇"做出了一种分类界定。比如在第六十七章中指出"故慈能勇"、"今舍慈且勇……死矣"，即认为慈爱能够让人产生勇气，变得勇敢，人为了保护所爱的东西，往往变得前所未有的勇敢，敢于面对暴力和邪恶。但是，不是出于慈爱的勇敢，便是自找死路了。显然，老子在这里提倡那种出于防卫性质之勇，而反对逞强悻能之勇。此外，除了不逞强悻能，老子对"勇"还有一些其他方面的界定。指出勇还应该是理性的，充满智慧的。否则仅仅出于一时冲动，便只是一种莽撞。

在前面的章节，我们已经举过韩信"胯下之辱"的故事，这里不妨再从那个侮辱他的少年的角度来分析一下。在这个故事里，韩信好好地走在街头没有惹他，他偏偏去侮辱人家。韩信甘受他的胯下之辱，显然不是因为缺乏勇气，而是正如韩信所说"杀了他不能成就自己的理想抱负"。想象一下，如果韩信当初稍微克制不住自己，手起刀落，他的小命恐怕也就没有了。另外，即使当初没有杀他，韩信功成名就之后，如果换做一个心胸狭隘之人，将他捉起来杀掉也是一句话的事。幸运的是，他遇到了韩信这样的高人。因此可以说，这个人当初的"勇于敢"之举，已经使自己的脑袋冒了两次险了。这正是如老子所说的"勇于敢则杀"了。当然，韩信的不争一时之胜，甘受胯下之辱的举动，则是典型的"勇于不敢则活"。事实上，像韩信这样的故事之所以被传为美谈，是因为这样的事情非常少有。而"以牙还牙"的情况则很多。

而所谓的"勇于不敢则活",则是因为考虑到更为长远的利益,对于别人的咄咄逼人的挑衅采取忍让回避的态度。这不仅需要智慧,同时往往还需要一个人有更大的勇气。战国时期,因为蔺相如带和氏璧出使秦国,期间利用自己的机智成功没让秦国找到入侵赵国的借口,并带回了和氏璧,立下大功。后来,他又在秦王和赵王的渑池之会上保全赵国体面,再立大功,结果被封为上卿,位在廉颇之上。廉颇乃是赵国著名将领,曾为赵国立下汗马功劳,对于蔺相如位居自己之上廉颇很不服气。他对身边的人扬言说:"我廉颇一生为赵国攻城拔寨,立下赫赫军功,而那蔺相如不过是耍耍嘴皮子,凭什么位居我的上头。我什么时候见到他,一定当面给他个下马威,让他难堪!"这话传到了蔺相如那里,他便嘱咐手下人,以后遇到廉颇的人时,一定要谦让。并且,自己出门的时候也尽量避免和廉颇遭遇。有时知道廉颇的车子从前面过来了,他赶紧让车夫掉头躲开。

对于蔺相如的这种行为,他手下的人愤愤不平。他们对蔺相如说道:"您的地位要比廉颇高,他侮辱您,您不理睬也就算了,何必这样忍让,这样下去,恐怕他更不把您放在眼里了。"蔺相如听了便笑着反问他们:"我问你们一个问题,廉将军和秦王比谁更厉害一些?"手下人回答:"当然是秦王。"蔺相如说道:"那么诸位想一下,我连秦王都不怕,会怕廉将军吗?"手下人都不知道怎么回事,蔺相如接着道:"我之所以处处忍让廉将军,是考虑到现在秦国之所以不敢来进攻赵国,是因为赵国文有我蔺相如,武有廉颇将军。如果我们两个之间发生争斗,就等于为秦国制造了进攻赵国的大好机会!你们想想,是国家安危重要,还是我个人的面子重要?"大家听了都点头认可,以后遇到廉颇的人,也都更加小心谦让了。

后来,蔺相如的话传到了廉颇的耳朵里,廉颇感到十分惭愧。于是他脱下上衣，露着膀子，背上缚一束荆条来到蔺相如的府上认错。从此，两人成为了刎颈之交，秦国也不敢欺负赵国了。

蔺相如的行为便是一种典型的"勇于不敢"。正如他所说，他之所以不和咄咄逼人的廉颇争斗，并非因为他没有胆量，而是出于一种理性，考虑到大局。应该说，这种理智而谨慎的态度表面上不够"勇敢"，其实却是一种大智大勇。而这种"勇于不敢"也果然如老子所说最终取得了良好的效果。

许多时候，谨慎和怯弱看上去很相像，勇敢和鲁莽也只有一步之遥，关键要看你深层次的动机如何了。如果仅仅是为了个人的欲望铤而走险，或者为了一时的冲动而做出伤害别人的举动，这绝非是勇敢，而只是莽撞。相反，那些做事稳重，用理性控制自己行为的人，看似不那么"勇敢"，其实恰恰是做出了正确的选择。勇敢只有在必要时才是真的勇敢。

第七十四章

民不畏死

民不畏死,奈何以死惧之?若使民常畏死,而为奇者①,吾得执而杀之,孰敢?常有司杀者②杀,夫代司杀者杀,是谓代大匠斫③。夫代大匠斫者,希④有不伤其手矣。

【注释】

①为奇者:奇,奇诡,邪恶。为奇者,即捣乱作恶的人。
②司杀者:负责行刑的人,这里指天道。
③大匠:高明的木匠。斫:用斧子砍木头。
④希:同"稀",很少的意思。

【今译】

人民不畏惧死亡,用死来吓唬他们又有什么用呢?假如人民真的畏惧死亡的话,那么只要有人作奸犯法,就把他抓起来处死,谁还敢再做坏事,触犯刑法?但事实并非如此,天下的刑罚何其多,犯法的人却从来都不少。因此冥冥之中自有有司掌管人的生死,又何必要人参与其中。但是,世上的许多执政者,往往凭借自己的私意枉杀人命,替代冥冥之中的有司,还自以为是替天行道。实际上这就像是替木匠砍木头一样。凡是代木匠砍木头的人,很少有不砍伤自己的手的。

【解析】

民不畏死

与其他章节中从正面强调"无为而治",进而间接否定严刑酷法不同,在本章中,老子十分严厉指责了严刑酷法。"民不畏死,奈何以死惧之?"可以说是对统治者的一种严厉警告。接下来,老子为了使自己的观点更令人信服,进一步假设道:假如老百姓害怕死亡的话,凡犯法的人都立刻抓起来处死,还有谁敢再犯法呢?但事实并非如此,虽然统治者制定了繁冗严酷的法律,犯法的人却只见增多不见减少,可见"民不畏死"。然后,老子对统治者通过严酷的手段治理百姓的行为进行了总体评价,认为冥冥之中存在着掌管人生死的神灵,而统治者却用严酷的法律来决定百姓的生死,这是一种越俎代庖的行为。这显然是警告统治者,利用严刑峻法来治理百姓,最后往往会遭到百姓的反抗,最终伤害自己。

在第七十二章中老子直言:"民不畏威,则大威至。"同样是以一种严厉警告的方式告诫统治者,如果总想依赖严刑峻法来压制人民,那么即使刚开始有些效果,最终的结果一定会是适得其反的。而在第七十五章中老子言:"民之轻死,以其上求生之厚,是以轻死。"指出了百姓轻死的原因。对百姓盘剥过重,人民无法正常生活,即使不犯法,也要饿死冻死,左右是个死,当然也就不必惧怕触犯法律。

商纣王穷奢极欲,造酒池,悬肉为林,耗巨资建鹿台,为压制人民的反抗,多用辟刑,甚至将铁柱烧红,让罪犯从上面走过。商纣王的手段可谓残忍至极,令人恐怖,但这并没有吓住人民,最终被周文王所率领的人民所推翻;秦始皇统一全国后更是横征暴敛,赋税征收额度甚至占到了百姓收入的三分之二。同时大规模征发徭役,对不堪其苦的人民则采取严刑峻法来打压,甚至实行了连坐制度,以加强对人民的控制。但在短短十五年后,天下便群起,秦帝国也迅速崩溃。这些王朝的灭亡,都可以作为老子的"夫代大匠斫者,希有不伤其手矣"的注脚。对于这一点,甚至连以暴虐著称的明太祖朱元璋都不得不说:"天下刚刚稳定,百姓顽固,官吏不公,即使早上在街头将十个砍头,晚上就又有百人仍旧去犯罪。老子云:'民不畏死,奈何以死惧之?'因此朕决定废除极刑而将囚犯囚禁起来。"要知道朱元璋在看到孟子所说的"民为重,社稷次之,君为轻"时大发雷霆,把孟子牌位从孔庙中撤掉!

第七十五章

无以生为

民之饥,以其上食税①之多,是以饥。民之难治,以其上之有为②,是以难治。民之轻死③,以其求生之厚,是以轻死。夫唯无以生为者,是贤于④贵生⑤。

【注释】
①其上:指统治者。食税:征收赋税。
②有为:有所作为。
③轻死:看轻自己的死亡,不怕死。
④贤于:胜过,超过,比……好。
⑤贵生:过分在乎自己的生命。

【今译】
人民之所以遭受饥饿,就是由于统治者征收赋税太多,所以人民才陷于饥饿。人民之所以难于治,是由于统治者多事妄为,政令繁苛,使人民无所从,所以难于治。人民之所以轻生冒死,是由于统治者欲望过盛,这种不良风尚也引领民众贪求利益,追求享乐,甚至为求名求利而甘冒生命危险。只有那些恬淡自然,不刻意养生保命,不刻意有所作为的人,要胜过那些追求名利、贪生怕死的人。

【解析】

无以生为,贤于贵生

老子认为统治者对百姓征收赋税过重、政令过多、穷奢极欲是造成"民之饥"、"民之难治"、"民之轻死"的原因。具体来讲,"民之饥"、"民之难治"、"民之轻死"三者其实是一个递进的过程。正因为被征敛过重,所以不得不忍受饥饿,于是百姓便怨声载道,难以治理。如果所受的压迫更重，实在无法生存了，便会起而暴力反抗，即使面对着杀头的危险也不怕了。统治者的穷奢极欲不仅使百姓无以为生，还会败坏社会风气。使奢靡享乐的习气形成一种风尚，使百姓也乐于追名逐利，甚至不惜铤而走险。而从统治者的角度来讲，统治者之所以要压迫百姓，一方面是穷奢极欲造成对百姓的压榨，另一方面则是统治者好大喜功，比如对内频繁颁布政令，对外发动战争等等。如此，皇帝本人往往赢得了文治武功的美名，而百姓则受到了极大的痛苦。

我们知道在中国历史上汉武帝是一个大有作为的皇帝。但殊不知他的雄才大略、大有作为正是建立在百姓的痛苦之上的。汉武帝最为后人所称道的政绩便是北击匈奴，开疆拓土，这使得汉王朝国威远扬。但在这国威远扬的背后却是百姓的不堪其苦。在之前的文帝、景帝执政时期，汉朝廷对北边的匈奴采取的政策主要羁縻，战略上是防御为主。这些政策换来了汉朝经济的快速发展和百姓的安定，史称"文景之治"。而汉武帝登基后，对匈奴采取了强硬的政策，多次与匈奴展开大规模战争。尽管最终彻底击垮匈奴，但因连年战争，汉朝在文景时代积累下来的钱粮耗费一空，人力物力的消耗也几近汉朝能够承受的极限。虽然汉朝的国威远扬，国力却受到了极大的削弱。

如果说与匈奴作战还是情势使然，迫不得已的话，汉武帝在击败匈奴后所发动的一系列战争就纯粹是出于个人欲望的膨胀了。在击败匈奴后，好大喜功的汉武帝为进一步开疆拓土，接连又对东北、西南和南方发动征服战争。汉朝先是出兵灭掉了卫氏朝鲜，将朝鲜半岛中部和北部纳入了中国的版图；又出兵灭了西南的夜郎国，将汉朝的版图扩展至云贵高原；此外还收服了秦末脱离中国统治的南方百越地区，将岭南地区重新纳入了中国的版图。这些战争虽然极大地开拓了汉朝的疆域，但却给人民造成了沉重的负担。并且，随着这些赫赫武功的建立，汉武帝个人也更加飘飘然起来，觉得自己有理由生活奢侈一些。他不断修建壮丽的宫殿，还进行了规模浩大的泰山封禅和多次出游巡幸。一路上兴师动众，折腾沿路百姓，耗费无度，使汉朝的国库越发空虚。为了解决财政危机，汉武帝则进一步压榨百姓。一方面，他任命擅长理财的桑弘羊主管国家财政,推行盐、铁、酒的国家专卖,将高额的利润归入国库;另一方面,他又对所有商人硬性征收高额财产税,一时间逼得许多商人走投无路,家破人亡。同时,他还推行所谓的"均输"和"平准"政策,其实就是政府经营商业,与民争利。这些措施虽然增加了朝廷的收入,缓解了汉朝的财政危机,但却对商人阶层造成了沉重打击,对西汉商业的发展十分不利。

汉武帝强硬的对外政策和讲求排场的个人生活给百姓造成了深重的灾难。在汉武帝晚年,许多地方不堪其苦的百姓发动了农民起义,其规模可观,绵延不绝。汉武帝终于认识到了自己的错误,下"轮台罪己诏",表示要与民休息,停止对匈奴用兵,社会才趋于安定。汉武帝死后,继位的汉昭帝则一反汉武帝的做法,实行休息养生的政策。针对武帝末年因对外战争、封禅等所造成的国力损耗严重,农民负担沉重,国内矛盾激化的情况,进行了适当的变革。在内政上,汉昭帝多次下令减免赋税;在对外方面,他一改武帝时对匈奴的敌对政策,在加强北方戍防的同时,重新与匈奴和亲。从而使得武帝时期的大规模战争停止下来,有助于国内经济的恢复与发展。另外,因武帝实行盐铁专卖引起天下议论,汉昭帝专门召开"盐铁会议",最终取消了对酒的专卖,只保留盐铁专卖。通过这一系列得当的内外措施,武帝后期遗留的矛盾基本得到了控制,西汉王朝衰退趋势得以扭转。史称"百姓充实,四夷宾服"。

从汉武帝和汉昭帝的对比可以看出,汉武帝雄才大略,大刀阔斧,在后人眼里的确是一位了不起的皇帝。但对当时的百姓来说,他却是痛苦的根源。而汉昭帝本身没有做出什么惊天动地的举动出来,但是其治下的百姓生活无疑要幸福得多。这便典型地证明了"无以生为,贤于贵生"的道理。因为一个统治者一旦想有所作为,以满足自己物质方面的欲望,或者总想张扬自己的生命力,其结果必然是对别人的生存造成压迫,使别人的生命受到抑制。总之,一个人过于"有作为"未必是好事,无所作为则未必是坏事。

第七十六章

强大处下

人之生也柔弱①,其死也坚强②。草木之生也柔脆,其死也枯槁。故坚强者死之徒③,柔弱者生之徒。是以兵强则不胜,木强则共④。强大处下,柔弱处上。

【注释】

①柔弱:这里指的是肢体的柔软。

②坚强:指人死后身体变硬。

③死之徒:徒,类型。死之徒,即死亡的类型。

④共:"烘"的假借字。

【今译】

人活着的时候身体是柔软的,死了以后身体就变得僵硬。草木活着时质地是柔软脆弱的,死了以后就变得干硬枯槁了。所以说,凡是坚强的东西属于死亡的一类,凡是柔弱的东西都属于有生命力的一类。因此,用兵逞强反而不能取胜,树木高大了就会遭到砍伐用作柴薪。凡是强大的,总是处于下位,凡是柔弱的,反而居于上位。

【解析】

强大处下,柔弱处上

"守柔居弱"是老子一向强调的观点。在《道德经》许多章节中都有提及。比如第八章与第三十六章中,老子均直接言明"柔弱胜刚强"。本章中老子再次提到强与弱的问题,这并非是简单的重复,而是对这一话题的延伸。首先,老子在这里直言面对"强大"与"柔弱"两种姿态应该怎样选择——"强大处下,柔弱处上",其次,老子更进一步给出了他的理由。

在解释为何"强大处下,柔弱处上"的深层原因之前,老子先指出了一个直观的现象:"人之生也柔弱,其死也坚强。草木之生也柔脆,其死也枯槁。"并由此得出凡坚强的东西属于死亡一类,凡柔弱的东西属于富有生命力一类。接下来,老子对此作了进一步解释,解释的论据则是"物极必反"。而"强大"与"柔弱"作为一对相反相成的状态,自然也难逃这种规律。所谓"兵强则不胜,木强则共"便是老子对"强大者必然不能长久"的形象化表述。

秦王朝当初以雄厚的物质基础、强大的军事实力相继灭掉六国,吞并天下,其不可谓不强大;但是在统一六国后,秦朝依旧不收敛,四处开边,征伐无度,并用强大的军队来对内欺压百姓。结果,短短十五年便告灭亡。成吉思汗的蒙古铁骑急如狂飚,势如山压,所向披靡,被称作"蒙古旋风",建立起了一个占欧亚大陆四分之三的超级大帝国。但因为蒙古人在马上得天下后依旧依恃武力在马上治天下,结果短短几十年这个大帝国便崩溃了。其他类似的例子还有许多。总之,正如同老子所说的"兵强则不胜,木强则共"。

不仅一个国家如此,个人同样如此。战国时晏子出任齐国宰相,当时齐国有三个勇士,分别是公孙捷、古冶子和田开疆。这三人自恃勇武,又立过不小的功劳,不把其他人放在眼里,对晏子很无礼,甚至在国君面前也居功自傲。晏子有天找到齐景公商量:"我听说,贤能的君王蓄养的勇士,对内可以禁止暴乱,对外可以威慑敌人;上面赞扬他们的功劳,下面佩服他们的勇气,所以给他们尊贵的地位、优厚的俸禄。而现在君王所蓄养的勇士,对上没有君臣之礼,对下也不讲究长幼之伦,对外不能威慑敌人,对内则祸国殃民,不如赶快除掉。"齐景公也同意晏子的话,并请教晏子该怎么做,晏子便出了一个计策。

在一个招待外国来客的宴席上,齐景公派人赏赐这三个勇士两个桃,对他们说:"你们按照功劳的大小来分这两个桃子吧!"公孙捷率先拍着胸膛说:"有一次我陪大王打猎,突然从林中蹿出一头猛虎,是我冲上去用尽平生之力将虎打死,救了国君。如此大功,还不应该吃个桃吗?"晏婴说:"冒死救主,功比泰山,可赐酒一杯,桃一个。"公孙捷于是饮酒食桃,十分得意。古冶子见状不服地说:"打死一只老虎有什么稀奇!当年我送国君过黄河时,一只大鼋兴风作浪,咬住了国君的马腿,把马拖到急流中去了。是我跳进汹涌的河中,舍命杀死了大鼋,保住了国君的性命。像这样的功劳,该不该吃个桃子?"齐景公说:"当时黄河波涛汹涌,要不是将军斩鼋除怪,我的命早就没了。这是盖世奇功,理应吃桃。"晏婴忙把另一个桃子给了古冶子。

一旁的田开疆眼看桃子分完了,便不满地说道:"当年我奉命讨伐徐国,舍生入死,斩其名将,俘虏徐兵五千余人,吓得徐国国君俯首称臣。如此大功,难道就不能吃个桃子吗?"晏婴忙说:"田将军的功劳当然高出公孙捷和古冶子二位,然而桃子已经没有了,只好等树上的桃熟了吧。"田开疆手按剑把气呼呼地说:"打虎、杀鼋有什么了不起。我南征北战,出生入死,反而吃不到桃子,在国君面前受到这样的羞辱,我还有什么面目站在朝廷之上呢?"说罢竟挥剑自刎。公孙捷大惊,也拔出剑来说:"我因小功而吃桃,田将军功大倒吃不到。我还有什么脸面活在世上!"说罢也自杀了。古冶子更沉不住气了,大喊:"我们三人结为兄弟,誓同生死,亲如骨肉,如今他俩已死,我还苟活,于心何安?"说完,也拔剑自刎了。

在这个故事中,三个勇士便是死于不懂得"守柔处弱"的智慧,行事过于强硬,结果才遭到国君和宰相的厌弃,决心除掉他们。而他们在宴席上争功好胜,最后自刎而死,正是因为内心太过于好强。

总之如老子所言,刀刃太锋利便很容易损坏;相反,刀刃钝一些,却可以使用得久一些。

所谓"天下莫柔弱于水,而攻坚强者莫之能胜"。通过老子的教诲,我们应该明白,许多时候,守柔处弱都是十分明智的选择。具体到我们的现实情境中,便是要为人谦卑,做事低调,不争强好胜,不刻意抢风头,对人忍让、温和、宽容。

第七十七章

不欲见贤

天之道,其犹张弓欤?高者抑之①,下②者举之。有余③者损之,不足④者补之。天之道,损有余而补不足。人之道则不然,损不足以奉有余。孰能有余以奉天下?唯有道者。(是以圣人为而不恃,功成而不处⑤,其不欲见贤⑥。)

【注释】

①欤(yú):语气助词,表示疑问、感叹、反诘等语气;高者抑之:高,指弦位高。弦位高了,就把它压低一些。

②下:弦位低了。

③有余:指弦的长度有余。

④不足:指弦的长度不够。

⑤处:拥有,享有。

⑥见贤:见,同"现"。表现贤能。

[注] 括号出的内容与上文不连贯,疑为重复多余。

【今译】

自然的规律就像张弓射箭吧?弦拉高了就把它压低一些,低了就把它举高一些,拉得过满了就把它放松一些,拉得不足了就把它补充一些。自然的规律,是减少有余的补给不足的。可是人世的法则却不是这样,要减少不足的,来奉献给有余的人。那么,谁能够减少有余的,以补给天下人的不足呢?只有得道的人才可以做到。(因此,有道的圣人虽有所作为而不占有,有所成就而不居功。他是不想表现自己的贤能。)

【解析】

其不欲见贤

本章中老子对比了天道"损有余而补不足"与人道的"损不足以奉有余"的区别,然后指出圣人不同于一般人的做法。我们知道,普通人总是贪婪而自私,总想更多地占有。正因为如此,占有得越多的人往往拥有更强的攫取能力,进而能从匮乏的人那里掠夺更多的财物。最终造成富者越富,贫者越贫的"马太效应"。而与普通人不同的是,圣人则不按照人的这种缺陷做事,而是顺应天道,有所作为而不占有,有所成就而不居功。

通俗点说"其不欲见贤"就是一种不刻意张扬自我的做人态度。事实上老子本人就正是如此。我们知道,老子的《道德经》虽然只有短短的五千言,但一直以来便和《论语》、《周易》一起被视为中国几千年来智慧的经典。在该书中,我们可以窥见老子那洞察天地大道的深邃思想,他也当之无愧地被人们视为圣人。孔子同样是持这样一种态度"述而不作",在晚年整理编辑了《易》、《礼》、《乐》、《诗》、《书》、《春秋》这六本书。而记录其思想的主要作品《论语》,是他学生在他去世后整理出来的。

真正的优秀者往往都是内心强大的人,对自己都有一个清晰的把握,对于自己优点的确认也不需要别人的称赞,对于自己缺点也有着清醒的认识。如果一个人总想在别人面前表现自我,多半是因为他对自己没有自信,所以才需要去刻意获得别人认可。下面这个故事便形象地说明了这一点:

从前,有一个先知,他让自己的弟子到各地去修行。其中有一个弟子在经过一番苦修后,练成了"在水面上行走"的绝技。他好不得意!在其他弟子面前讲得眉飞色舞,并兴奋地问先知:"老师,如何?我够厉害吧!大家是不是该向我多多学习呢?"先知一语不发,带着大家到河边叫了艘船,领着众人一起坐着船渡到对岸。大家都不知道老先知要做什么。等到了对岸,先知问船家:"要多少钱?"船家说:"两块钱。"

这时，先知微笑地对那位心高气傲、不可一世的弟子说：“年轻人，你引以为傲的本事也不过值两块钱而已。”那位弟子听了满脸羞红，从此以后更努力地培养自己的品德。几年后，成为了一位既谦虚又有能力的人。

　　在现实生活中，"其不欲见贤"的智慧对我们有着非常现实的指导意义。事实上，绝大多数人都会或多或少地有表现自我的冲动。美国著名喜剧评论家威廉·温特尔曾说过："自我表现是人类天性中最主要的因素。"人类喜欢表现自己就像孔雀喜欢炫耀美丽的羽毛一样正常，原因在于人的内心里都有一种感受自我价值的需求。对于多数人而言，这种感受往往是从与别人的对比中所产生的优越感而来。或因自己的财富比别人多而感到了不起，或因自己是名人而感到飘飘然，或因自己地位高而觉得高人一等；甚至有的人仅仅因为自己出生在比较富裕的地区，或者出生在大城市而感受到一种优越感。

　　某年的世界文学座谈会上，有位相貌平平的小姐端正地坐着。她旁边坐着一位某国的男作家，他问她："嗨，请问你也是作家吗？""应该算是吧。"小姐亲切地回答。男作家继续问："哦，那你都写过什么作品？"小姐谦虚地回答："我只写过小说，并没有写过其他东西。"男作家骄傲地说："我也是写小说的，目前已写了三十几本，多数人都觉得不错，也颇获好评。"男作家又问："对了，不知道你写过几本小说？"小姐微笑着回答："我没有你这么厉害，我只写过一本。""只一本？叫什么名字呢？"男作家的得意之情溢于言表。小姐和气地回答说："我那本小说叫《飘》，拍成电影时改名为《乱世佳人》。不知你有没有听说过？"听了话，男作家惊愕得无法言语，原来这个女作家就是鼎鼎大名的玛格丽特·米歇尔。

　　总之，越是自我张扬，想获得别人认可者反而遭到别人的鄙视，越是内敛，不刻意表现自我的人，反而会得到别人的尊敬和认可。

德 经

第七十八章

柔之胜刚

天下莫柔弱于水，而攻坚强者莫之能胜，以其无以易①之。弱之胜强，柔之胜刚，天下莫②不知，莫能行。是以圣人云："受③国之垢，是谓社稷主；受国不祥，是为天下王。"正言若反。

【注释】

①易：替换，代替。

②莫：没有人，无人。此"莫"与前面的"莫"不同，前面的"莫"意思是没有任何东西。

③受：承受，承担。

【今译】

天底下再没有什么东西比水更柔弱的了，但是攻坚克强却没有什么东西可以胜过水，因而水是没有任何东西可以替代的。弱胜过强，柔胜过刚，遍天下没有人不知道，却没有人能实行。所以圣人说："能谦卑处下，克勤守俭，甘愿忍受天下人所厌恶的事情，才能成为国家的君主；能承担亡国的祸灾，才能成为天下的君王。"但真实的情况恰恰与此相反。

【解析】

天下莫不知，莫能行

本章老子所强调的依旧是"弱之胜强，柔之胜刚"，并又一次以水为例，向人们讲述"守柔处弱"的智慧。对于此，我们都相当熟悉了，因为在前面的一些章节，已经不止一次地探讨过"守柔处弱"的智慧。这里，老子的另一句并非其论述重点的话倒是值得我们探讨一番，那便是"天下莫不知，莫能行。"在逻辑上，老子的这句话只是对一种无奈的慨叹，认为人们虽然都明白"弱之胜强，柔之胜刚"的道理，但具体到现实生活中，却都不愿意"守柔处弱"。老子的"天下莫不知，莫能行。"这句话说出了另一个普遍的真理，那便是"知易行难"。关于这一点，下面这个故事便是形象的注解：

唐朝诗人白居易年轻时接触佛教后，觉得很好，决心去学佛。他听说鸟巢禅师的佛法高深，便专程前去拜访。见到鸟巢禅师后，白居易诚恳地问道："我刚接触佛学，您能不能先总括性地告诉我一下佛法的大意？"鸟巢禅师淡淡地说道："诸恶莫作，众善奉行。"白居易一听大笑起来，不以为然地说："这个连三岁小孩都知道！"鸟巢禅师平静地说道："虽然三岁的小孩也说得出，但八十的老翁未必能够做得到。"白居易顿时服膺，施礼退下。

的确是如此，要知道一个道理往往是容易的，关键在于能不能落实在行动中。《尚书》中同样有言："非知之艰，行之惟艰。"随便举例，我们知道，有句话叫"寸金难买寸光阴"，是告诫大家要珍惜时间，这句话人人都随口背得出来。但具体到日常生活中，又有多少人真正珍惜时间呢？还有句话叫"少壮不努力，老大徒伤悲"，念过两天书的人无不知晓并认可，但又有多少人在年轻时就发奋努力了呢？总之，各种各样的道理被人们反复讲，讲透了也讲滥了，但能将其落实到自己的行动中的却少之又少！古往今来的那些能够取得成就的人，并不是因为他们懂得多，而是因为他们积极地行动。正是因为能够积极行动并能坚守如初，才使他们最终获得了常人所不能获得的成就。一个人要想获得成功，行动力比思考力更为关键。所有的成功者都不可能事先将计划制定得完美无缺，才去付诸行动，恰恰相反，他们总是先付诸行动，然后克服困难，最终抵达成功。一个人之所以一事无成，不一定是这个人不够聪明，能力不够强，多半是因为太"聪明"了，将困难提前都预见了，结果不敢行动。观察现实，也可以发现一个有趣的现象，即取得成功的往往并非那些最聪明、学历高的人，而是那些敢于去做的人。

总之，无论什么事，成功的起点是计划，但成功的关键却是去做。

第七十九章

道与善人

和①大怨,必有余怨,报怨以德,安可以为善?是以圣人执左契②而不责③于人。有德司契④,无德司彻⑤。天道无亲⑥,常与善人。

【注释】

①和:调和,调解。

②执左契:执,拿着,掌管。左契,古代借贷金钱、米粮等财物的债券明证。先秦时期,人们订立契约后都将契约内容记载在竹简或木片上,然后分作两半,左边的一半由债权人保留。因此执左契的人即债权人。

③责:索取偿还,即债权人以自己持有的债券要求负债者偿还财物。

④有德司契:有德的人就像掌管借据的人(那样宽容大度)。

⑤无德司彻:彻,周代规定农民收入按照收成交租的税收制度。司彻,即负责征收租税的人。

⑥无亲:没有偏私。

【今译】

深重的怨恨即使和解了,必然也会残留下残余的怨恨,以德行去回报怨恨,这岂是好的方法?因此,圣人保存借据的存根,但并不以此向人索取。有"德"之人就像持有借据的圣人那样宽容,无"德"的人则像掌管税收的人那样苛刻刁诈。天道虽然毫无偏私,却永远帮助有善良之人。

【解析】

执左契而不责于人

本章中老子之意自然是不要主动与人发生怨恨。但我们知道,许多时候,即使自己不主动去得罪别人,却也会因为不得已而与别人产生恩怨。那么,我们该如何做呢?老子接下来便说:"圣人执左契而不责于人"。

这里,老子采用的是一种形象化的说法,即以"执左契"为例阐述圣人的行为。先秦时期人们订立契约后,都将契约内容记载在竹简或木片上,然后分作两半;左边的一半由债权人保留。因此执左契的人即债权人。显然,如果一个人欠了你的钱,你向他要钱,乃是维护本该属于自己的权益,不能说是主动去冒犯别人。但我们知道,即使如此,也可能会得罪人。那么,对于这种逼不得已而产生的怨恨,我们该如何避免呢?老子指出,便是要"不责于人",即对别人宽容一些,不逼迫得那么紧。别人欠我们钱,向其讨要是天经地义的;但即使是明显占据道义优势,仍然不要过于苛责,要宽容以待。老子认为这才是真正的善行。更简单地说,老子在这里所提倡的智慧,便是要"得理饶人",或者反过来,不要得理不饶人。

显然,一个人能够凡事公平公正,讲究原则,不蛮横强暴,应该说是一种为人所颔首的为人处事态度,也可以说是一种善了。但是,这种善其实只是一种小善,能够得到人们的认可,却不会令人感动。真正令人感动的善则是自己主动让一步,即表现出超越一般的人之常情,自己有所牺牲,这才是一种大善。事实上,历史也一再证明,只有这种善才会真正受到人们的尊崇。

曹操在官渡之战中以弱势的兵力击败了强大的袁绍之后,手下在袁绍帐中找到了许多曹操部下写给袁绍的信,内容都是讨好袁绍的。显然这是背信弃义的行为。为此,有人建议曹操杀掉这些人。但曹操却根本没有拆开那些信,而是立刻将所有人召集起来对大家说:"这些信我都没有看过,对此我就不追究,因为在当时那种危机的情况下,连我自己也没有把握能胜利，你们这样做也在情理之中。"然后，他命令手下当众将那些信烧毁。曹操的手下感激于他的宽容，自此死心塌地为他效命。曹操占据了"理"，如果他们对别人伤害自己的行为施以报复，人们会觉得那些人是罪有应得，合情合理。但是他在得理的情况下，却主动饶恕了别人，这可以说是一种了不起的胸怀。

更进一步讲，得理饶人，讲的便是一种宽容。宽容是一种良好的品质，是一种非凡的气度、宽广的胸怀；宽容是一种高贵的品质、崇高的境界；宽容是一种仁爱的光芒、无上的福分；宽容是一种生存的智慧、生活的艺术。它不仅包含着理解和原谅，更显示着气质和胸襟、坚强和力量。从做事上来讲，宽容能够让我们取得更好的效果。许多时候，当你占据道义的制高点时，如果摆出高高在上的架势，咄咄逼人，对方即使表面上屈服，内心也一定不服。此时，如果你能够谦下、忍让，那么对方便会被你所感动，自己主动承认错误。

第八十章

小国寡民

小国寡民①。使有什伯之器②而不用,使民重死而不远徙。虽有舟舆③,无所乘之;虽有甲兵④,无所陈之。使民复结绳⑤而用之。甘其食,美其服,安其居,乐其俗。邻国相望,鸡犬之声相闻,民至老死不相往来。

【注释】

①小国寡民:国小民少。

②使:即使;什伯之器:各种各样的器具。

③舆:车。

④甲兵:披盔甲的士兵。

⑤结绳:文字产生之前,人们用绳子打结来记述事情,传递信息。

【今译】

理想的国家是这样的,即国土很小,百姓不多,即使有各种各样的器具,却并不使用;百姓珍视生命而不向远方迁徙;虽然有船只和车辆,却没有乘坐的必要;虽然有武器装备,却没地方去布阵打仗;使百姓回复到远古,结绳记事而已。那样百姓会吃得香甜,穿得漂亮,住得安适,过得快乐。国与国之间互相望得见,彼此鸡犬的叫声都可以听见。但因生活安定,百姓老死也不会离开自己的国家,与邻国的人相互往来。

【解析】

简单快乐地生活

本章老子用寥寥数语勾勒出了他所认为的理想社会。从老子的描述可以看出,他心目中的理想社会比较关键的地方有三个:一、国家不存在战争；二、人民物质生活丰富；三、人们精神上淳朴自然、简单快乐。其中的第三条，即内心的淳朴自然、简单快乐乃是最为核心的。因为，战争之所以发生，说到底是因为人内心的欲望和冲动，想要掠取更多的财富，想要使自己获得更大的权势。而所谓的物质丰富，也没有一定的标准，如果内心欲望很多，即使拥有了很丰厚的物质生活，可能仍然感到不满足。而一旦内心安闲恬适，知足常乐，则即便物质生活稍微差一点，也同样能够过得舒心快乐。

陶渊明所虚构的"桃花源"便具有老子理想社会的影子。"桃花源"内没有战争，甚至没有政府，人们自然也不用缴纳赋税；那里的人淳朴自然、简单快乐。因此可以说，"桃花源"便是把老子的理想社会具体形象化。这样一个社会之所以能够（在故事中逻辑合理地）维持了几百年，其中的一个最为关键的因素便是这里的人们内心的清心寡欲、知足常乐。试想，如果有人欲望膨胀，不满足于自己的既得，内心产生机诈的念头，便会打别人的主意。这样，"桃花源"内势必出现偷盗劫掠、恃强凌弱之事，也会出现凌驾于众人之上的强权势力。如此一来，这里便会出现一个政府维持其统治秩序；继而便需要缴纳赋税。那样，"桃花源"也就和外面的世界一样了！

其实，老子的理想社会说到底还是要以个人的清心寡欲、知足常乐为前提。如果个人不能够做到简单快乐地生活，所谓的理想社会也就不可能存在。

汤普森急救中心是位于英国伦敦的一家著名的医院，但其名声却不止限于伦敦，世界上许多地方的人们都知道这家医院。该医院大楼墙壁上有这样一句话——"你的身躯很庞大，但你的生命需要的仅仅是一颗心脏。"到底有多少人受到了这句话的影响不得而知，但至少有一个人看到这句话后完全改变了自己的人生轨迹——这个人就是美国石油大亨默尔。默尔因为为生意过度操劳而患了心脏类的疾病。刚住进去时，为了避免遍布美洲的数十家公司在自己生病期间出现意外，默尔在病房里安置了五部电话机和两部传真机，除了必须的治疗时间外，他依旧不肯放下手头的工作。

一次偶然的机会，默尔看到了墙壁上的那句话。令医生和护士感到惊讶的是，第二天默尔便撤销了自己病房里的通讯设备，并开始积极配合医生的治疗。结果，他的心脏手术十分成功。默尔出院后突然将自己价值几十亿的公司全部卖掉，所得金钱全部捐给了社会慈善和卫生事业。他在苏格兰乡下买了一栋别墅，在那里定居了下来。

1998年，八十高龄的默尔在参加汤普森医院百年庆典时，有记者问他："当初为什么要卖掉自己的公司？"他神采飞扬地指着刻在大楼上的那句话说："是它提醒了我。"默尔在乡下别墅中曾经写了一本自传，其中有句话是这样的："巨富和肥胖并没有什么两样，不过都是获得超过自己需要的东西罢了。"

应该说，如今之世，因为人类文明的进步，国际间相互制约的政治秩序，加上上世纪两次世界大战的血的教训，战争已经很少了，至少大规模的战争很难再打起来。同时，因为步入现代以来的几次工业革命乃至信息革命，人类的物质生活已经达到了前所未有的富足。甚至普通人都能享受到以前只有达官贵人乃至帝王才能享受到的生活。应该说，老子所说的理想社会的前两个关键因素已普遍得到实现。但是现代人快乐吗？答案显然是否定的。焦虑、困惑、空虚已经是现代人挥之不去的精神顽疾，在和平和物质丰富的现代社会，人们普遍并不感到快乐。原因何在？其实就在于人们内心失去了简单，不再淳朴自然，欲望总是在蠢蠢欲动，想攫取更多的物质财富而不能"简单快乐地生活"。

第八十一章

善者不辩

信言①不美，美言②不信。善者③不辩，辩者④不善。知者不博⑤，博者不知。圣人不积⑥，既以为人，己愈有；既以与人，己愈多。天之道，利而不害；圣人之道，为而不争。

【注释】

①信言：真实可信的话。
②美言：好听，漂亮话。
③善者：善良的人，做出善举的人。
④辩者：善于辩论的人。
⑤知者不博：知识丰富、知道得多的人不以为博学，不卖弄。
⑥积：私自保留，积藏。

【今译】

真实可信的话不好听，好听的话不真实；真正行善的人往往不说那些好听的言辞，而总是说漂亮话的人大多并没有行善的举动；真正有知识的人不卖弄，卖弄自己懂得多的人不是真有知识；圣人是不存占有之心的，而是尽力帮助别人，他自己反而更充足；他因为尽力给予别人，自己反而更丰富。自然的规律是让万事万物都得到好处，而不伤害它们。圣人的行为准则是有所为而不争强好胜。

【解析】

信言不美，美言不信

"信言不美，美言不信"即诚实可信的话往往听起来不那么好听，而听起来好听的话，则往往并不真实。"良药苦口利于病，忠言逆耳利于行"这句话出自《孔子家语》，乃是孔子告诫弟子的言论。可以看出，这句话与老子的观点是一个意思,并且,还将老子的意思进行了进一步的点明。"忠言"即是"信言",虽然听起来不好听,却对听者有益;反过来,"美言"虽然好听,却对人没有好处,甚至往往有害处。

巴德·舒尔伯格是美国著名的作家,他的作品《在滨水区》《码头风云》等曾风靡一时,受到众多读者的喜爱。在获得了巨大的声誉之后,巴德曾写了一篇文章谈到自己的成功之路。在文章中他回忆自己在七八岁时写了一首诗,母亲出于对他的疼爱,搂着他不断赞扬。于是他内心感到飘飘然,十分得意。父亲回家后,母亲将儿子的诗拿给他看。父亲读后毫不客气说:"这首诗写得糟糕透了!"听到这话,幼小的巴德一下子知道了母亲的赞扬不过是出于对自己的疼爱,原来的那股自豪之情很快消失了。不过,在母亲的鼓励下,他仍旧不断地进行创作。而在这个过程中,他父亲始终对他的作品持一种客观的态度,不留一点情面。因此他从父亲那里得到的绝大多数是批评,只有在真正获得进步时,父亲才会公正地指出这一点。

巴德在文章结尾表示自己是幸运的。在成长过程中不仅获得了母亲的赞扬,同时还有父亲客观的评价。他认为,正是因为父亲的客观公正,才促使他写作水平不断提高,不断超越自我,最终成为了一名真正意义上的作家。

这个故事形象地向我们道出了"忠言逆耳利于行"的道理。事实上,所谓的"信言"正是如此地存在于我们的生活的细节之中,如果能够听进去,便会使我们客观地审视自己,从而改正我们的不足,使自己不断获得进步。"信言不美,美言不信"便是提醒我们要有接纳别人指责的智慧和勇气。所谓金无足赤,人无完人,一个人总会存在各种各样的缺点和不足,做事总有考虑不周的地方,所谓当局者迷,旁观者清。